Stephen R. Covey

Die 3. Alternative

»Es gibt keinen besseren Weg,
fortlaufend den Geist zu erweitern,
als es sich zur Gewohnheit zu machen,
regelmäßig gute Literatur zu lesen.«

STEPHEN R. COVEY

Weitere Bücher von Stephen R. Covey

Die 7 Wege zur Effektivität
978-3-86936-894-8

Die 7 Wege zur Effektivität – Workbook
978-3-86936-106-2

Die 7 Wege zur Effektivität für unterwegs
978-3-96739-068-1

Der 8. Weg
978-3-86936-895-5

Der 8. Weg – Workbook
978-3-86936-329-5

Die 12 Gründe des Gelingens
978-3-86936-722-4

Außerdem von Sean Covey

Die 7 Wege zur Effektivität für Jugendliche
978-3-86936-940-2

Die 6 wichtigsten Entscheidungen für Jugendliche
978-3-86936-969-3

Stephen R. Covey

Die 3. Alternative

Gemeinsam Konflikte klären, Probleme lösen und große Ziele erreichen

Aus dem Amerikanischen
von Nikolas Bertheau

GABAL FranklinCovey

Die amerikanische Originalausgabe »The 3rd Alternative« erschien 2011
bei Free Press, New York, USA.

Bibliografische Information der Deutschen Nationalbibliothek

Die Deutsche Nationalbibliothek verzeichnet diese Publikation in der Deutschen Nationalbibliografie; detaillierte bibliografische Daten sind im Internet über http://dnb.d-nb.de abrufbar.

ISBN 978-3-96739-099-5

3., vollständig überarbeitete Auflage des unter der ISBN 978-3-86936-428-5 erschienenen gleichnamigen Titels.

Lektorat: Claudia Franz, Oberstaufen | info@text-it.org
Umschlaggestaltung: Martin Zech Design, Bremen | www.martinzech.de
Satz und Layout: Das Herstellungsbüro, Hamburg | www.buch-herstellungsbuero.de
Druck und Bindung: Salzland Druck GmbH, Staßfurt

Wir drucken in Deutschland.

www.gabal-verlag.de
www.gabal-magazin.de
www.franklincovey.de
www.franklincovey.com

Inhalt

Wann immer Dinge aus mehreren Teilen zusammengesetzt sind, ist das Ganze mehr als nur die Summe seiner Teile.
ARISTOTELES

◈◈◈

Synergie ist der einzige Begriff unserer Sprache, der ein Verhalten ganzer Systeme beschreibt, das nicht aus den getrennten Verhaltensweisen separater Bestandteile oder Teilsysteme bestimmt werden kann.
BUCKMINSTER FULLER

◈◈◈

Synergie: 1. Energie, die für den Zusammenhalt und die gemeinsame Erfüllung von Aufgaben zur Verfügung steht.
2. (= Synergismus) Das Zusammenwirken von Substanzen oder Faktoren, die sich gegenseitig fördern.
DUDEN FREMDWÖRTERBUCH

◈◈◈

Synergie ist, wenn das Ganze größer ist als die Summe seiner Teile.
VIERTKLÄSSLER AN DER A. B. COMBS ELEMENTARY SCHOOL,
RALEIGH, NORTH CAROLINA

Für Sandra, meine Frau und ewige Freundin
voller Leben, Licht und Hoffnung

Die 3. Alternative – ein Herzensprojekt!

Das Buch, das Sie gerade in den Händen halten, war ein Herzensprojekt meines Vaters. Mit der 3. Alternative wollte mein Vater uns alle dazu ermutigen, völlig neue Wege im Umgang mit Problemen und Konflikten zu beschreiten. Er wollte uns motivieren, unsere Meinungsverschiedenheiten zur Seite zu legen, Hand in Hand zusammenzuarbeiten und gemeinsam kreative Lösungen zu finden, die viel besser und viel größer sind als alles, was jeder von uns allein jemals zustande gebracht hätte.

Der Schlüssel, um 3. Alternativen zu schaffen, ist *Synergie*. Synergie ist nicht dasselbe wie ein Kompromiss. Bei einem Kompromiss ergibt 1 plus 1 bestenfalls 1,5. Jeder verliert etwas. Synergie ist weit mehr als die Lösung eines Konflikts. Wenn wir gemeinsam Synergie schaffen, wachsen wir über den Konflikt hinaus. Wir entwickeln etwas völlig Neues, das uns alle begeistert und die Zukunft verändert. Synergie ist besser als mein Weg oder dein Weg. Es ist *unser* Weg.

Mein Vater war überzeugt: Synergie ist nicht nur die Antwort auf unsere Probleme und Konflikte. Es ist das Prinzip, das allen wirklich neuen Dingen auf der Welt zugrundeliegt. Synergie ist der Schlüssel zu wahren Quantensprüngen in unserer Produktivität und die treibende Kraft hinter jeder echten Kreativität.

Wenn Sie sich auf die 3. Alternative einlassen, wird Synergie auch Ihr Denken und Ihr Leben verändern. Denn: Synergie ist ein echter Gamechanger – für jeden Einzelnen von uns, für unsere Unternehmen und für unsere Gesellschaft.

Ich wünsche Ihnen viel Freude und viele überraschend wirksame Lösungen mit der 3. Alternative!

Ihr *Sean Covey*

Präsident FranklinCovey Education & Autor des New York Times-Bestsellers *Die 7 Wege zur Effektivität für Jugendliche*

I. Der Wendepunkt

Das Leben ist voller Probleme. Scheinbar unlösbarer Probleme. Persönlicher Probleme. Familiärer Probleme. Beruflicher Probleme. Probleme in unserer Nachbarschaft und in der großen weiten Welt.

Eine Ehe, die einmal so wunderbar begann, wird zunehmend zur Qual. Wir entfremden uns von unseren Eltern, Geschwistern, Kindern. Unsere Arbeit überfordert uns, frisst uns auf. Oder wir werden einer Gesellschaft überdrüssig, in der jeder gegen jeden kämpft und die allgemeine Niedergeschlagenheit jede Initiative im Keim erstickt. Wir fürchten uns vor der Kriminalität und ihrem Einfluss auf unsere Lebenswelt. Wir beobachten täglich die Ohnmacht unserer Politiker. Wir sehen die Spätnachrichten und glauben nicht mehr, dass die ewigen Konflikte zwischen den Menschen und den Nationen jemals gelöst werden können. Wir resignieren, streichen die Segel oder lassen uns zu einem Kompromiss breitschlagen, der uns nicht zufriedenstellt.

Deshalb schreibe ich dieses Buch. Es handelt von einem Prinzip, das so elementar ist, dass es unser aller Leben und die ganze Welt auf den Kopf stellen wird. Davon bin ich überzeugt. Es ist die Essenz dessen, was ich in langen Jahren von den Menschen gelernt habe, die in ihrem Leben wirklich erfolgreich sind. Es ist der Schlüssel zur Lösung der schwierigsten Herausforderungen, die das Leben zu bieten hat.

Alle Menschen schlagen sich mit irgendwelchen Problemen herum. Die meisten ertragen tapfer ihr Schicksal und hoffen auf eine bessere Zukunft. Manche stehen körperlich und seelisch unter Dauerstress – einem Stress, der in jeder Hinsicht real ist. Wer das Prinzip, das ich in diesem Buch beschreibe, verinnerlicht und danach lebt, wird seine Probleme meistern und sich eine Zukunft aufbauen, die seine kühnsten Träume übertrifft. Ich habe dieses Prinzip nicht erfunden – es war schon immer da. Aber wer es für sich entdeckt, für den wird es vielleicht die größte Offenbarung seines Lebens. Hier sind einige Situationen, in denen Sie von diesem Prinzip profitieren können:

- ein Konflikt zwischen Ihnen und Ihrem Vorgesetzten;
- eine Auseinandersetzung mit Ihren Kollegen;
- eine Ehe mit »unüberbrückbaren Differenzen«;
- ein Problem mit der Schule Ihres Kindes;
- eine finanzielle Notlage;
- eine richtungweisende berufliche Entscheidung;
- ein Streitfall in Ihrem Freundes- oder Bekanntenkreis;
- ein Zwist zwischen Familienangehörigen, die sich ständig in die Haare bekommen;
- ein Job, der Ihnen keine Freude macht;
- ein schwieriges Problem mit einem Kunden.

Über 40 Jahre lang habe ich Hunderttausende mit dem fundamentalen Prinzip aus diesem Buch vertraut gemacht. Unter ihnen waren Schulkinder, CEOs aus internationalen Großkonzernen, Promotionsstudenten, Staatschefs aus über 30 Ländern und alles dazwischen. Meine Herangehensweise war jedes Mal dieselbe. Auch dieses Buch hat den Kinderspielplatz, die Vorstandsetage und die heimische Küche gleichermaßen im Blick.

Die Lösung für unsere größten Sorgen und Probleme

Bei FranklinCovey haben wir Menschen rund um den Globus nach ihren wichtigsten privaten und beruflichen Schwierigkeiten und den drängendsten Problemen der Welt gefragt. Die Umfrage war nicht repräsentativ. Uns ging es darum, herauszufinden, was Leuten aus den verschiedensten Kontinenten und Berufsgruppen besonders große Sorgen bereitet:

- **Privat** macht den Menschen am häufigsten Arbeitsüberlastung und Unzufriedenheit im Job zu schaffen. Zudem haben viele Beziehungsprobleme. Eine Führungskraft aus Europa schreibt beispielsweise: »Ich bin gestresst, fühle mich ausgebrannt und habe keine Zeit und Kraft, etwas für mich zu tun.« Ein anderer sagt: »In meiner Familie herrscht Streit, das wirft mich total aus der Bahn.«

- **Beruflich** sind die größten Sorgenkinder fehlendes Kapital und ausbleibende Gewinne. Viele der Befragten fürchten auch, im globalen Wettbewerb ins Hintertreffen zu geraten: »Unsere hundertjährige Unternehmensgeschichte wird zunehmend zur Hypothek. Unsere Bedeutung schwindet von Tag zu Tag. Kreativität und Entdeckergeist haben bei uns einen viel zu geringen Stellenwert.« Aus Afrika berichtet ein Spitzenmanager: »Ich arbeitete für ein internationales Unternehmen, habe aber im letzten Jahr gekündigt. Ich konnte in dem, was ich tat, keinen Sinn mehr erkennen.«

- Auf der **globalen Ebene** steht die Menschheit aus Sicht der Befragten vor drei besonders wichtigen Herausforderungen: Krieg oder Terrorismus, Armut und Zerstörung der Umwelt.

Das ist eine Momentaufnahme der Ängste und Sorgen unserer Freunde und Nachbarn. Ich nehme an, dass die Antworten auch bei der nächsten Befragung nicht viel anders ausfallen werden. Der wachsende Druck führt dazu, dass das Klima unter den Menschen rauer wird. Das 20. Jahrhundert war das Zeitalter der unpersönlichen Kriege, während das 21. Jahrhundert von individueller Feindseligkeit geprägt zu sein scheint. Familien streiten sich, aus Kollegen werden Rivalen, Cybermobbing greift immer weiter um sich, die Gerichte sind hoffnungslos überlastet und Fanatiker ermorden Unschuldige. Die wachsenden Spannungen machen uns krank. Wie also lösen wir unsere schärfsten Konflikte? Wie gehen wir unsere schwierigsten Probleme an?

- Greifen wir zum Kriegsbeil, nachdem wir beschlossen haben, uns nichts mehr gefallen zu lassen?
- Mimen wir das Opfer und warten darauf, dass andere uns aus unserer misslichen Lage befreien?
- Treiben wir das »positive Denken« auf die Spitze und verschließen die Augen vor der Wirklichkeit?
- Lehnen wir uns stoisch zurück und warten auf bessere Zeiten?
- Machen wir einfach so weiter wie bisher, in der trügerischen Hoffnung, dass sich die Dinge schon *irgendwie* regeln werden?

Das führt zu nichts. Im Gegenteil! So wird alles nur noch schlimmer: Krieg bringt neue Kriege hervor; Opfer werden von anderen abhängig; wer die Realität leugnet, wird von ihr schmerzhaft eingeholt; der Zyniker tritt auf der Stelle. Und wer tut, was er immer schon getan hat, und hofft, dass *diesmal* etwas ganz anderes dabei herauskommt? Der lügt sich selbst in die Tasche. Ich denke, Albert Einstein hatte recht: *»Probleme kann man niemals mit derselben Denkweise lösen, durch die sie entstanden sind.«* Oder anders gesagt:

Um unsere schwierigsten Probleme zu lösen, müssen wir unser Denken von Grund auf verändern.

Genau darum geht es in diesem Buch. Während Sie es lesen, befinden Sie sich gewissermaßen auf der Schwelle zwischen Ihrer Vergangenheit und Ihrer Zukunft. Einer völlig neuen Zukunft, von der Sie nicht einmal zu träumen gewagt haben. Wenn Sie das Schlüsselprinzip aus diesem Buch konsequent im Alltag umsetzen, werden Sie ein ungeahntes Talent für Veränderungen in sich selbst entdecken. Vielleicht gestalten Sie die Jahre, die vor Ihnen liegen, dann völlig anders als bisher erwartet. Dann werden Sie Barrieren überwinden, die andere für unbezwingbar halten. Die 3. Alternative kann Ihnen die Tür zu einem Leben öffnen, das bis zum letzten Atemzug sinnerfüllt ist. Einem Leben, in dem Sie einen wertvollen Beitrag für andere leisten und ein bleibendes Vermächtnis hinterlassen.

Die 3. Alternative

II. Die 3. Alternative: Der bahnbrechende Weg der Problem- und Konfliktlösung

Für alle Probleme, auch für die scheinbar unüberwindbaren, gibt es einen Lösungsweg. Dieser Weg zieht sich durch nahezu alle Gräben des Lebens. Es ist ein Weg, der in die Zukunft führt. Es ist nicht Ihr Weg und auch nicht meiner. Es ist ein höherer Weg. Und er ist weitaus besser, als man es je hätte erträumen können. Ich nenne diesen Weg »die 3. Alternative«.

Die meisten Konflikte haben zwei Seiten. Wir sind es gewohnt, »meine Gruppe« gegen »deine Gruppe« zu stellen. Meine Gruppe ist gut – deine ist schlecht oder zumindest »weniger gut«. Meine Gruppe hat recht – deine Gruppe irrt und ist womöglich im Unrecht. Meine Motive sind ehrlich – deine nicht. Meine Partei, meine Gruppe, mein Land, mein Kind, mein Arbeitgeber, meine Meinung: Meine Seite steht gegen deine Seite. Hier gibt es nur ein 2-Alternativen-Denken. Daraus erklärt sich die Aufspaltung in Progressive und Konservative, Mitarbeiter und Arbeitgeber, Anwälte und Gegenanwälte, Kinder und Eltern, Land und Stadt, Käufer und Verkäufer, Partner und Partnerin, Umweltschützer und Bauunternehmer, Sozialisten und Kapitalisten, Fromme und Ungläubige. Und daraus erklären sich Rassismus, Vorurteile und Krieg.

Beide Extreme beruhen jeweils auf einem bestimmten gedanklichen System. Das gedankliche System des Umweltschützers beispielsweise basiert auf der Wertschätzung der Natur. Das gedankliche System des Bauunternehmers stellt menschliche Gemeinschaften und ihre wirtschaftliche Entwicklung in den Mittelpunkt. Meist sind beide Seiten felsenfest davon überzeugt, dass ihr Weg der richtige ist. Woran das liegt? Unser gedankliches System ist eng verflochten mit unserer Identität. Indem ich mich als Umweltschützer, Konservativer oder Lehrer bezeichne, bringe ich meine Überzeugungen und Werte zum Ausdruck. Zudem beschreibe ich, *wer ich bin*. Wenn Sie meine Seite angreifen, greifen Sie auch mich und mein Selbstverständnis an. Im Extremfall können sich solche Identitätskonflikte zu Kriegen ausweiten.

Wie können wir ein so tief verwurzeltes 2-Alternativen-Denken überwinden? Entweder wir kämpfen oder wir geben uns mit einem Kompromiss zufrieden. Deswegen enden viele Bemühungen um eine Konfliktlösung in der Sackgasse. Denn:

Die wahre Ursache des Problems liegt nicht in der Sache an sich, sondern an unseren unterschiedlichen *Denkweisen*. Oder anders ausgedrückt: Das wahre Problem sind unsere *Paradigmen*.[1]

Sehen – Tun – Erreichen

Das Wort »Paradigma« bezeichnet ein Denkmuster, das sich auf unser Verhalten auswirkt. Es ist wie eine Landkarte, die uns hilft, unsere Marschrichtung festzulegen. Aus dem, was wir *sehen*, folgt das, was wir *tun*. Und unser *Tun* bestimmt am Ende, was wir *erreichen*. Ändern sich unsere Paradigmen, ändert sich unser Verhalten und damit auch das Ergebnis.

Wenn ich Umweltschützer bin und mein Paradigma, meine mentale Landkarte, mir *nur* einen schönen unberührten Wald zeigt, möchte ich ihn schützen. Wenn Sie als Bauunternehmer eine

Sehen – Tun – Erreichen

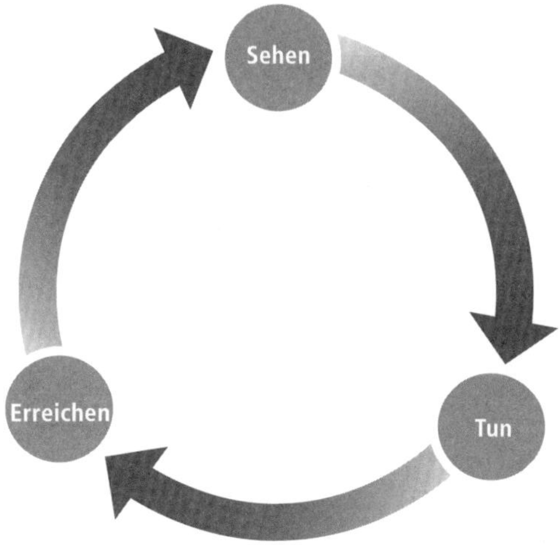

Sehen – Tun – Erreichen: Unsere Paradigmen bestimmen unser Verhalten. Das Verhalten wiederum entscheidet über das Ergebnis. Je nachdem, was wir »tun«, »erreichen« wir bestimmte Resultate, während das, was wir »tun«, eine Folge dessen ist, was wir »sehen«.

mentale Landkarte haben, auf der an derselben Stelle *lediglich* unterirdische Ölreserven verzeichnet sind, möchten Sie diese anzapfen. Beide Paradigmen sind richtig. Der unberührte Wald existiert ebenso wie die Ölreserven. Das Problem ist, dass keine mentale Landkarte *vollständig* ist. Manche mentalen Landkarten mögen detaillierter sein als andere, aber keine ist »vollständig«.

Solange ich nur die mentale Landkarte der 1. Alternative, also meine *eigene* unvollständige Karte, vor Augen habe, sehe ich nur einen Lösungsweg: Ich muss Sie von der Richtigkeit meines Paradigmas überzeugen oder Sie dazu zwingen, meine Alternative zu akzeptieren. Nur so kann ich mein Gesicht wahren. Das Resultat? Ich gewinne und Sie verlieren. Wenn ich aber meine Landkarte wegwerfe und mich stattdessen an Ihrer Landkarte – der 2. Alternative – orientiere, stehe ich vor demselben Problem. Auch für die

Die 3. Alternative

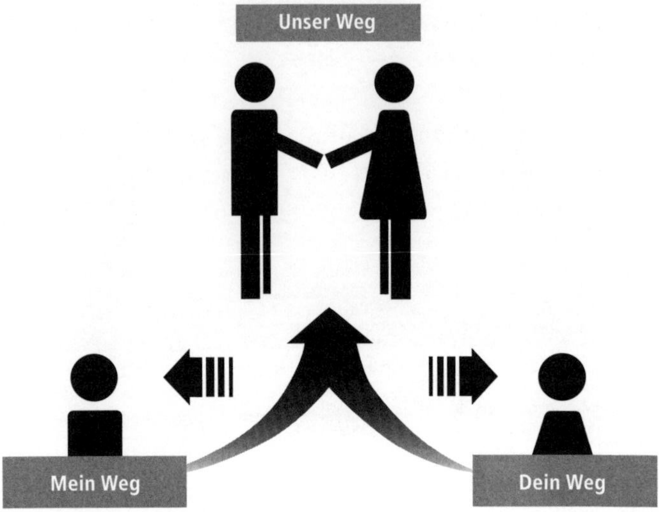

Die 3. Alternative: Die meisten Konflikte haben zwei Seiten. Die 1. Alternative bezeichnet meinen Weg, die 2. Alternative beschreibt deinen Weg. Durch Synergie erschließt sich uns eine 3. Alternative – unser Weg, ein höherer und besserer Weg der Konfliktlösung.

Vollständigkeit *Ihrer* Landkarte gibt es keine Garantie, sodass ich diesen Schritt möglicherweise teuer bezahlen muss. Dann gewinnen Sie und ich verliere.

Wir können aber auch beide Landkarten zusammenlegen. Gemeinsam schaffen wir ein umfassenderes Bild, das beide Sichtweisen berücksichtigt. Ich kann Ihren Standpunkt nachvollziehen und Sie meinen. Das ist ein Fortschritt. Dennoch sind unsere Ziele möglicherweise unvereinbar. Ich möchte, dass der Wald nicht angetastet wird, während Sie immer noch nach Öl bohren wollen. Je besser ich Ihre Landkarte kenne, desto besser kann ich Sie verstehen. Und genau hier wird es interessant. Ich könnte Ihnen eine Frage stellen. Eine Frage, die uns den Weg ebnet, um unseren Konflikt aus der Welt zu schaffen:

> **»Sind Sie bereit für eine Lösung, die besser ist als alles, was jeder von uns beiden bisher im Sinn hatte?«**

Hat Ihnen schon mal jemand diese Frage gestellt? Leider tut das fast niemand. Dabei ist diese Frage nicht nur der Königsweg der Problem- und Konfliktlösung, sondern auch der Schlüssel zur Gestaltung unserer Zukunft!

Synergie

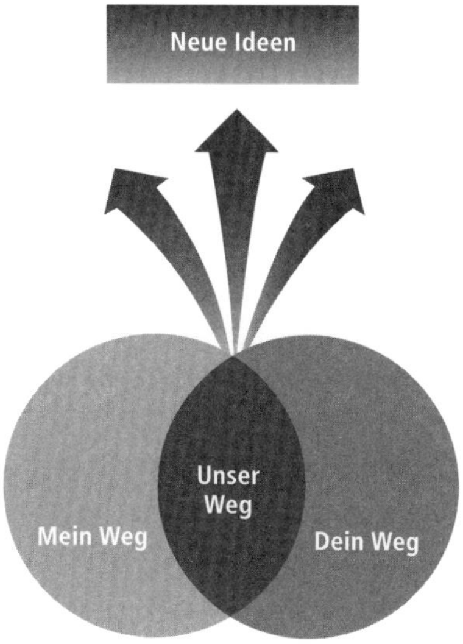

III. Die 3. Alternative und das Prinzip der Synergie

Wir gelangen zur 3. Alternative über einen Mechanismus, den wir als Synergie[2] bezeichnen. Synergie ist, wenn 1 plus 1 nicht 2, sondern 10, 100 oder sogar 1000 ergibt! Sie entsteht, wenn zwei oder mehr Menschen beschließen, ihre eigene Sicht der Dinge in den Hintergrund zu stellen, um gemeinsam ein schwieriges Problem zu lösen. Dazu gehören Leidenschaft, Energie und die Begeisterung, etwas Neues zu schaffen, das wesentlich besser ist als alles, was wir bislang im Sinn hatten.

Synergie ist kein Kompromiss. Bei einem Kompromiss ergibt 1 plus 1 bestenfalls 1,5. Bei einem Kompromiss verliert jeder etwas. Ganz anders ist es mit Synergie: Synergie ist nicht nur die *Lösung* eines Konflikts. Synergie bedeutet, dass wir über den Konflikt *hinauswachsen* und zu etwas Neuem gelangen, mit dem alle Beteiligten große Hoffnungen für die Zukunft verbinden. Synergie ist besser als mein Weg *oder* dein Weg. *Sie ist unser Weg.*

Bislang haben nur wenige verstanden, was Synergie wirklich ist. Oft wird der Begriff verwendet, um unschöne Tatsachen zu verschleiern. So spricht man von »Synergien«, wenn Unternehmen fusionieren und Arbeitsplätze abgebaut werden, um den Aktienkurs in die Höhe zu treiben. Deshalb weckt das Wort »Synergie« bei vielen Misstrauen. Neulich sagte mir ein Freund: »Wenn ich aus dem Mund von Krawattenträgern das Wort ›Synergie‹ höre,

Synergie

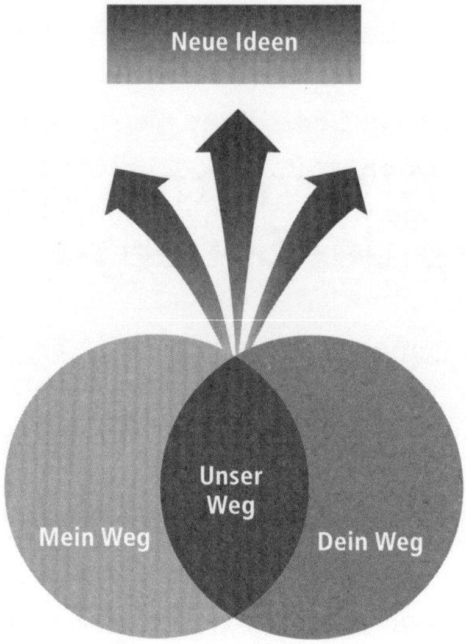

Synergie: Das natürliche Prinzip, wonach das Ganze mehr ist als die Summe seiner Teile. Anstelle meines oder deines Weges beschreiten wir den Weg der Synergie, der uns zu weitaus besseren Ergebnissen führt. Gemeinsam sind du und ich viel mehr, als wir alleine sind.

weiß ich, dass ich mir Sorgen um meine Altersversorgung machen muss.« Die Menschen sind skeptisch. Sie denken, dass mit »kooperativen Synergien« letztlich nur gemeint ist: »Damit können wir euch noch mehr ausbeuten.« Doch wer voller Misstrauen ist, kann weder kreativ noch kooperativ sein.

In Wahrheit ist Synergie ein echtes Wunder. Sie ist ein fundamentales Prinzip der Natur, das wir überall beobachten können. Mammutbäume schlingen ihre Wurzeln ineinander, um dem Wind standzuhalten und in unglaubliche Höhen zu wachsen. Grünalgen und Schwämme bilden Flechten, die auf blankem Fels gedeihen, wo sonst nichts wachsen kann. Vögel fliegen in V-Formationen und können so mit wesentlich weniger Kraftaufwand viel weitere Strecken zurücklegen als im Alleinflug. Kleine Partikel in einem Wassertropfen bilden gemeinsam eine große Schneeflocke. Jedes Mal ist das Ganze weitaus mehr als die Summe seiner Teile.

1 plus 1 ist 2. Das gilt allerdings nicht, wenn Synergie ins Spiel kommt. Dann ist 1 plus 1 viel mehr als 2. Gemeinsam können wir Dinge vollbringen, die weit über unsere individuellen Fähigkeiten hinausgehen.

Wenn Menschen gemeinsam Synergie schaffen, bündeln sie ihre Stärken zu einem Ganzen, das die Leistung des Einzelnen bei Weitem übertrifft. Im Sport sprechen wir in diesem Zusammenhang von »Chemie«. Eine gute Chemie verschafft einer Mannschaft Vorteile gegenüber Teams, die vielleicht bessere Einzelspieler, aber keinen so starken Zusammenhalt haben. Die Leistung einer Mannschaft, in der Synergie herrscht, ist viel besser als die Summe der Fähigkeiten der einzelnen Spieler.

Es gibt unzählige Beispiele, die zeigen, wie stark der Lauf der Welt durch Synergieeffekte bestimmt ist. Auch in Ihrer Arbeit und in Ihrem Leben ist Raum für Synergie. Mehr noch: Ohne Synergie herrscht Stagnation. Sie werden nicht besser und entwickeln sich nicht weiter. Wettbewerb und technologischer Wandel nehmen immer weiter zu. Wer es nicht schafft, Synergien zu schaffen, kann auf Dauer nicht bestehen. Keine Synergie – kein Wachstum. Wer sich auf das allgegenwärtige Preisdumping einlässt, steht am Ende ohne Umsatz da. Wer dagegen auf Synergien setzt, wird seinen Umsatz steigern und sich so den entscheidenden Wettbewerbsvorsprung sichern.

Synergie äußert sich nicht in kontinuierlichen Prozessen. Ein Produkt kann man zwar kontinuierlich verbessern, aber dabei kommt selten etwas wirklich Neues heraus. Nur mit Synergie lassen sich Quantensprünge in der Produktivität erzielen. Synergie ist die Triebfeder hinter jeder echten Kreativität.

Die Kraft der Synergie

Die folgenden Beispiele helfen Ihnen, die Kraft der Synergie zu verstehen:

Kreative Gewaltlosigkeit

Arun Gandhi, der Enkel von Mahatma Gandhi, erzählte mir, wie er über das Leben seines Großvaters dachte:

BEISPIEL *Paradoxerweise hätte es ohne Rassismus und Vorurteile wohl keinen Gandhi gegeben. Die Herausforderung und der Konflikt trieben ihn an. Andernfalls wäre aus ihm vielleicht ein erfolgreicher, gut verdienender Anwalt geworden. So aber genügte eine Woche in Südafrika, um ihn die ganze Wucht der rassistischen Vorurteile spüren zu lassen. Wegen seiner Hautfarbe wurde er aus dem Zug geworfen. Das demütigte ihn so sehr, dass er den ganzen Abend im Bahnhof blieb und darüber nachdachte, wie er sich Genugtuung verschaffen konnte. Seine erste Reaktion war Wut. Seine Wut war so groß, dass er an Rache dachte. Er wollte es den Menschen, die ihn gedemütigt hatten, heimzahlen. Aber dann erkannte er: »Das ist nicht der richtige Weg.« Das hätte ihm keinen Frieden gebracht. Vielleicht hätte es sich einen Augenblick lang gut angefühlt. Aber es hätte ihm keine Gerechtigkeit verschafft, sondern den Konflikt noch weiter verschärft. So begann er, seine Philosophie der Gewaltlosigkeit zu entwickeln. Am Ende blieb er 22 Jahre in Südafrika. Und dann ging er und führte die indische Bewegung an. Diese Bewegung mündete schließlich in der indischen Unabhängigkeit – etwas, das niemand sich je hätte träumen lassen.*

Gandhi ist mein Held. Er war nicht vollkommen und er verwirklichte auch nicht alle seine Ziele. Aber er lernte aus sich selbst heraus, was Synergie ist. Er erfand eine 3. Alternative: *kreative Gewaltlosigkeit*. Gandhi überwand das 2-Alternativen-Denken. Er rannte nicht weg, aber er kämpfte auch nicht. Das tun Tiere. Wenn sie in die Enge getrieben werden, kämpfen oder flüchten sie. Genau das tun auch die 2-Alternativen-Denker. Sie schalten auf Angriff oder sie nehmen Reißaus. Gandhi dagegen entschied sich für die 3. Alternative. Er veränderte die Welt, indem er seine Landsleute ohne Waffen und ohne Gewalt in die Unabhängigkeit führte.

Die Musikstunde

BEISPIEL *Nadjas Tochter kam mit Tränen in den Augen aus der Schule. Die 8-Jährige umklammerte ihren Geigenkasten und brach in Tränen aus. Voller Verzweiflung erzählte sie ihrer Mutter, dass die Lehrerin ab sofort keine Musik mehr in der Schule duldete. Je mehr Nadja, die selbst ausgebildete Geigerin war, darüber nachdachte, desto wütender wurde sie. Sie musste den ganzen Abend an die Tränen ihrer Tochter denken. Nachts konnte sie nicht schlafen und überlegte sich, wie sie der Lehrerin die Meinung sagen würde. Am nächsten Morgen hatte sie sich etwas beruhigt. Sie beschloss, nicht gleich in die Offensive zu gehen, sondern erst einmal herauszufinden, was in der Schule vorgefallen war. Noch vor Unterrichtsbeginn sprach sie mit der Lehrerin:*

»Meine Tochter spielt so gern Geige. Sie ist unglaublich traurig, dass sie nicht mehr in der Schule üben darf. Deshalb möchte ich gerne wissen, warum das plötzlich nicht mehr erlaubt ist.« Zu ihrer Überraschung brach die Lehrerin in Tränen aus: »Für Musik reicht die Zeit leider nicht mehr. Wir sind mit grundlegenden Dingen wie Lesen und Rechnen völlig ausgelastet. Deshalb haben wir von ganz oben die Anweisung bekommen, die Musikstunden zu streichen.«

Im ersten Augenblick wollte Nadja wutentbrannt über die Schulbehörde herziehen. Dann aber meinte sie: »Es muss eine Möglichkeit geben, den Kindern Musik und die Hauptfächer beizubringen.« Die

Lehrerin überlegte kurz: »Natürlich! Musik ist Mathematik!!!« In Nadjas Kopf begann es zu rattern. Ist es nicht möglich, die Grundfähigkeiten auch über die Musik zu erlernen? Sie sah die Lehrerin an, dann lachten beide los, weil sie denselben Gedanken hatten. Bald verbrachte Nadja so viel Zeit wie möglich in der Klasse ihrer Tochter. Gemeinsam mit der Lehrerin nutzte sie die Musik, um den Kindern die verschiedensten Dinge beizubringen. Zwei Achtelnoten ergeben zum Beispiel eine Viertelnote. Es war also problemlos möglich, Brüche nicht nur mit Zahlen, sondern auch mit Noten zu berechnen. Auch beim Einüben von Gedichten war die Musik ein wunderbares Hilfsmittel. Die Kinder konnten sich die Texte viel besser merken, wenn sie die Gedichte gemeinsam sangen. Geschichte wurde lebendig, nachdem die Schüler die Komponisten und ihre Zeit kennengelernt und ihre Stücke gespielt hatten. Und mit den Sprachen der verschiedensten Länder machten die Schüler hautnah Bekanntschaft, indem sie Volkslieder sangen.

Die Synergie zwischen der musikalischen Mutter und der Lehrerin war genauso wichtig wie die Synergie zwischen der Musik und den Hauptfächern. Die Schüler lernten alles Hand in Hand – und zwar unheimlich schnell. Bald wollten auch andere Lehrer und Eltern den Versuch wagen. Schließlich interessierte sich sogar die Schulbehörde für diese 3. Alternative.

Total Quality

BEISPIEL *In den 1940er-Jahren forderte der Managementprofessor W. Edwards Deming die amerikanischen Industriellen eindringlich auf, die Qualität ihrer Produkte zu verbessern. Doch sie hörten nicht auf ihn. Im Gegenteil: Die Aussicht auf kurzfristige Gewinne verleitete sie dazu, die Qualität ihrer Produkte zu vernachlässigen. Sie sahen nur 2 Alternativen: entweder hohe Qualität oder niedrige Produktionskosten.*

Als Deming in Amerika auf taube Ohren stieß, ging er nach Japan. Seine Grundthese lautete: In jeden Herstellungsprozess schleichen sich Fehler ein, die früher oder später die Kunden vergraulen. Deshalb muss sich die Herstellung permanent um die Reduktion der Fehlerquote bemühen. Die japanischen Industriellen verknüpften Demings Idee mit ihrer Kanban-Philosophie, die den Arbeitern die Qualitätskontrolle im Herstellungsprozess überträgt. So entstand etwas völlig Neues – eine 3. Alternative: »Total Quality Management«. Ziel ist die Qualitätsverbesserung bei gleichzeitiger Kostenreduzierung.

Schon bald konnten die amerikanischen Hersteller, die im 2-Alternativen-Denken gefangen waren, nicht mehr mit den immer zuverlässigeren und erschwinglicheren Produkten aus Japan mithalten. Das führte das zu einem wahren Kahlschlag in der amerikanischen Schwerindustrie.

Das 2-Alternativen-Denken ist allgegenwärtig

Die gerade genannten Beispiele zeigen: Wer keine 3. Alternative zulässt, muss sich mit weniger Synergie zufriedengeben. Menschen, die im 2-Alternativen-Denken verharren, sehen die Konfrontation und nicht die Kooperation. Für sie gibt es nur ein Gegeneinander, aber kein Miteinander. Sie leiden an einer Form der Farbenblindheit, die sie zwar Blau und Gelb, aber kein Grün erkennen lässt.

Das 2-Alternativen-Denken ist allgegenwärtig. Wir finden es bei Politikern, die einfach weghören, wenn Mitglieder anderer Parteien etwas sagen. Wir sehen es bei Managern, die langfristige Interessen gegen kurzfristige Gewinne eintauschen. Und wir stellen es auch bei Unternehmern fest, die sich als »weitsichtige Visionäre« geben, während ihre Firma kollabiert, weil sie den kurzfristigen Problemen keine Beachtung schenken.

2-Alternativen-Denken

2-Alternativen-Denken: In Konflikten denken wir in der Regel in Begriffen wie »mein Vorschlag« und »dein Vorschlag«. Menschen, die Synergie schaffen wollen, verbinden beide Lösungen oder suchen jenseits dieses strengen 2-Alternativen-Denkens nach einer 3. Alternative.

Wer im 2-Alternativen-Denken verhaftet ist, sieht sein Gegenüber nicht als eigenständigen Menschen, sondern lediglich als Vertreter einer Ideologie. Er hat den Wert unterschiedlicher Sichtweisen nicht erkannt und versucht erst gar nicht, sie zu verstehen. Oberflächlich gibt er sich vielleicht respektvoll, aber in Wahrheit hört er nicht zu. Er zielt allein darauf ab, den anderen zu manipulieren. Seine Unsicherheit überspielt er mit einem offensiven Auftreten – schließlich stehen sein Selbstbild und seine Identität auf dem Spiel. Auf Meinungsverschiedenheiten reagiert er mit der Strategie »aufspüren und zerstören«. Für ihn macht 1 plus 1 nur 0 oder sogar noch weniger. In so einem Umfeld kann keine Synergie entstehen.

Das Heimtückische am 2-Alternativen-Denken ist, dass wir uns leicht davon verführen lassen. Damit ist die Welt so wunderbar einfach. Man kann alles in 2 Kategorien einordnen:

Meine Seite	Deine Seite
gut	schlecht
großzügig	herzlos
intelligent	dumm
vernünftig	irrational
ehrlich	unehrlich
Die besten Menschen der Welt	Die schlechtesten Menschen der Welt

Die negativen Auswirkungen des 2-Alternativen-Denkens zeigen sich besonders deutlich, wenn wir vor einem Problem stehen, für das es keine gute Lösung zu geben scheint. Hier ein paar Beispiele:

- Ein Politiker sagt: »Eine gute Gesundheitsversorgung für alle Bürger ist unbezahlbar. Aber wir können die Menschen, die nicht selbst dafür aufkommen können, auch nicht im Stich lassen.«
- Ein Vertriebsleiter sagt: »Meine zwei Spitzenverkäufer kommen sich ständig ins Gehege. Aber ohne sie verlieren wir unsere besten Kunden.«
- Eine Frau sagt über ihren Partner: »Ich halte es weder mit ihm noch ohne ihn aus.«

Das Gefühl, sich zwischen Regen und Traufe entscheiden zu müssen, kann lähmend sein. In diesem Zusammenhang ist oft von den »Hörnern« eines Dilemmas die Rede: Der Bulle spießt uns auf – ganz gleich, nach welchem Horn wir greifen. Was tun? Bei denjenigen, die im 2-Alternativen-Denken gefangen sind, ist die Verunsicherung groß. Manche werfen das Handtuch. Andere stürzen sich auf ein »Horn«. Sie versuchen, alle anderen auf ihre Seite zu ziehen, und verteidigen lautstark ihre Meinung. Ihnen ist nicht bewusst, dass es eine 3. Alternative gibt. Sie glauben, dass sie keine Wahl haben. Deshalb greifen sie nach einem der beiden Hörner – um sich dann den Todesstoß versetzen zu lassen. Doch wer seinen Blick auf die 3. Alternative richtet, findet fast immer einen Weg aus dem Dilemma. Nur suchen wir meist erst gar nicht nach diesem Weg. Wir sind fest im 2-Alternativen-Denken verhaftet.

Vorsicht vor dem Kompromiss!

Eine mögliche Reaktion auf die Ausweglosigkeit des 2-Alternativen-Denkens ist, die Suche nach einer Lösung einfach aufzugeben. So gibt es in jeder großen Debatte ein »breites Mittelfeld« von Menschen, die sich weigern, Partei zu ergreifen. Sie identifizieren sich weder mit der einen noch mit der anderen Extremlösung. Sie glauben nicht, dass die Auseinandersetzung mit dem Vorgesetzten, der Ehekrach oder der juristische Disput eine echte *Lösung* zulassen. Sie sagen: »Wir machen da nicht mit. Wir sind für dieses System nicht geschaffen. Für uns gibt es hier nichts zu lösen.« Das Optimum dessen, was möglich ist, ist in ihren Augen ein Kompromiss.

Der Kompromiss hat einen guten Ruf. Das Wörterbuch beschreibt ihn als »*Übereinkunft durch gegenseitige Zugeständnisse*«. Vermutlich ist es dem Kompromiss zu verdanken, dass viele Probleme nicht völlig eskalieren. Doch ein Kompromiss führt nicht zu einer »Gewinn-Gewinn«-Situation.[3] Im Gegenteil! Ein Kompromiss mündet in »Verlust-Verlust«:

Ein Kompromiss kann die Beteiligten vielleicht »zufriedenstellen«, aber niemals begeistern. Die Beziehung geht geschwächt aus dem Kompromiss hervor. Oft flammt der Konflikt schon bald wieder auf.

Die breite Mehrheit der Menschen lebt in einer »Verlust-Verlust«-Welt voller Kompromisse. Diese Menschen haben kaum Hoffnung. Häufig erledigen sie jahraus, jahrein ihre Arbeit, ohne sich und ihre wahren Fähigkeiten wirklich einzubringen. Sie sehen das Leben durch die Brille des längst vergangenen Industriezeitalters. Ihr Job beschränkt sich darauf, dass sie ihre Aufgaben mechanisch abarbeiten. Sie versuchen erst gar nicht, etwas zu verändern. Diese Menschen sind austauschbare Teilchen. Optimismus ist schon lange nicht mehr ihre Sache. Bei vielen macht sich Zynismus breit. Jede Form der Begeisterung ist ihnen suspekt. Neuen Ideen bringen sie grundsätzlich Misstrauen entgegen. Allein das Wort »Synergie« ruft schon allergische Reaktionen hervor. Denn: Niemand von ihnen hat den wahren Wert von Synergien jemals kennengelernt.

Die 4 Paradigmen der Synergie

IV. Die 3. Alternative und die 4 Paradigmen der Synergie

Menschen, die das 2-Alternativen-Denken hinter sich lassen und ganz auf Synergie setzen, sind eine seltene, aber höchst einflussreiche und produktive Minderheit. Sie sind Paradigmenwechsler, Erneuerer und Spielgestalter. Wenn wir es ihnen gleichtun wollen, müssen wir unsere Paradigmen in vier wesentlichen Punkten ändern. Diese vier Paradigmenwechsel lenken uns weg von unserem Egoismus – hin zur Wertschätzung des anderen:

	Paradigmen des 2-Alternativen-Denkens	Die 4 Paradigmen der Synergie
1	Ich sehe nur meinen Standpunkt oder nur meine »Seite«.	**Ich sehe mich** – unabhängig von meinem Standpunkt oder meiner »Seite«.
2	Ich stecke dich in eine Schublade.	**Ich sehe dich** – als Mensch und nicht nur den Vertreter deiner »Seite«.
3	Ich beharre auf meiner Position, weil deine Position falsch ist.	**Ich versuche, dich zu verstehen,** gerade weil du die Dinge anders siehst.
4	Ich greife dich an. Wir führen gegeneinander Krieg.	**Ich schaffe mit dir Synergie.** Gemeinsam gestalten wir eine faszinierende Zukunft, die sich keiner von uns hätte träumen lassen.

Vergleicht man die Paradigmen des 2-Alternativen-Denkens mit denen der Synergie, wird klar: Das 2-Alternativen-Denken entfernt sich systematisch von einer kreativen Lösung. Denn: Kreative Lösungen und 3. Alternativen sind ohne die Paradigmen der Synergie unvorstellbar. Weil jedes Paradigma der Synergie auf dem vorhergehenden aufbaut, ist auch die Reihenfolge wichtig. Also, sehen wir uns die 4 Paradigmen der Synergie jetzt einmal genauer an:

1. Paradigma: Ich sehe mich

Beim ersten Paradigma geht es darum, dass ich mich als einzigartigen Menschen wahrnehme, der unabhängig urteilen und handeln kann.

Je weniger wir uns selbst hinter einer Fassade verschanzen, desto größer sind die Chancen, Synergie zu schaffen. Daher lautet das erste Paradigma der Synergie: »Ich sehe mich.« Das heißt, ich bin mir meiner selbst bewusst. Ich bin mir über meine Motive, Unsicherheiten und Voreingenommenheiten im Klaren. Ich weiß, wo ich parteiisch bin. Ich will dir gegenüber ehrlich sein.

Und wen sehen Sie, wenn Sie in den Spiegel schauen? Einen weltoffenen Menschen mit Prinzipien und einer respektvollen Haltung gegenüber anderen? Oder jemanden, der auf alles eine Antwort parat hat? Jemanden, der Leuten, die anderer Ansicht sind, mit Arroganz begegnet? Nutzen Sie Ihren Verstand oder lassen Sie andere für sich denken?

Menschen, die das *»Ich sehe mich«*-Paradigma verinnerlicht haben, sind in Diskussionen nicht nur »Partei«. Sie sind mehr als die Summe ihrer Voreingenommenheiten und Denkgewohnheiten. Ihre Gedanken sind nicht allein der Spiegel ihrer Herkunft oder

1. Paradigma der Synergie: Ich sehe mich

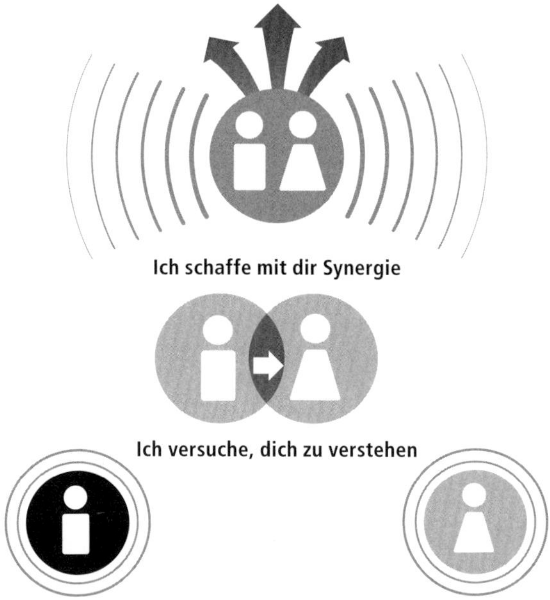

Ich sehe mich: Ich sehe mich als kreativen Menschen, der sich seiner selbst bewusst ist und sich nicht nur als Vertreter einer Seite in einem Konflikt betrachtet. Ich mag die Ansichten mancher Fraktionen teilen oder zu gewissen Gruppen gehören, aber ich definiere mich nicht darüber. Ich entscheide mich für meine eigene Geschichte.

ihres Umfelds. Um mit George Bernard Shaw zu sprechen: Diese Menschen sind kein egoistischer kleiner Haufen Elend, der sich beschwert, dass die Welt nicht immer so ist, wie sie es sich vorstellen. Sie können gedanklich aus sich heraustreten und den Einfluss ihrer Paradigmen auf ihr Handeln objektiv analysieren.

Das Paradigma *»Ich sehe mich«* steht in krassem Gegensatz zum gängigen Paradigma *»Ich sehe meine Seite«*. Wer im *»Ich sehe meine Seite«*-Paradigma verhaftet ist, glaubt: Ich werde von *außen* definiert. Alles, was mir etwas wert ist, kommt von außen. *Definiert* bedeutet immer auch festgelegt oder beschränkt. Aber der Mensch hat die Freiheit, das zu tun und zu denken, was er möchte. Das gehört zu seinem Wesen. Wer sich als »Grüner« bezeichnet, will damit sagen, dass er bestimmte Ansichten in Sachen Umweltschutz mit anderen teilt. Er sieht sich aber sicher nicht *allein* als »Grünen«. Er ist auch Mann oder Frau, Sohn oder Tochter, Partner oder Partnerin. Vielleicht ist er Musiker, Anwalt, Koch oder Sportler. Entscheidend ist, dass keine dieser Rollen ihn vollständig *definiert.* Wenn er vor dem Spiegel steht und genau hinschaut, sieht er mehr als die Rollen, die er spielt. Er sieht sich *selbst.* Er sieht einen denkenden, unabhängigen, kreativen Menschen – jenseits jeder Definition von außen.

	Ich sehe meine Seite	Ich sehe mich
Was ich sehe	Ich sehe mich vor allem als Mitglied der Gruppe, zu der ich gehöre: meiner Seite, meiner Partei, meines Unternehmens, meines Geschlechts, meiner Rasse. Ich definiere mich als Konservativer, als Arbeiter oder als Feministin, aber nicht als einzigartigen Menschen. Meine Gedanken übernehme ich von anderen – sie kommen von außen.	Ich sehe mich als kreativen, reflektierten Menschen, der mehr ist als die »Seite«, der er angehört. Natürlich teile ich viele Überzeugungen meiner »Seite«. Aber das allein macht mich nicht aus. Meine Gedanken kommen aus meinem Inneren.
Was ich tue	Ich denke, was meine Gruppe denkt. Ich habe recht – weshalb sollte ich meine Ansichten ändern?	Ich mache mir meine Gedanken bewusst. Ich weiß, dass sowohl ich als auch andere voreingenommen sind.
Was ich erreiche	Destruktive Konflikte mit anderen Menschen	Kreative Beziehungen zu anderen Menschen

Wir sind nicht im Alleinbesetz der Wahrheit

Wir alle werden zum Großteil durch unsere Umgebung definiert. Ob Managerin, Künstler, Priester, Politiker oder Polizistin: Wir reden, essen oder denken gerne wie die Menschen, denen wir uns zugehörig fühlen. Wir tragen die Uniform. Wir hören auf die Experten. Wir sagen das, was man in unserer Gruppe eben sagt. Wir verteidigen dieses Selbstbild auch dann, wenn es fast nichts mehr mit uns zu tun hat, sondern nur noch mit dem, was die Außenwelt uns aufzwingt.

Man spricht häufig von *Identitätsdiebstahl,* wenn jemand eine Brieftasche klaut, sich als der Bestohlene ausgibt und dessen Ausweis oder Kreditkarten nutzt. Ein viel schlimmerer Identitätsdiebstahl liegt jedoch vor, wenn wir ganz in dem aufgehen, wie andere Menschen uns definieren. Dann identifizieren wir uns komplett mit den an uns gestellten Erwartungen und mit den von außen an uns herangetragenen kulturellen, politischen oder gesellschaftlichen Imperativen. Dabei vergessen wir völlig, wer wir eigentlich sind und was wir wirklich aus unserem Leben machen könnten. Das nenne ich den *»wahren Identitätsdiebstahl«*. Er findet an allen Ecken und Enden statt, weil die Menschen nicht zwischen ihrem eigenen Verstand und den Vorgaben ihrer Umgebung und ihrer Kultur unterscheiden.

Die Vorstellung, dass wir nicht im Alleinbesitz der Wahrheit sind und die anderen auch recht haben könnten, verträgt sich schlecht mit unserem Selbstbild. Doch:

> **Jeder von uns ist in der Lage, sich von seinem kulturell geprägten Selbstbild zu befreien. Im Gegensatz zu einem Auto, einer Uhr oder einem Computer können wir unsere kulturelle Programmierung hinter uns lassen.**

Im Gegensatz zu programmgesteuerten Maschinen sind wir fähig, uns selbst zu beobachten und unsere Überzeugungen und Handlungen auf den Prüfstand zu stellen. Oder anders ausgedrückt:

Wir können unser Denken zum Gegenstand unseres Denkens machen. Wir können uns fragen, ob das, was wir für selbstverständlich halten, wirklich selbstverständlich ist. Eine Maschine kann das nicht. Aber wir Menschen sind frei, unsere eigenen Entscheidungen zu treffen.

Wenn ich mich selbst sehe, erkenne ich meine kulturelle Verwurzelung. Mir wird bewusst, welche Einflüsse auf mich einwirken und welche Erwartungen andere an mich haben. Das hilft mir, Klarheit über meine wahren Motive zu bekommen. Ich entdecke, wo ich mich engagieren und einbringen kann. Nach und nach finde ich heraus, wo ich etwas bewirken kann. Dann betrachte ich mich nicht mehr als Opfer der Umstände, sondern als Gestalter der Zukunft. Genau das ist der Schlüssel zur 3. Alternative. Mein Sohn David sucht schon sein ganzes Leben lang nach 3. Alternativen. Dazu sagt er Folgendes:

BEISPIEL *Als Kind kam mir die Idee von der 3. Alternative total irre und mutig vor. Aber dann begann ich, sie anzuwenden. Und ich staunte, wie sehr sie mir half, alles zu bekommen, was ich brauchte. Einmal gab es im Sportunterricht eine richtig schlechte Note für mich. Ich fragte meinen Vater: »Was soll ich machen? Ich kann doch nicht so eine miese Note in meinem Zeugnis haben.« Er riet mir, den Lehrer zu fragen, was ich tun musste, um eine bessere Note zu bekommen. Der Lehrer war zuerst skeptisch. Aber ich ließ nicht locker. Schließlich fragte er: »Was ist dein Spezialgebiet?« Ich sagte ihm, dass ich Läufer im Leichtathletikteam sei. Darauf meinte er: »Wenn du 400 Meter in weniger als 55 Sekunden läufst, gebe ich dir eine 1.« Damals lief ich 400 Meter in 52 Sekunden. Also willigte ich ein. Ich drückte einem Freund die Stoppuhr in die Hand und schaffte die 55 Sekunden mit Leichtigkeit. Dieses Beispiel hat mir wieder einmal gezeigt, wie weit man kommt, wenn man nicht lockerlässt und nach 3. Alternativen Ausschau hält.*

Weil mich die 3. Alternative meine ganze Kindheit und Jungend begleitete, habe ich sie komplett verinnerlicht. Ich will nicht unhöflich sein oder andere nerven, aber ich gebe auch nicht schnell auf. Denn ich weiß: Es gibt immer eine bessere Lösung!

Schreiben Sie die Geschichte Ihres Lebens neu!

Das Beispiel von David zeigt, wie das Wissen um die 3. Alternative uns hilft, Probleme zu lösen. Und es macht Mut. Denn: Wir können uns neu definieren, indem wir die Story verändern, die wir uns über uns selbst erzählen. Was heißt das konkret? Aus unseren Paradigmen und unserer kulturellen Konditionierung ergibt sich die Story unseres Lebens. Jede Geschichte hat einen Anfang, eine Handlung und eigene Charaktere. Bisweilen tauchen auch Helden oder Bösewichte auf. Der Hauptstrang besteht aus vielen Untersträngen. Manchmal nimmt die Erzählung eine dramatische Wendung. Natürlich kommen auch Konflikte vor. Ohne Konflikte keine Story. Jede große Story handelt von einem Kampf – vom Gefecht des Helden gegen den Bösewicht; vom Wettlauf gegen die Zeit; vom Ringen mit dem Gewissen; vom Überwinden der eigenen Grenzen. Insgeheim sind wir der Held unserer eigenen Story. In tragischen Fällen auch der Antiheld. Aber da gibt es in der Geschichte noch eine dritte Stimme, die weder dem Helden noch dem Bösewicht gehört. Es ist die Stimme des *Erzählers*. Dieser Erzähler sind wir selbst. Wir sind Gegenstand und Autor zugleich. Das ermöglicht es uns, unsere Geschichte selbst zu gestalten. Es steht uns frei, unsere eigene Story zu erzählen. Das gilt natürlich auch im Hinblick auf die großen Konflikte unseres Lebens. Auch hier können wir frei entscheiden, wie die Geschichte weitergeht. Leider ist diese einfache Erkenntnis den meisten Menschen fremd. Viele erleben sich als Gefangene eines furchtbaren Konflikts, an dem sie nichts ändern konnten. Aber das stimmt nicht. Denn:

> Jeder von uns verfasst das Drehbuch seines Lebens selbst. Sie sind für Ihre Geschichte verantwortlich – und niemand sonst!

Aber was bedeutet das für die 3. Alternative? Die 3. Alternative beginnt immer bei mir selbst:

- Sie kommt aus meinem tiefsten Inneren, aus meinem Fundament der Selbstgewissheit und Bescheidenheit.
- Sie kommt aus dem Paradigma der Selbstwahrnehmung, die es mir erlaubt, mich von außen zu sehen und meine Voreingenommenheiten und meine Vorurteile zu erkennen.
- Sie kommt aus der Erkenntnis, dass ich selbst der Autor meiner Geschichte bin.
- Sie kommt aus der Bereitschaft, meine Geschichte umzuschreiben, weil ich will, dass sie *gut* ausgeht.

Denken Sie darüber nach. Fragen Sie sich, wenn Sie sich in einer Konfliktsituation befinden:

- Wie lautet meine Geschichte? Muss ich das Skript ändern?
- Wo hat mein Selbstbild blinde Flecken?
- Inwiefern beeinflusst meine kulturelle Prägung mein Denken?
- Was sind meine wahren Motive?
- Ist mein Weltbild zutreffend?
- Wo ist mein Weltbild lückenhaft?
- Trage ich dazu bei, dass meine Story die Wendung nimmt, die ich mir erträume?

2. Paradigma: Ich sehe dich

Das zweite Paradigma der Synergie handelt davon, dass ich andere als Menschen und nicht als Dinge sehe. Hier geht es um meine Bereitschaft, den anderen zu akzeptieren, ihm Interesse entgegenzubringen und ihm mit Achtung zu begegnen.

2. Paradigma der Synergie: Ich sehe dich

Ich sehe dich: Für mich ist jeder Mensch einzigartig. Ich nehme dich als ganzen Menschen mit deinen unverwechselbaren Talenten, Leidenschaften und Stärken wahr. Du bist für mich mehr als nur der Vertreter einer Konfliktpartei. Du verdienst, dass ich dich achte und schätze.

Was sehen wir, wenn wir einen anderen Menschen betrachten? Sehen wir das Individuum oder das Alter, das Geschlecht, die Nationalität, die Rasse, die Partei- und Religionszugehörigkeit? Sehen wir den Vertreter einer »Gruppe« mit hohem oder niedrigem gesellschaftlichen Status? Oder sehen wir den Menschen in seiner Einzigartigkeit? Vielleicht sehen wir im anderen auch gar nicht ihn, sondern unsere eigenen Vorstellungen, Voreingenommenheiten oder unsere Vorurteile ihm *gegenüber*.

	Ich stecke dich in eine Schublade	Ich sehe dich
Was ich sehe	Ich sehe die Gruppe, zu der du gehörst: deine »Seite«, deine Partei, dein Geschlecht, deine Nationalität, dein Unternehmen, deine Rasse. Du bist ein Symbol für »etwas« – ein Linker, eine Unternehmerin, ein Umweltschützer, aber kein unverwechselbarer Mensch.	Ich nehme dich als ganzen Menschen mit deinen unverwechselbaren Talenten, Leidenschaften und Stärken wahr. Du bist für mich mehr als nur der Vertreter einer Konfliktpartei. Du verdienst, dass ich dich achte und schätze.
Was ich tue	Ich missachte dich oder heuchle lediglich Interesse.	Ich bringe dir aufrichtige Achtung entgegen.
Was ich erreiche	Eine feindselige Atmosphäre. Unsere Kampfhaltung und gegenseitige Ablehnung schwächt uns beide.	Synergie, die uns wesentlich stärker macht, als wir es allein jemals sein könnten.

Das Paradigma *»Ich sehe dich«* steht in scharfem Kontrast zum gängigen Paradigma des *»In-Schubladen-Steckens«*. Im »Schubladen«-Paradigma kann der andere nie sicher sein, dass ich seine Interessen ebenso beherzige wie meine eigenen. Das schließt Synergie von vornherein aus. Ich sehe im anderen lediglich den Vertreter einer Seite. Vielleicht verhalte ich mich ihm gegenüber korrekt, aber mein Interesse an ihm ist gespielt.

Ganz anders ist es beim *»Ich sehe dich«*-Paradigma. Hier stehen Liebe, Großzügigkeit, Wertschätzung und ehrliche Absichten im Fokus. Dieses Paradigma geht auf das afrikanische Bantu-Volk zurück. Dort grüßen sich die Menschen mit den Worten »Ich sehe dich«. Das bedeutet: »Ich weiß, dass du einmalig bist« oder »Mein Menschsein ist untrennbar mit deinem verbunden«. Das alles ist Teil des *Ubuntu*-Geistes. *Ubuntu*[4] lässt sich nur schwer übersetzen. Es heißt »Menschsein«, bedeutet aber auch: »Wir brauchen einander, um Mensch zu sein.« Ein anderer Weg zum Verständnis von *Ubuntu* führt über das genaue Gegenteil – die Schubladenwahrnehmung. Wenn wir Menschen in Schubladen stecken, sehen wir über die Dinge hinweg, die sie unverwechselbar machen. Wir sagen:

- »Er ist der typische Verkäufer – aggressiv und aufdringlich.«
- »Sie ist von dieser egozentrischen Sorte – ständig denkt sie, dass sich alles nur um sie dreht.«
- »Er ist vom Persönlichkeitstyp A.«
- »Sie ist eine echte Zicke.«
- »Leute wie er sind erst zufrieden, wenn sie CEO sind.«

Solche Aussagen zeigen, dass wir nicht das Individuum, sondern nur den Persönlichkeitstyp sehen. *Ubuntu* dagegen heißt, andere Menschen im Kontext ihrer positiven Gaben zu betrachten – ihrer Talente, ihrer Intelligenz, ihrer Erfahrungen, ihrer Klugheit und ihrer eigenen Sicht der Dinge. Wenn wir uns dem anderen gegenüber nicht öffnen, können wir auch nicht von seinen Fähigkeiten profitieren. Erst *Ubuntu* macht 3. Alternativen möglich. Denn:

> **Solange ich in einer Konfliktsituation im anderen lediglich einen Vertreter der Gegenseite sehe, kann ich keine Synergie mit ihm schaffen.**

Der Drang, andere in Schubladen zu stecken, hat seine Ursache in einer tiefen inneren Verunsicherung. Genau hier wurzelt auch der Konflikt. Psychologen haben herausgefunden, dass die meisten von uns den negativen Seiten der anderen weit mehr Beachtung schenken als den positiven. »Wir verübeln anderen ihr negatives Verhalten, rechnen ihnen aber ihr positives Verhalten nicht im selben Maß an«, sagt der renommierte Psychologe Oscar Ybarra. Den Grund dafür sieht er in dem Bedürfnis, mit der Degradierung anderer das eigene Überlegenheitsgefühl zu stärken. Zudem machte Ybarra die Beobachtung, dass Menschen mit einem gesunden Selbstbewusstsein sehr viel eher bereit sind, anderen zu verzeihen.[5] Genau deshalb muss das Paradigma »Ich sehe mich« vor dem Paradigma »Ich sehe dich« kommen.

Menschen sind keine Dinge

In seinem berühmten Buch *Ich und Du* zeigt der große Philosoph Martin Buber, dass wir andere oft wie Dinge und nicht wie Menschen behandeln. Ein Gegenstand ist ein *Es*. Aber ein Mensch ist ein *Du*. Indem ich einen anderen Menschen als Gegenstand behandle, den ich für meine Zwecke nutzen kann, mache ich mich selbst zum *Es*. Ich bin nicht länger Mensch, sondern werde zur Maschine. Möglicherweise degradieren wir andere zu Gegenständen, um sie besser steuern zu können. Deshalb bezeichnen viele Unternehmen ihre Mitarbeiter als »Humanressourcen«. Dadurch werden sie zum bloßen Kostenfaktor. Sie stehen auf einer Stufe mit Steuern oder Rechnungen. Ihre wahre Kreativität, ihren Ideengeist, ihre Intelligenz, ihre Talente und Fähigkeiten können sie nicht einbringen. Die Vorstellung vom Menschen als Ding kostet die Unternehmen Unsummen. Doch keine Bilanz weist die ungeheuren Verluste aus, die durch das ungenutzte Potenzial der Mitarbeiter entstehen.

Martin Buber sagt: »Stehe ich einem Menschen als meinem Du gegenüber … ist er kein Ding unter Dingen.«[6] Dabei geht es ihm nicht um oberflächlichen Respekt, sondern um eine tiefe Wertschätzung des anderen, um Nähe, Offenheit und Vertrauen. Wer einen anderen als »Es« betrachtet, zeigt damit Distanz und Gleichgültigkeit. Der andere wird zum Gebrauchsgegenstand. Indem wir

Du

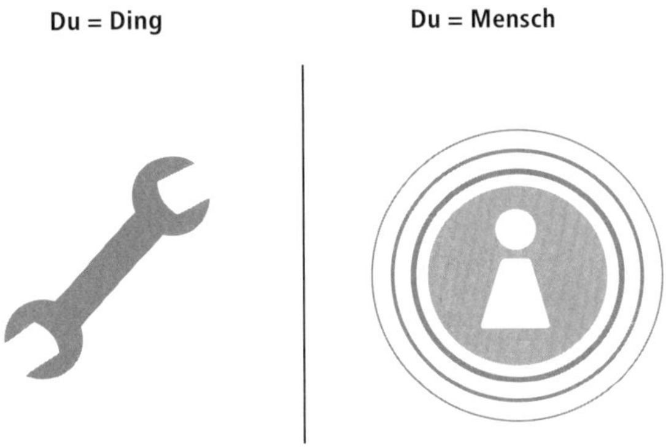

Du: Für mich bist du kein »Ding«, kein Werkzeug, das ich wie einen Schraubenschlüssel oder einen Hammer für meine Zwecke und Ziele nutzen kann. Du bist ein Ziel in dir selbst, eine Persönlichkeit mit Stärken und Schwächen, mit Eigenheiten und wunderbaren Fähigkeiten.

andere verstehen, ohne sie dabei lenken oder manipulieren zu wollen, ändert sich alles. Der US-amerikanische Psychologe und Psychotherapeut Carl Rogers beschreibt das so:

BEISPIEL *Kaum etwas erfüllt mich so, wie einen Menschen genauso zu genießen wie einen Sonnenuntergang. Wenn ich es zulasse, sind Menschen nicht weniger wunderbar als Sonnenuntergänge. Vielleicht schätzen wir Sonnenuntergänge gerade deshalb, weil wir keine Macht über sie haben. Wenn ich der Sonne dabei zuschaue, wie sie hinter dem Horizont verschwindet, denke ich nicht: »Mach das Orange auf der rechten Seite etwas blasser, das Violett auf der Unterseite etwas kräftiger und verstärke das Rosa der Wolken ein wenig.« Nein, ich will nicht in den Sonnenuntergang eingreifen. Ich sehe mit Ehrfurcht zu, wie er sich vollzieht.*[7]

Wenn ich das »Ich sehe dich«-Paradigma beherzige, ist meine Achtung für dich echt und nicht gespielt. Ich sehe *dich* und keine Konfliktpartei. Ich weiß, dass du eine bunte und verschlungene Geschichte voller bemerkenswerter Einsichten zu erzählen hast. Das »Ich sehe dich«-Paradigma gibt uns beiden eine einzigartige Kraft, weil sich unsere Stärken ergänzen. Ein Team wie uns beide gibt es nicht noch einmal auf der Welt. Wir können gemeinsam eine 3. Alternative entwickeln, die weitaus besser ist als alles, was jeder von uns jemals alleine zustande gebracht hätte. So etwas wäre mit dem »Schubladen«-Paradigma niemals möglich.

Überlegen Sie, was das »Ich sehe dich«-Paradigma für Sie bedeuten könnte. Vielleicht gibt es jemanden, den Sie bislang nicht richtig *gesehen* haben. Fühlt er sich von Ihnen zu wenig geschätzt oder beachtet? Wirkt Ihr Verhalten ihm gegenüber unaufrichtig? Reden Sie vor anderen schlecht über ihn? Sehen Sie ihn als Vertreter einer Konfliktpartei? Oder sehen Sie ihn als Menschen mit ganz persönlichen Stärken und Schwächen – als jemanden wie Sie selbst?

3. Paradigma: Ich versuche, dich zu verstehen

Dieses Paradigma handelt davon, dass ich mich aktiv auf die Suche nach alternativen Sichtweisen mache, anstatt mich hinter meiner eigenen Meinung zu verschanzen.

Die beste Reaktion auf jemanden, der bestimmte Dinge anders sieht als ich, ist zu sagen: »Sie sind anderer Meinung? Erzählen Sie mir mehr davon!« Erfolgreiche Führungskräfte verleugnen oder unterdrücken Konflikte nicht. Im Gegenteil: Sie verstehen sie als Chance zur Weiterentwicklung. Ihnen ist klar, dass Wachstum, Weiterentwicklung und Innovation nur möglich sind, wenn kritische Fragen gestellt und ehrlich beantwortet werden.

3. Paradigma der Synergie: Ich versuche, dich zu verstehen

Ich versuche, dich zu verstehen: Ich betrachte deinen Standpunkt, der sich von meinem unterscheidet, nicht als Bedrohung. Ich bemühe mich aufrichtig, von dir zu lernen. Wenn du anderer Ansicht bist, werde ich dir genau zuhören. Das tue ich, bis ich deine Position voll und ganz verstanden habe.

Eine gute Führungskraft straft einen Mitarbeiter, der unbequeme Fragen stellt, nicht mit Missachtung. Im Gegenteil: Sie geht auf den anderen zu und sagt: »Wenn jemand, der so kompetent und engagiert ist wie Sie, anderer Meinung ist als ich, muss es dafür einen guten Grund geben. Darüber möchte ich gerne mehr erfahren. Ihre Sicht der Dinge und Ihr Weltverständnis interessieren mich.« Dieses Paradigma nenne ich: »Ich versuche, dich zu verstehen«. Damit möchte ich die gedanklichen Veränderungen hervorheben, die nötig sind, um gemeinsam mit dem anderen eine 3. Alternative zu finden. Was so einfach klingt, ist in Wahrheit nicht gerade leicht: Sobald uns jemand widerspricht, gehen wir reflexartig in die Defensive. Deshalb tun wir uns oft schwer, 3. Alternativen zuzulassen. Denn das zwingt uns, Menschen, die eine andere Meinung haben und andere Interessen verfolgen, zu respektieren.

»Ich versuche, dich zu verstehen« ist das genaue Gegenteil des Paradigmas »Ich beharre auf meiner Position«. Meine Persönlichkeit findet ihren Ausdruck in meinen Ansichten, meinen Ideen und sogar in meinen Vorurteilen. Daher müssen dem 3. Paradigma der Synergie die Paradigmen »Ich sehe mich« und »Ich sehe dich« vorausgehen. Synergie setzt die innere Sicherheit voraus, die ich gewinne, wenn ich mich selbst sehe, wie ich wirklich bin. Es setzt aber auch voraus, dass ich deine außergewöhnlichen Talente und deine spezielle Sicht der Dinge schätze. Das Gegenteil von Synergie ist eine defensive innere Einstellung, die von Unsicherheit und Überheblichkeit zeugt. Diese Einstellung kommt oft dadurch zum Ausdruck, dass ich nur die Menschen respektiere, die mir ähnlich sind.

Das »Ich versuche, dich zu verstehen«-Paradigma geht von der Prämisse aus, dass die Wahrheit kompliziert ist und jeder nur einen Bruchteil davon kennt. Niemand ist im Besitz der ganzen Wahrheit. Wer das verstanden hat, sucht *aktiv* nach den verschiedenen Bruchstücken der Wahrheit. Wir haben es hier mit einer völlig neuen Denkweise zu tun: Konflikte, die mir bislang den Blick versperrten, werden nun zu Lernstraßen. Das ist ähnlich wie bei guten Ratgebern zum Thema Verhandlungsführung. Sie legen den Schwerpunkt nicht auf die Konfrontation, sondern auf die Suche nach Übereinstimmungen. Das ist wichtig. Noch wichtiger ist es jedoch, die Unterschiede genau zu kennen und sie dann zum Vorteil aller Beteiligten zu nutzen. Dass Menschen unterschiedlicher Ansicht sind, ist nicht nur natürlich, sondern unerlässlich. Oder anders ausgedrückt:

	Ich beharre auf meiner Position	Ich versuche, dich zu verstehen
Was ich sehe	Andere Sichtweisen sind falsch – oder bestenfalls wenig hilfreich.	Andere Sichtweisen – andere »Bruchstücke der Wahrheit« – sind nicht nur willkommen, sondern sogar unverzichtbar.
Was ich tue	Ich sage: »Du siehst die Dinge anders – das empfinde ich als Bedrohung.« Wenn ich dich nicht von meiner Meinung überzeugen kann, werde ich dich ignorieren, dir aus dem Weg gehen oder mich dir entgegenstellen.	Ich sage: »Du siehst die Dinge anders – ich muss dir zuhören!« Dann höre ich genau zu, bis ich wirklich verstanden habe, wie du die Dinge siehst.
Was ich erreiche	Eine eingeschränkte Sicht des Problems, die lediglich Teillösungen zulässt.	Eine umfassendere Sicht des Problems, die eine viel bessere Lösung ermöglicht.

Wenn zwei Menschen genau der gleichen Ansicht sind, ist einer überflüssig. Ohne Unterschiede würden wir in einer Friede-Freude-Eierkuchen-Welt ohne jeglichen Fortschritt leben.

Anstatt Unterschiede zu schätzen und davon zu profitieren, verbarrikadieren wir uns hinter der Mauer unserer subjektiven Meinung. Solange diese Mauer steht, können wir unsere Konflikte nicht klären. Das ist erst möglich, wenn wenigstens einer der Beteiligten bereit ist, auf den anderen zuzugehen und ihn wirklich zu verstehen. Letztlich bestehen diese Mauern allein aus lähmenden Klischees.

Ob im Beruf oder im Privatleben: Überall begegnen wir Vorurteilen und unreflektierten Meinungen. Viele dieser als Argumente verkleideten Klischees scheinen unausrottbar zu sein. Unter den

Vertretern des 2-Alternativen-Denkens wirbeln sie viel Staub auf. Doch wirklich klüger wird niemand davon. In Talk-Shows und Debatten bemühen die Teilnehmer pausenlos dieselben Phrasen, ohne sich auf eine echte Diskussion einzulassen. Oft hat diese Form der Nicht-Kommunikation einen giftigen Ton. Höflichkeit scheint aus der Mode gekommen zu sein. Die Menschen sind unversöhnlich, genervt und aufbrausend. Selbst auf oberster politischer Ebene ist Respekt oft nur eine hohle Floskel. Angriffe, die weit unter die Gürtellinie gehen, ersetzen den Dialog. Hier entfaltet das 2-Alternativen-Denken seine ganze negative Wirkung.

Empathie statt Egozentrik

Im Internet, im Fernsehen und im Radio machen Demagogen viel Geld damit, dass sie Menschen gegeneinander aufhetzen. Einige betrachten sich selbst als Märtyrer. Andere riechen schlicht den Profit. Doch viele schüren den Hass auf Andersdenkende. Vor allem das Internet bietet uns völlig neue Möglichkeiten, uns zu Gruppen zusammenzuschließen. Das hat viele Vorteile. Jeder kann sich mit anderen Menschen aus der ganzen Welt zusammentun, um gemeinsamen Interessen nachzugehen. Diese neue Form der Gruppenbildung hat allerdings auch eine bedrohliche Seite: Die Versuchung ist groß, dass wir uns nur noch mit Gleichgesinnten austauschen. Obwohl das Internet uns eigentlich die Möglichkeit gibt, viele unterschiedliche Meinungen zu hören, sitzen immer mehr Nutzer hinter digitalen Mauern und tauschen sich nur noch mit Menschen aus, die ihre Ansichten teilen.

Seit Jahren bemühe ich mich, der Verbreitung von Feindseligkeit Einhalt zu gebieten, indem ich daran arbeite, die Menschen für das »Ich versuche, dich zu verstehen«-Paradigma zu begeistern. Egal, ob ich mit Staatsoberhäuptern, Führungspersönlichkeiten aus Politik und Wirtschaft oder Schulkindern zu tun habe: Ich möchte den Menschen vermitteln, dass es nicht darum geht, das »letzte« Wort zu haben. Wichtig ist, dem anderen zuzuhören und zu verstehen, wie es tief in seinem Herzen aussieht. Nichts ist in der globalisierten Welt des 21. Jahrhunderts wichtiger, als andere zu verstehen, anstatt nur zu versuchen, Macht über sie zu gewinnen. Der Schlüssel zu Frieden und Synergie ist *empathisches Zuhören*. Das emphatische Zuhören ist keine Technik, um andere zu manipulieren. Aber was ist Empathie eigentlich genau? Mir gefällt die Definition des israelischen Philosophen Khen Lampert:

> »Empathie entsteht, wenn wir uns ... in den anderen hineinversetzen. Wenn wir die Realität durch seine Augen sehen. Wenn wir fühlen, was er fühlt, und seinen Schmerz teilen.«[8]

Die Fähigkeit zur Empathie scheint uns angeboren zu sein: Schon Säuglinge weinen, wenn sie andere Babys weinen hören. Wichtig ist, dass wir Empathie nicht mit Sympathie verwechseln. Sympathie bedeutet, dass wir mit der Position des anderen in einem Konflikt einverstanden sind oder uns ihr annähern. Empathie setzt an einer anderen Stelle an: Sie bedeutet nicht, dass wir die Sichtweise des anderen blindlings akzeptieren. Vielmehr versuchen wir, seine Sicht der Dinge zu *verstehen*. Es geht darum, sich in die Lage des anderen zu versetzen und nachzuempfinden, was er denkt und fühlt. Empathisches Zuhören ist für mich, wie wenn man dem anderen »psychologisch Luft« verschafft. Wer unter akuter Atemnot leidet, hat nur ein einziges Bedürfnis – er will *sofort* Luft bekommen! Genau wie das dringendste körperliche Bedürfnis des Menschen das Atmen ist, so ist sein größtes psychologisches Bedürfnis, sich verstanden, anerkannt und geschätzt zu fühlen. Indem wir anderen mit Empathie zuhören, verschaffen wir ihnen »psychologisch Luft«. Nur wenn dieses elementare menschliche Bedürfnis gestillt ist, können wir uns auf andere Probleme konzentrieren.

Empathisches Zuhören

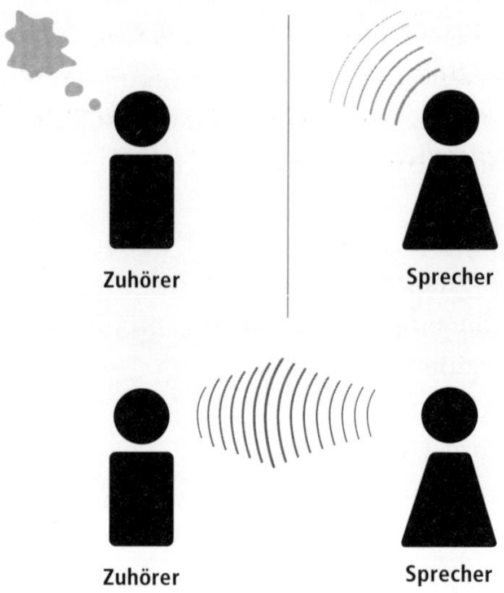

Empathisches Zuhören: In einer Auseinandersetzung sind wir meistens damit beschäftigt, uns unsere Antworten schon zurechtzulegen, während der andere noch spricht. Durch diese »Mauer« dringt kaum ein Wort. Ein empathischer Zuhörer dagegen konzentriert sich ganz auf das, was der andere sagt. Für ihn stehen nicht die eigenen Antworten im Mittelpunkt, sondern die Gedanken und Gefühle seines Gegenübers. Er möchte nachvollziehen, was der andere wirklich denkt und fühlt.

In einer Welt voller Konflikte fühlen sich viele Menschen missverstanden, ignoriert, entrechtet und nicht genügend anerkannt. Wer da auf andere zugeht und ihnen richtig zuhört, hält den Schlüssel in der Hand, um die Tore ihres seelischen Gefängnisses zu öffnen. Carl Rogers beschreibt das folgendermaßen:

BEISPIEL *Jemand, der merkt, dass man ihm wirklich zuhört, bekommt fast jedes Mal feuchte Augen. Ich denke, das sind im wahrsten Sinne Freudentränen. Es ist, als wollte er sagen: »Ich danke Gott dafür, dass mir jemand zuhört. Dass es jetzt jemanden gibt, der weiß, wie sich das Leben für mich anfühlt.« In solchen Momenten habe ich die Vorstellung von einem Gefangenen in seiner Zelle, der tagaus, tagein die Wand mit Morsezeichen bearbeitet: »Hört mich jemand? Ist da einer?« Und eines Tages vernimmt er dann ein leise geklopftes »Ja!«. Diese einfache Antwort genügt, um ihn aus seiner Einsamkeit zu befreien – und er wird wieder ein Mensch.*[9]

»Ich versuche, dich zu verstehen. Ich höre dich, und die Mauern fallen.« Überlegen Sie einmal, was das für unglückliche Beziehungen, juristische Auseinandersetzungen oder politische und militärische Konflikte bedeuten würde. Was wäre, wenn wir am Ende sagen könnten: »Zum Glück hört mich jemand!« Dann löst sich die ganze Anspannung auf – und wir sind frei, uns auf eine 3. Alternative einzulassen.

Empathie ist angeboren

Die Fähigkeit zur Empathie ist uns angeboren. In den frühen 1990er-Jahren entdeckten Wissenschaftler die sogenannten Spiegelneuronen. Diese Form der Gehirnzellen unterscheidet nicht, ob wir eine Tätigkeit selbst ausführen oder anderen dabei nur zuschauen. In beiden Fällen ist ihre Aktivität gleich. Dieses Phänomen beobachteten italienische Forscher erstmals bei Affen. Zunächst untersuchten sie, welche Gehirnzellen reagierten, wenn ihr Versuchstier einen Leckerbissen vernaschte. Dann stellten sie zu ihrer Überraschung fest, dass dieselben Zellen auch reagierten, wenn das Versuchstier zusah, wie ein anderer Affe etwas zu fressen bekam. Mehr noch: Spiegelneuronen können zwischen feindseligen und gutartigen Aktionen unterscheiden. Sobald wir ein Lächeln sehen, fühlen wir es. Und: Schmerzen, die wir sehen, werden zu unseren Schmerzen. Die Neuronen *fühlen*, was ein anderer fühlt.[10]

Empathie statt Egozentrik

Wenn die Fähigkeit zur Empathie etwas so Natürliches und ihre Wirkung so durchschlagend ist, warum ist sie dann so selten? Ganz einfach: Weil die konkurrierenden Paradigmen so stark sind. In ihrer hervorragenden Studie *Empathy and the Novel* stellt Suzann Keen fest, dass »das Bedürfnis nach Dominanz, Spaltung und hierarchischen Beziehungsstrukturen« Empathie verhindert. Aus landläufiger Sicht ist ein empathischer Mensch ein »naiver Träumer«, der meint, andere ändern zu können, indem er den Verständnisvollen mimt.[11] Aber wenn wir uns vergegenwärtigen, was »Dominanz, Spaltung und hierarchische Beziehungsstrukturen« für uns Menschen wirklich bedeuten, drängt sich die Frage auf, wer hier in Wahrheit naiv ist:

> **Wenn ich andere dominieren, spalten und in Schubladen stecken will, muss ich mich unweigerlich auf Widerstand gefasst machen. Da bleibt kein Raum für eine 3. Alternative. Statt Kreativität entsteht ein Konflikt.**

Ein weiterer Empathieblocker ist unsere Neigung, die Äußerungen anderer sofort zu bewerten. In Sekundenschnelle schätzen wir ab, ob wir dem anderen zustimmen oder seine Meinung ablehnen. Je schärfer der Konflikt, desto stärker neigen wir zur pauschalen Urteilsfindung. Unsere Bereitschaft, dem anderen mit Empathie zu begegnen, nimmt immer weiter ab. Wenn die Auseinandersetzung tiefe Überzeugungs- oder Identitätsfragen berührt, verschwindet die Empathiebereitschaft häufig ganz. Genau deshalb fällt uns das empathische Zuhören so schwer. Aber das können wir ändern. Wie? Indem wir eine feste Gewohnheit daraus machen. Wenn jemand etwas sagt, das nicht meiner Meinung entspricht, antworte ich: »Du siehst die Dinge anders als ich. Ich will hören, was du zu sagen hast.« Je häufiger ich das tue, desto einfacher wird es und desto mehr lerne ich daraus. Denken Sie jetzt: »Ich bin doch ein guter Zuhörer. Ich bin offen und unvoreingenommen.« Dann sollten Sie einmal genauer hinsehen. Wenn Sie wie die meisten Menschen sind, überlegen Sie sich Ihre Antworten bereits, während ich noch spreche. Aber wie kann ich frei und offen zu Ihnen sein, wenn Sie jedes Wort, das ich sage, sofort quittieren? Wird Ihre Tochter ehrlich zu ihnen sein, wenn Sie alles umgehend bewerten, kritisieren oder schnippisch kommentieren? Sind Sie wirklich ein Chef, der seinen Mitarbeitern so gut zuhört, dass sie sich voll und ganz verstanden fühlen?

ÜBUNG Machen Sie das Empathie-Experiment

Wenn Sie das nächste Mal mit anderen über ein wichtiges Thema diskutieren, sollten Sie folgendes Experiment machen: Wer etwas sagen will, muss zuerst die Ideen *und* Gefühle seines Vorredners so wiedergeben, dass dieser sich voll und ganz verstanden fühlt. Probieren Sie es aus! Sie werden feststellen, dass diese Übung gar nicht so einfach ist, wie es auf den ersten Blick scheint. Gedanken und Ideen zu wiederholen, das ist die eine Sache. Gefühle wiederzugeben, ist etwas ganz anderes. Das ist richtig schwer. Doch wenn Sie es lang genug probieren, wird sich am Ende Empathie einstellen. Dann werden Sie merken, wie es sich anfühlt, in den Schuhen eines anderen zu gehen. Sie werden lernen, die Welt aus den Augen Ihres Gegenübers zu sehen.

Im Endeffekt erweitert Empathie unseren eigenen Denkhorizont. Wenn unser Partner, unser Arbeitskollege oder unser Freund sich wirklich öffnet, dann wird er für uns gewissermaßen transparent. Seine Sichtweisen und Wahrheiten verschmelzen mit unseren. Und der Dalai Lama betont immer wieder, dass seine wichtigsten Lehrer die Menschen sind, mit denen er im Konflikt steht.

Empathie ist der schnellste Weg zur Konfliktlösung

Vielleicht denken Sie jetzt: »Aber empathisches Zuhören zieht den Konflikt doch nur unnötig in die Länge. Es bringt nichts, wenn ich mir die Streitpunkte immer wieder anhöre. Das macht alles nur noch schlimmer. Dafür ist mir meine Zeit viel zu schade!« Diese Haltung zeigt Ihr Paradigma. Wenn Sie glauben, dass Sie das alles schon gehört haben, dann sind Sie im Irrtum. Solange Sie den anderen und seine Gefühle nicht so gut verstanden haben, dass Sie für ihn sprechen könnten, haben Sie in Wahrheit gar nichts gehört. Und: Was das In-die-Länge-Ziehen des Konflikts betrifft, habe ich immer wieder festgestellt, dass der schnellste Weg zur Lösung über das empathische Zuhören führt. Das, was Sie investieren, um den anderen und seine Gefühle zu verstehen, ist nichts im Vergleich zu der Zeit und der Energie, die es Sie kostet, wenn Sie mit anderen kämpfen. Sicher, empathisches Zuhören kostet Zeit und Energie, allerdings nicht so viel, wie man braucht, um angeschlagene Beziehungen zu kitten oder mit ungelösten Problemen zu leben.

Natürlich sollen die Menschen miteinander diskutieren. Aber es führt zu nichts, wenn es nur darum geht, die Gegenseite zur Kapitulation zu zwingen. Wer mit dem 3.-Alternative-Denken vertraut ist, dem liegt nichts am Sieg. Er wünscht sich einen *Wandlungsprozess*, der alle Beteiligten einbezieht. Indem wir voneinander lernen, verändern wir wie von Zauberhand unsere Ansichten und Einstellungen. Das kann so weit gehen, dass wir unser ganzes Weltbild auf den Kopf stellen.

Wenn ich das »Ich versuche, dich zu verstehen«-Paradigma beherzige, nutze ich Argumente, um Ideen zu testen. Aber mir geht es nicht darum, den Gegner an die Wand zu drücken. Das Argument ist für mich ein »Lernmittel« und keine Waffe. Mein Ziel ist es nicht, einen Punktsieg über den anderen zu erringen, sondern die Regeln des Spiels zu verändern. Ich höre dir zu, um zu verstehen, wo du mir einen entscheidenden Einblick in die Wirklichkeit verschaffen kannst. Es liegt mir nichts daran, Brüche in deiner Argumentation zu entdecken, die ich dann gegen dich verwenden kann.

Mit dem »Ich versuche, dich zu verstehen«-Paradigma gehe ich ein hohes Risiko ein. Wenn ich wirklich verstehe, was du fühlst und denkst, könnte es passieren, dass ich meine Sichtweise ändern muss! Mehr noch: Es ist weder wahrscheinlich noch wünschenswert, dass ich die Dinge hinterher noch genauso sehe wie vorher. Wenn es dir nicht gelingt, mir neue Denkimpulse zu liefern, müsste ich mir wegen meiner Engstirnigkeit ernsthafte Sorgen machen. In Wirklichkeit tut es mir gut, deine Wahrheit zu hören. Carl Rogers hat das wunderbar auf den Punkt gebracht: Mein Paradigma sollte nicht lauten: »Ich schätze dich, weil du mir so ähnlich bist«, sondern: »Ich schätze dich, weil du anders bist als ich«.[12]

Wer nicht zuhört, sorgt für reichlich Konfliktstoff

Möglicherweise fragen Sie sich jetzt: »Was bringt dieses ganze Gerede über Empathie? Es geht doch nicht darum, ein Gutmensch zu sein, bei dem andere ihren Seelenballast abladen können. Natürlich bin ich bereit zuzuhören. Aber ich kenne meine Meinung. Ich brauche niemanden, der mir sagt, was ich denken soll.« Meine Antwort lautet:

> Empathisches Zuhören hat nichts mit Gutmenschentum zu tun. Es ist schlicht und ergreifend eine Notwendigkeit. Wer sich *nicht* damit beschäftigt, wird früher oder später Probleme bekommen.

Wenn Sie es im Beruf mit dem Zuhören nicht so genau nehmen, werden Sie über kurz oder lang scheitern. Das Leben bestraft Führungskräfte, die keine robusten Entscheidungen treffen. Aber was sind eigentlich robuste Entscheidungen? Robuste Entscheidungen sind das Ergebnis einer fundierten Kenntnis der Vorstellungen von Kunden, Zulieferern, Mitarbeitern, Kollegen und Investoren. Eine robuste Entscheidung ist »die beste Wahl nach Ausschluss so vieler Unsicherheitsfaktoren wie nur möglich«.[13] Und: Die einzige Möglichkeit, Unsicherheitsfaktoren auszuräumen, besteht darin, anderen wirklich zuzuhören.

Ob in der Familie, in Beziehungen oder in der Politik: Die Weigerung, andere wirklich ausreden zu lassen, sorgt für Konflikte. Sie verhindert jegliche Kreativität und macht die Menschen genau dort unsicher, wo selbstbewusstes Auftreten gefragt wäre. Und die Ironie an der Geschichte: Diejenigen, die die größte Angst davor haben, dass man ihr Bemühen um empathisches Zuhören als Schwäche auslegen könnte, treffen am Ende die schlechtesten Entscheidungen.

»Ich versuche, dich zu verstehen.« Dieses Paradigma sollten wir uns alle zu Herzen nehmen, wenn wir in unseren Beziehungen zu anderen weder ein noch aus wissen. Wenn der Druck groß und das Selbstvertrauen niedrig ist, wenn jeder Schritt zur Qual wird und Sie wie vor einer gewaltigen Wand stehen, sollten Sie sich auf folgendes Empathie-Experiment einlassen:

In 9 Schritten zum empathischen Zuhören

1. Gehen Sie auf die andere Seite zu und sagen Sie: »Ich sehe die Dinge anders. Ich will wissen, wie du das Ganze einschätzt.«
2. Machen Sie sich die Mühe und hören Sie aufmerksam zu. Tun Sie nichts anderes. Widerstehen Sie der Versuchung, sich sofort ein Urteil zu bilden, Ratschläge zu erteilen, Bemerkungen einzustreuen, Mitleid zu bekunden oder Streit vom Zaun zu brechen. Die andere Seite braucht Sie weder als Provokateur noch als Claqueur. Worauf es jetzt ankommt, ist allein Ihre *Aufmerksamkeit!*

3. Sagen Sie nichts. Niemand erwartet von Ihnen eine Antwort, ein Urteil, eine Lösung oder eine »Richtigstellung«. Schütteln Sie den ganzen Druck von sich ab. Lehnen Sie sich zurück und hören Sie einfach nur gut zu.
4. Sprechen Sie nur, wenn es nötig ist, um den Gesprächsfluss in Gang zu halten. Sagen Sie einfach »Erzähl weiter« oder »Hm«.
5. Achten Sie genau auf die Emotionen Ihres Gegenübers. Zeigen Sie Verständnis für seine Gefühle: »Das muss enttäuschend, verletzend, beunruhigend, verwirrend, irritierend, seltsam oder frustrierend für dich sein.«
6. Denken Sie daran, dass Sie einer Geschichte zuhören. Wenn Sie ins Kino gehen, unterbrechen Sie auch nicht den Film, um mit den Schauspielern zu diskutieren. Sie sind vom Geschehen im Film gefesselt und konzentrieren sich voll und ganz darauf.
7. Seien Sie lernbereit. Mit der nötigen Offenheit können Sie neue Einsichten gewinnen und Ihren Horizont erweitern. Wenn Sie auf der Grundlage zusätzlicher Informationen Ihren Standpunkt ändern, ist das nur natürlich – und keineswegs ein Zeichen von Schwäche.
8. Vergewissern Sie sich, dass Sie wirklich verstehen, was der andere Ihnen sagen will. Wiederholen Sie das Gesagte mit eigenen Worten. Sprechen Sie über die Gefühle, die Sie dabei empfunden haben. Fragen Sie Ihren Gesprächspartner, ob er sich von Ihnen verstanden fühlt. Wiederholen Sie das Ganze so lange, bis er zufrieden ist.
9. Zeigen Sie sich erkenntlich. Wenn jemand Sie in sein Herz und seine Gedanken lässt, ist das ein großer Vertrauensbeweis. Davon profitieren Sie enorm, denn Sie lernen einen Teil der Wahrheit kennen, der Ihnen bislang verschlossen war. Oder wie John Stuart Mill sagte: »Wenn es da jemanden gibt, der eine andere als die übliche Meinung vertritt, sollten wir ihm danken, ihm Gehör schenken und uns freuen, dass er etwas für uns tut, was sonst unsere Aufgabe gewesen wäre.«[14]

Wenn Sie so vorgehen, können Sie Konflikte ganz einfach entschärfen. Wundern Sie sich nicht, wenn Ihr Gegenüber irgendwann während des Gesprächs seine Haltung Ihnen gegenüber verändert und nun hören will, was *Sie* zu sagen haben. Wenn Sie sich wirklich die Mühe gegeben haben, ihn zu verstehen, wird er auch bereit sein, sich Ihre Sicht der Dinge anzuhören. Und dann sind Sie der ersehnten 3. Alternative ein gutes Stück nähergekommen.

4. Paradigma: Ich schaffe mit dir Synergie

Das letzte Paradigma der Synergie handelt von der Suche nach einer gemeinsamen Lösung, die besser ist als alles, was die Beteiligten jemals im Sinn hatten.

Synergie meint die Erarbeitung einer 3. Alternative. Dazu braucht man Leidenschaft, Energie, Einfallsreichtum und Begeisterung für die Schöpfung einer neuen Wirklichkeit, die weitaus besser ist als die bestehende. Deshalb spreche ich hier auch vom *schöpferischen Paradigma.*

Das Gegenteil des 4. Paradigmas lautet: »Ich greife dich an.« Das ist das Paradigma der Zerstörung von Beziehungen, Partnerschaften, Unternehmen, Familien, Institutionen – und unserer Zukunft. Wenn ich dir mit dieser Einstellung begegne, stecke ich dich in eine Schublade. Du bist kein Mensch, den ich *sehen* kann. Du stehst für eine Ideologie, die ich nicht akzeptieren kann, weil sie für mich *falsch* ist. Du bist jemand, der meine Identität und mein Selbstwertgefühl bedroht. Und was sage ich, wenn ich dich so einschätze? »Ich werde mit dir abrechnen. Der Platz reicht nicht für uns beide – einer von uns muss das Feld verlassen.« Ich kann dich bemitleiden, ich kann versuchen, dich auf meine Seite zu ziehen. Aber am Ende

4. Paradigma der Synergie: Ich schaffe mit dir Synergie

Ich schaffe mit dir Synergie: Sobald wir uns voll und ganz verstanden haben, können wir Synergie suchen und eine Lösung finden, die besser ist als alles, was sich jeder Einzelne von uns bislang vorstellen konnte. Synergie ist eine schnelle, kreative und auf Zusammenarbeit basierende Form der Problemlösung.

bist du für mich nur der Vertreter einer Position, die ich nicht akzeptieren kann. Daher beharre ich auf meiner Meinung. Ich mache mich über dich lustig oder versuche, deine Sichtweise zu untergraben. Am Ende steht der direkte Angriff: Ich muss dich vom Sockel stürzen. Es reicht mir nicht, wenn ich gewinne. Du musst für alle sichtbar verlieren. Und was haben wir beide am Ende davon? Nichts! Die folgende Tabelle verdeutlicht den Gegensatz zwischen »Ich schaffe mit dir Synergie« und dem Paradigma des Angriffs.

	Ich greife dich an	Ich schaffe mit dir Synergie
Was ich sehe	1 + 1 ergibt 0 oder noch weniger!	1 + 1 ergibt 10 oder 100 oder 1000!
Was ich tue	Ich suche die Auseinandersetzung und beharre stur auf meiner Meinung. Das Wichtigste für mich ist, dass du am Ende als Verlierer dastehst, auch wenn ich dafür Kompromisse eingehen muss.	Ich suche nach einer 3. Alternative. Ich frage dich: »Bist du bereit für eine Lösung, die besser ist als alles, was irgendeiner von uns bislang im Sinn hatte?«
Was ich erreiche	Welche Nachteile hat es für mich und andere, wenn ich dich schlechtmache und du verlierst?	Welche Vorteile haben wir beide von einer 3. Alternative?

Die bestmögliche Lösung bei dieser Angriffshaltung ist ein Kompromiss. Doch das bringt für beide Seiten Verluste. Ein Kompromiss ist nicht dasselbe wie Synergie. Dennoch hat der Kompromiss einen guten Ruf. Viele halten ihn für erstrebenswert, aber von Synergie ist er meilenweit entfernt.

Das 4. Paradigma »Ich schaffe mit dir Synergie« ist die logische Schlussfolgerung aus den Paradigmen »Ich sehe mich«, »Ich sehe dich« und »Ich versuche, dich zu verstehen«. Alles beginnt damit, dass ich mir und dir gegenüber aufmerksam und aufrichtig bin. Im Sinne Martin Bubers begegne ich dir auf Augenhöhe, anstatt in dir nur ein Werkzeug zu sehen. Im 4. Paradigma geht es dann um Empathie in Aktion, um die aktive Suche nach so vielen Teilen der Wahrheit wie möglich. Synergie entsteht erst, wenn jeder Beteiligte den Eindruck hat, dass die anderen ihn nicht nur inhaltlich, sondern auch emotional wirklich verstehen.

ÜBUNG **Angriff oder Synergie: Wo liegt der Unterschied?**

Fragen Sie sich jetzt bitte: Welche Nachteile bringt eine innere Einstellung, die nur den Angriff kennt, Ihrer Familie, Ihren Freunden oder Ihrem Unternehmen? Und welche Vorteile hätten Ihre Familie, Ihre Freunde oder Ihr Unternehmen, wenn Sie sich ganz auf die Bildung von Synergie und die Suche nach 3. Alternativen konzentrieren würden?

Sie können diese Fragen im Stillen für sich beantworten. Bitte bedenken Sie dabei, was wohl passiert wäre, wenn Gandhi dem Angriffsdenken verhaftet geblieben wäre. Was hätte das für ihn selbst und für die Zukunft Indiens bedeutet? Und was wäre passiert, wenn Nadja, die Mutter, die so aufgebracht war, dass man ihrer Tochter den Musikunterricht gestrichen hatte, sich mit der Lehrerin angelegt hätte, anstatt mit ihr gemeinsam nach einer Lösung zu suchen?

Das japanische Wort für das Angriffsparadigma lautet *kiai*. Im Kampfsport steht dieser Begriff für die volle Konzentration auf die Abwehr und Zerstörung eines Feindes. Symbolisiert wird *kiai* durch einen aggressiven Schrei. Dagegen wird das auf Synergie ausgerichtete Paradigma als *aiki* bezeichnet. Hier geht es um die Offenheit des Geistes und die Vereinigung meiner und deiner Kräfte. Der revolutionäre, auf Synergie ausgerichtete Kampfsport heißt *aiki-do* oder »Weg des Friedens«. Im Aikido lösen wir den Konflikt, indem wir unsere Stärke mit der Stärke unseres Gegners verbinden. So können wir eine sehr viel größere Kraft schaffen. Der Aikido-Meister Richard Moon meint: »Das Wichtigste am Aikido ist, dass wir uns der Kraft eines anderen niemals entgegenstellen. Auf die Konfliktlösung übertragen bedeutet das, dass wir niemals die Überzeugungen und die Ideen eines anderen in Frage stellen …

Wir wollen mehr über sein Denken, seine Energie und seine Beweggründe erfahren, denn das kann die Situation vollkommen verändern.«[15] Bitte denken Sie daran:

Wahre Synergie setzt nicht die Einstellung des Blockierens und Angreifens voraus, sondern eine tief empfundene Achtung und Empathie.

Die 4 Schritte zur Synergie

1. **Fragen Sie ...**
   nach der 3. Alternative: Bist du bereit, eine Lösung zu suchen, die besser ist als die, die jeder von uns beiden bisher im Sinn hatte?

2. **Definieren Sie ...**
   Erfolgskriterien

3. **Schaffen Sie ...**
   3. Alternativen

4. **Erleben Sie ...**
   Synergie oder eine 3. Alternative

V. Die 3. Alternative und der Prozess der Synergie

Synergie ist ein Prozess – nach vielen Schritten steht am Ende eine 3. Alternative. Diese Schritte müssen wir kennen. Deshalb möchte ich Ihnen im Folgenden die *Fähigkeiten* näherbringen, die wir brauchen, um Synergie zu schaffen. Das Streben nach Synergie ist uns angeboren. Das kann man sehr gut an Kindern sehen. Kinder sind die geborenen Schöpfer. Doch im Laufe des Erwachsenwerdens fordern Schule und Beruf ihren Tribut. Wir spezialisieren uns immer stärker und erinnern uns oft gar nicht mehr an die Fähigkeiten, mit denen wir einst unsere Fantasiewelten schufen. Dennoch verlieren wir sie nie komplett. Und manchmal überraschen wir uns selbst mit einer 3. Alternative, die wir aus der Not heraus erfinden. Oft zwingt uns eine Krise dazu, eine 3. Alternative zu schaffen. Hier ein Beispiel:

Die gefährliche Mission der Apollo 13

BEISPIEL *Die Mondmission der Apollo 13 im April 1970 stand nicht gerade unter guten Vorzeichen. Nach einer Explosion an Bord mussten die drei Astronauten die Kommandokapsel des Raumschiffs verlassen und in die Mondlandefähre flüchten. Diese war allerdings nicht für drei Personen ausgelegt. Die Leistung der Kohlendioxidfilter ließ langsam nach, sodass der Tod der drei Astronauten unvermeidlich schien. Allerdings gab es in der Kommandokapsel einen großen Vorrat an neuen, würfelförmigen Filtern. Diese waren jedoch nicht mit dem System der Mondlandefähre kompatibel. Dazu passten keine würfel-, sondern nur zylinderförmige Filter. Es war das klassische Problem vom Eckigen, das ins Runde muss.*

»Scheitern steht nicht zur Disposition«, verkündete Gene Kranz, der Leiter der Mission am Boden. Eine 3. Alternative musste her. Also konstruierten die Techniker auf der Erde in Windeseile eine röhrenförmige Vorrichtung, mit der man die ungleichen Filter verbinden konnte. Die Herausforderung dabei war, dass die Materialien zum Bau der Vorrichtung den Astronauten der Apollo 13 im Weltall zur Verfügung stehen mussten. Schließlich entwickelte man ein Provisorium aus Plastikfolie, Isolierband, Pappe und einem Gummischlauch. Die Anleitung wurde den Astronauten gefunkt. Sie bauten das Provisorium – und es funktionierte!

In diesem extremen Fall kam die 3. Alternative unter dem Druck einer lebensbedrohlichen Situation zustande. Was aber können wir aus der Herangehensweise des Apollo-Teams lernen? Eine 3. Alternative kann sehr schnell entstehen. Zudem können wir die 3. Alternative oft aus den Ressourcen schaffen, die uns bereits zur Verfügung stehen. Und das Wichtigste: Wir sehen, dass Menschen, die bereit sind, sich wirklich füreinander zu engagieren, erstaunliche Synergien freisetzen können. In Krisen haben die Beteiligten oft gar keine andere Wahl, als sich auf die Suche nach 3. Alternativen zu machen. Aber eine Krise ist natürlich nicht die Voraussetzung, dass Synergie entsteht. Wenn Sie die richtige Einstellung mitbringen und sich an die folgenden vier Schritte halten, können Sie gezielt Synergie schaffen:

In 4 Schritten zur Synergie

1. Ich frage dich: »Bist du bereit, eine Lösung zu suchen, die besser ist als die, die jeder von uns beiden bisher im Sinn hat?« Diese Frage kann entwaffnend wirken, weil sie von dir nicht verlangt, deine Idee aufzugeben. Ich frage lediglich, ob wir nach einer 3. Alternative suchen können, die *besser* ist als meine Idee *oder* deine Idee. Am Anfang steht also »nur« ein Gedankenexperiment.

2. Anschließend frage ich dich: »Was könnte *besser* genau bedeuten?« Das hilft uns, eine klare Vorstellung zu entwickeln, wie die gewünschte Lösung aussehen könnte. Gemeinsam können wir überlegen, welche Kriterien erfüllt sein müssen, damit wir beide glücklich werden – Kriterien, die weit über unsere bisherigen Erwartungen hinausgehen.

3. Sobald diese Kriterien auf dem Tisch liegen, kommt Schritt Nummer 3. Jetzt können wir mit Lösungen experimentieren, die diesen Kriterien entsprechen. Wir erschaffen Prototypen, entwickeln neue Theorien und stellen unsere Denkgewohnheiten auf den Kopf. Dabei verzichten wir zunächst auf Bewertungen. Denn: Nur derjenige kann Synergie schaffen, der bereit ist, auch über ungewöhnliche Möglichkeiten nachzudenken.

4. Synergie erkennt man daran, dass die Luft im Raum zu knistern beginnt. Keine Spur mehr von Zurückhaltung oder Konflikt. Wir arbeiten so lange, bis wir die kreative Dynamik spüren, die für die 3. Alternative bezeichnend ist.

Es gibt unendlich viele Experten in Sachen »Konfliktlösung«. Aber für die meisten bedeutet Konfliktlösung nichts anderes als die Suche nach einer Notlösung. So kann man zwar eine offene Auseinandersetzung beenden, aber großartige Resultate kann man bestimmt nicht erzielen. Die 3. Alternative dagegen ist mehr als ein Waffenstillstand. Sie ist viel besser als das »Einerseits« *oder* das »Andererseits«. Am Ende steht nicht das, was ich wollte. Aber auch nicht das, was du wolltest. Hier entsteht etwas völlig Neues. Sehen wir uns etwas genauer an, wie das in der Praxis funktioniert:

Die 4 Schritte zur Synergie

Die 4 Schritte zur Synergie: Dieser Prozess hilft Ihnen bei der Umsetzung der vier Prinzipien der Synergie. (1) Zeigen Sie Ihre Bereitschaft, nach einer 3. Alternative zu suchen. (2) Definieren Sie klare Erfolgskriterien für alle Beteiligten. (3) Experimentieren Sie mit möglichen Lösungen, bis (4) die erhoffte Synergie entsteht.

1. Schritt: Fragen Sie nach der 3. Alternative

Im ersten Schritt stellen Sie die Frage: »Bist du bereit, eine Lösung zu suchen, die besser ist als die, die jeder von uns beiden bisher im Sinn hatte?« Diese Frage verändert alles. Wenn die Antwort positiv ausfällt, gibt es mit einem Schlag keinen Bedarf mehr für Verhandlungen, die nur auf einen Kompromiss abzielen. Ein »Ja« nimmt dem Konflikt die ganze Spannung. Solange das Vertrauen gering ist, mag dieses »Ja« zögerlich oder sogar widerwillig gegeben werden. Dennoch es ist der erste Schritt zu einer aussichtsreichen Lösung.

Um diese Frage ehrlich stellen zu können, muss ich mein Denken auf den Prüfstand stellen. Ich darf nicht länger davon ausgehen, dass ich allein im Besitz der Wahrheit bin. Vielmehr muss ich respektvoll mit anderen umgehen und ihre Sicht der Dinge schätzen. Dazu muss ich das paradoxe Paradigma verstanden haben, dass zwei Menschen unterschiedlicher Ansicht sein und dennoch beide recht haben können. Aber das ist noch nicht alles: Ich muss in mir mehr sehen als lediglich den Vertreter einer Seite. Ich bin viel mehr als meine Position, meine Ideologie, meine Familie, mein Team, mein Unternehmen oder meine Partei. Ich bin auch kein Opfer irgendwelcher unglücklicher Umstände. Ich bin ein Mensch, der für sein Schicksal selbst verantwortlich ist. Es liegt an mir, meine Zukunft zu gestalten. Dazu muss ich mich von vorgefassten Lösungskonzepten verabschieden. Ich muss offen für Möglichkeiten sein, an die ich nicht einmal im Traum gedacht hätte. Synergie ist nicht vorhersagbar. Deshalb muss ich bereit sein, mich überraschen zu lassen.

So fragen Sie nach der 3. Alternative

»Bist du bereit, eine Lösung zu suchen, die besser ist als die, die jeder von uns beiden bisher im Sinn hatte?«

»Ja, aber ich weiß nicht, wie sie aussehen könnte. Und ich werde keinen Kompromiss akzeptieren.«

»Ich bitte dich nicht um einen Kompromiss. Ich frage dich, ob du bereit bist, gemeinsam mit mir etwas auf die Beine zu stellen, das besser ist als alles, was du oder ich bisher im Sinn hatten. Noch gibt es diese Lösung nicht, aber gemeinsam können wir sie entwickeln.«

Aber was passiert, wenn die andere Konfliktpartei nicht daran glaubt, dass eine 3. Alternative die allerbeste Lösung ist? Was ist, wenn ihr Denken von Misstrauen, Desinteresse oder Rechthaberei bestimmt ist? Wenn ich so jemandem die Frage nach der 3. Alternative stelle, wird er vermutlich verblüfft sein. Er wird sich wundern, dass ich bereit bin, mich für neue Lösungen zu öffnen. Möglicherweise wird er über meine Absichten nachdenken. Aber wenn ich ihm mit Respekt begegne und bemüht bin, seine Interessen und seine Sicht der Dinge wirklich zu verstehen, wird er meine Frage ziemlich sicher mit »Ja« beantworten. Wenn ich ihm allerdings nicht aufmerksam und verständnisvoll zuhöre, dann ist es gut möglich, dass er jede Initiative meinerseits abblockt – und das könnte ihm dann auch niemand übel nehmen.

In den meisten Fällen ist die Frage nach der 3. Alternative der Anfang, um verblüffende Ergebnisse zu erzielen. Konflikte, die jahrelang geschwelt haben, können innerhalb weniger Stunden bereinigt werden. Mehr noch: Probleme werden nicht nur aus dem Weg geräumt, auch Beziehungen verbessern sich. Ich habe mehrfach erlebt, dass erbitterte Auseinandersetzungen vor Gericht schlagartig endeten, nachdem beide Seiten einander wirklich verstanden hatten und nun nach einer Lösung suchten, die weitaus klüger war, als weiter aufeinander einzudreschen.

Wie gesagt: Wenn Sie die Frage nach der 3. Alternative stellen, verlangen Sie von Ihrem Gegenüber noch lange nicht, dass er seine Sicht der Dinge einfach über Bord wirft. Sie führen lediglich ein gemeinsames Gedankenexperiment durch, das mit »Was wäre, wenn …« beginnt. Dazu lassen Sie beide Ihre Position einen Augenblick lang dahingestellt sein.

Gewinnen ist schön. Aber es gibt mehrere Möglichkeiten, wie wir gewinnen können. Das Leben ist kein Tennismatch, in dem nur ein Spieler den Sieg davonträgt. Es ist viel faszinierender, wenn beide Seiten gewinnen und eine 3. Alternative schaffen, mit der alle glücklich und zufrieden sind.

Deshalb beginnt der Synergie-Prozess immer mit der Frage: »Bist du bereit, eine Lösung zu suchen, die besser ist als die, die jeder von uns beiden bisher im Sinn hatte?«

2. Schritt: Definieren Sie Erfolgskriterien

Wundern Sie sich auch oft, weshalb sich manche Menschen streiten? Meist geht es um Belanglosigkeiten. Partner trennen sich, weil sie sich nicht einigen konnten, wer mit dem Abwasch an der Reihe ist. Ganze Unternehmen setzen durch unwichtige Meinungsverschiedenheiten in der Chefetage ihr Überleben aufs Spiel. Oft ist der Auslöser des Konflikts nicht identisch mit der Ursache. Deshalb ist es wichtig, dass wir an den Wurzeln des Konflikts ansetzen. Dazu müssen wir das Paradigma, das den Konflikt verursacht hat, verändern.

Und was ist mit einem Konflikt, bei dem es um Prinzipien geht? Hier können Sie die Prinzipien Ihres Gegenübers nicht einfach zurückweisen. Häufig sind seine Prinzipien nämlich zugleich auch Ihre Prinzipien. So berufen sich Israelis wie Palästinenser, türkische wie griechische Zyprioten oder nordirische Katholiken wie Protestanten auf ein und dasselbe grundlegende Prinzip der Fairness, um ihre jeweiligen Positionen zu rechtfertigen. Wie kann man solche Konflikte lösen? Der Schlüssel dazu liegt in einer neuen, besseren Anwendung des gemeinsamen Prinzips. Dann verschreiben sich beide Seiten diesem Prinzip, um gemeinsam eine 3. Alternative zu finden. Ein wichtiger Schritt dazu ist, konkrete Erfolgskriterien zu definieren, die die Wünsche und Bedürfnisse aller Beteiligten berücksichtigen. Denn in einem Konflikt wünscht sich jeder Beteiligte ein möglichst gutes Ergebnis. Die Frage lautet: Wie sieht dieses gute Ergebnis genau aus? Hier ein Beispiel:

Wie retten wir unseren Park?

BEISPIEL *Der Oberparkwächter eines kleinen Städtchens war verzweifelt. Sein Park sollte aus Kostengründen geschlossen werden. Außerdem setzte ihm der ständige Konflikt zwischen den Hundebesitzern und den übrigen Parkbesuchern zu. Viele Besucher ärgerten sich über den Lärm und den Dreck der Hunde. Natürlich wollte niemand, dass der Park geschlossen wurde. Alle waren bereit, sich für eine 3. Alternative einzusetzen, und so trafen sie sich, um gemeinsam eine Liste mit Erfolgskriterien zu erstellen:*

- *Der Park sollte geöffnet bleiben und seine Finanzierung gesichert sein.*
- *Menschen und Hunde sollten sich im Park wohlfühlen.*
- *Der Park musste sauber bleiben.*
- *Es sollte keinen übermäßigen Lärm im Park geben.*

Mit diesen vier einfachen Kriterien waren alle Seiten einverstanden. Nachdem das geklärt war, widmeten sich alle gemeinsam dem nächsten Schritt. Sie suchten und fanden eine 3. Alternative, die für alle ein Gewinn war – für die Parkverwaltung, die Öffentlichkeit, die Steuerzahler und die Hunde.

Obwohl es den Betroffenen gelang, sich auf Erfolgskriterien zu verständigten, wusste zunächst keiner, wie man dieses Ziel erreichen konnte. Die große Frage war: »Wie bekommen wir einen finanziell abgesicherten, sauberen, ruhigen Park, in dem sich alle wohlfühlen?« Heute weiß keiner mehr, wer zuerst die Idee von einem Hundefriedhof ins Spiel brachte. Doch diese Idee war der Schlüssel, um den Park zu retten. Der Hundefriedhof beanspruchte wenig Platz, erlaubte es den Menschen aber, das Andenken an ihre geliebten Tiere zu bewahren. Zudem brachte der Friedhof das nötige Geld, um den Park zu erhalten. Die Tierbesitzer stifteten Pflastersteine, Bäume und Blumen. Ein Freilaufareal erlaubte es den Hunden, sich ohne Leine auszutoben. Und die Hundehalter sorgen selbst für die Sauberkeit im Park. Die Hunde retteten also den Park – und alle Beteiligten sind bis heute mit dieser 3. Alternative sehr zufrieden.

Das obige Beispiel zeigt: Damit Synergie entstehen kann, sind verlässliche Erfolgskriterien gefragt. Und: Wir brauchen diese Kriterien so früh wie nur möglich. Wenn wir wichtige Punkte übersehen, kann es passieren, dass wir Lösungen immer wieder verwerfen oder von Grund auf überarbeiten müssen. Wir können uns viel Kummer ersparen, wenn wir von Anfang an darauf achten, dass unsere Erfolgskriterien alle wichtigen Aspekte berücksichtigen. Nur so können wir am Ende eine tragfähige 3. Alternative schaffen.

Das Mantra der Synergie lautet:
So viele Erfolgskriterien und Ideen von so vielen Menschen wie möglich zum frühsten Zeitpunkt.

Vermutlich fragen Sie sich jetzt: »Was passiert, wenn jemand auf Kriterien besteht, die inakzeptabel für die anderen sind?« Die Wahrscheinlichkeit, dass dieser Fall eintritt, ist relativ gering, wenn wir uns zuvor wirklich bemüht haben, alle anderen Beteiligten zu verstehen. Dann wissen wir, was für die verschiedenen Seiten ein »Gewinn« ist und was nicht. Deshalb lautet die entscheidende Frage: »Sind wir bereit, nach Kriterien zu suchen, die für *alle* Seiten ein Gewinn sind? Kriterien, an die wir bisher nicht gedacht haben?«

Fairness ist nicht genug

Menschen, die nicht bereit sind, über Erfolgskriterien zu verhandeln, berufen sich fast immer auf das Gebot der Fairness oder der Gerechtigkeit:

- »Das ist nicht fair.«
- »Das darf man nicht.«
- »Das ist nicht gerecht.«
- »Das ist gegen die Menschenwürde.«

Doch bei der 3. Alternative geht es darum, Kriterien zu finden, die *mehr* als fair und *mehr* als gerecht sind. Dennoch entzünden sich die meisten Konflikte an der Frage der Fairness. Wir alle haben ein Gespür dafür, ob wir fair behandelt werden oder nicht. Allerdings ist Fairness eine Frage der Betrachtungsweise: Was in meinen Augen fair ist, muss es in deinen Augen noch lange nicht sein. Deshalb müssen wir beim Entwickeln einer 3. Alternative das Fairnessprinzip außer Acht lassen. Dazu müssen wir uns klarmachen, dass wir in einer Welt der Fülle leben. Wer mit dem Konzept der 3. Alternative vertraut ist, weiß: Es ist genug für alle da! Deshalb kommt das Fairnessprinzip hier erst gar nicht zum Tragen. Um es klar zu sagen:

> Wir Anhänger der 3. Alternative sind am Fairnessbegriff nicht interessiert. Eine faire, gerechte oder billige Lösung reicht uns nicht. Wir wollen mehr. Solange wir nur nach Fairness streben, sind wir noch nicht im Denken der 3. Alternative angekommen.

Mir gefällt die Feststellung von Charles H. Green, dem Gründer und CEO von Trusted Advisor Associates: »Die Forderung nach ›Fairness‹ kann Vertrauen ersticken. Vertrauen gründet auf Gegenseitigkeit. Doch die stellt sich nur ein, wenn wir bereit sind, in Vorleistung zu gehen … Sobald wir unsere Energie darauf verschwenden, darüber zu diskutieren, wer 49 und wer 51 bekommt, ersticken wir in unserem Bemühen um ›Fairness‹ jeden Ansatz von Vertrauen.«[16] Deshalb ist die Definition der Erfolgskriterien eine wichtige Bewährungsprobe im Verhältnis der Konfliktparteien. Aber wie definieren Sie diese Kriterien? Dabei hilft Ihnen die folgende Fragenliste:

Fragenliste für Erfolgskriterien

- Sind wirklich alle Beteiligten an der Erstellung der Erfolgskriterien beteiligt?
- Bekommen wir so viele Ideen von so vielen Menschen wie möglich?
- Welche Ergebnisse sind uns *wirklich* wichtig? Was ist der Kern dessen, was zu tun ist?
- Welche Resultate sind in den Augen aller ein Gewinn?
- Können wir jenseits unserer Forderungen eine bessere Lösung finden?

Sobald jeder mit den Antworten zufrieden ist, haben Sie die Grundlagen für eine 3. Alternative gelegt. Wenn Sie sich später Gedanken über die konkreten Schritte machen, sollten Sie Ihre Erfolgskriterien immer im Blick haben. So können Sie sehr schnell feststellen, ob die Lösung, die Sie ins Auge gefasst haben, tatsächlich allen Anforderungen gerecht wird.

3. Schritt: Entwickeln Sie 3. Alternativen

Zurückblickend auf viele Jahre der Zusammenarbeit mit Menschen aus aller Welt kann ich sagen, dass die Entwicklung von 3. Alternativen zu den schönsten Erlebnissen zählt. Das Beeindruckende dabei: Ein einziger Mensch genügt, um eine Spirale der Synergie in Gang zu setzen. Genau dieser Mensch können Sie sein. Dazu müssen Sie bereit sein, offen und ohne Vorurteile auf andere zuzugehen: »Du siehst die Dinge anders als ich. Ich möchte gerne wissen, was du zu sagen hast.« Nachdem Sie sich ausgesprochen haben, sollten Sie die Frage nach der 3. Alternative stellen: »Bist du bereit, eine Lösung zu suchen, die besser ist als die, die jeder von uns beiden bisher im Sinn hatte?« Wenn die Antwort »Ja« lautet, können Sie beginnen, mit Lösungen zu experimentieren, die Ihre Erfolgskriterien erfüllen.

Es ist kein Zufall, dass ich von mehreren »Lösungen« spreche. Die Suche nach einer 3. Alternative erfordert fast immer die Beschäftigung mit verschiedenen Lösungsansätzen. Wir entwickeln Modelle, kombinieren alte Dinge neu, stellen unser Denken auf den Kopf, lassen unserer Kreativität freien Lauf und vertrauen auf die Fülle möglicher Lösungen. Besonders wichtig ist, dass wir auf jedes Urteil verzichten – und zwar bis zu dem Augenblick, in dem uns allen bewusst wird, dass wir im Stadium der Synergie angekommen sind.

In diesem Buch werden Sie viele Möglichkeiten kennenlernen, wie Sie 3. Alternativen entwickeln können. Sie werden sehen, dass Synergie nur entstehen kann, wenn Sie geduldig, ungezwungen und ohne Scheuklappen experimentieren. Diese Freiheit nehmen sich nur die wenigsten wirklich. In einer Zeit, in der neue Ideen und Technologien mit Lichtgeschwindigkeit entwickelt werden, mag das seltsam klingen. Aber Tatsache ist: Die meisten Unternehmen, Teams und Institutionen sind zutiefst unflexibel. Wer da Synergie anstrebt, lässt sich auf ein riesengroßes Abenteuer ein.

Weil wir nach einer völlig neuen Lösung suchen, müssen wir bereit sein, unsere bisherige Position *vollständig* aufzugeben. Wir müssen Raum schaffen für die kreative Entwicklung einer 3. Alternative. Zudem müssen wir im Rahmen dieses »Loslassens« auf unsere Unverletzlichkeit verzichten. Das kann hart sein: Sämtliche Instinkte sagen uns, dass wir kämpfen oder flüchten sollen. Deshalb ist es so wichtig, dass wir innehalten und uns bewusst für die Suche nach einer 3. Alternative entscheiden. Denn:

Nach dem Gesetz der Synergie gibt es immer eine Lösung, die besser ist als die, die jeder der Beteiligten bisher im Sinn hatte.

Die Idee der 3. Alternative ist sehr alt. Hindu-Gelehrte wussten ebenso wie griechische Philosophen, dass revolutionäre Ideen nicht in erbitterten Debatten entstehen, sondern in ausgewogenen Dialogen zwischen Menschen mit unterschiedlichen Sichtweisen. Platons Dialoge dienten mehr der Suche nach neuen Wahrheiten als der Verbreitung gesicherter Erkenntnisse. Buddha lehrte, dass wir in einer Atmosphäre des Grolls, der schlechten Absichten oder des Hungers nach Macht keine Erleuchtung finden werden. Der deutsche Philosoph Hegel beschrieb, wie die 1. Alternative (These) und die 2. Alternative (Antithese) sich zu einer 3. Alternative (Synthese) verbinden. Zen-Anhänger streben nach *kensho* (見性), jenem Augenblick des plötzlichen Gewahrwerdens, in dem unsere kleinlichen Auseinandersetzungen bedeutungslos werden.

Wie entsteht eine 3. Alternative?

Manchmal entsteht eine 3. Alternative, wenn wir einzelne Elemente von gegensätzlichen Positionen kombinieren. Mitunter können wir aus den Ideen der Konfliktparteien völlig neue Lösungen herausfiltern. Das ist etwa bei Kapitulation und Widerstand der Fall. Widerstand ist meist mit Gewaltanwendung verbunden, wohingegen Kapitulation für Gewaltverzicht steht. Aber Gandhi und auch Martin Luther King Jr. kombinierten diese beiden Ideen zu der 3. Alternative des gewaltlosen Widerstands. Damit führten sie ganze Völker in die Freiheit.

Die größten Geister der Geschichte sind diejenigen, die der Welt bei der Suche nach 3. Alternativen einen Schritt voraus sind. Sie streuen eine neue Saat der Erkenntnis, aus der eine völlig andere Art und Weise, die Welt zu sehen, entspringt. Unsere Universitäten sollten die Treibhäuser für die 3. Alternative sein. Aber Synergie ist nicht allein den »großen Geistern« vorbehalten. Wir alle profitieren von Synergien, wenn wir unsere Stärken verbinden. Hier zwei einfache Beispiele:

- Wenn Sie versuchen, Ihre Schuhe mit einer Hand zu putzen, sehen Sie, wie nützlich Synergie sein kann.
- Ein Kind bekommt keinen einzigen Apfel an einem Baum zu fassen. Aber wenn sich ein anderes Kind auf seine Schultern stellt, kann es so viele Äpfel pflücken, wie es nur will. Gemeinsam tragen sie den Sieg davon – aber allein haben sie keine Chance.

Synergie entsteht immer dann, wenn verschiedene Stärken, Erfahrungen und Ideen miteinander kombiniert werden. Die besten 3. Alternativen kommen meist zustande, wenn Menschen völlig unkonventionelle und unerwartete Verknüpfungen schaffen. Dafür ist die Erfindung des Computers ein sehr gutes Beispiel:

Die ungewöhnliche Geschichte des Computers

BEISPIEL *Im 18. Jahrhundert hatten die Seidenweber von Lyon mit kostspieligen Webfehlern zu kämpfen. Ein junger Seidenarbeiter namens Basile Bouchon wusste, weshalb die Fehler sich einschlichen: Es lag daran, dass das Muster jedes Mal neu angesetzt werden musste, wenn der Webstuhl angehoben wurde. Bouchons Vater war Orgelbauer. Irgendwann stellte sein Sohn eine Verbindung zwischen den Webmustern der Seidenstoffe und den Papierschablonen her, die sein Vater verwendete, um seine Orgelpfeifen an den richtigen Stellen mit Löchern zu versehen. Bouchon versah ein Stück Pappe mit Löchern, mit denen er die Nadeln seines Webstuhls so justieren konnte, dass sich das Muster nahtlos fortsetzte. So entstand die Lochkarte. Diese Erfindung war ein Meilenstein für die Textilbranche, in der schließlich die industrielle Revolution ihren Anfang nahm.*

Ein Jahrhundert später erfuhr ein 21-jähriger Mitarbeiter des US-Statistikamts von den Lochkarten: Herman Hollerith dachte sich, dass elektrische Drähte genau wie die Nadeln eines Webstuhls durch die Öffnungen einer Lochkarte hindurch Kontakte herstellen könnten. Also baute er eine Kartenmaschine für die Tabellarisierung statistischer Erhebungsdaten. Zuvor hatte es volle acht Jahre gedauert, um die Daten per Hand zu berechnen. Holleriths Lochkartenmaschine kam erstmals in der Volkszählung 1890 zum Einsatz. Sie reduzierte die Berechnungszeit auf wenige Monate. Um seine Lochkartenmaschine in Serie zu produzieren, gründete Hollerith eine kleine Firma – sie existiert unter dem Namen IBM bis heute. Im Laufe der nächsten 50 Jahre wurde auf der Grundlage der Idee von Hollerith die elektrische Rechenmaschine entwickelt. Wenn man unsere modernen Computer anschaut, kann man auf den ersten Blick keinen Zusammenhang zu Orgelpfeifen, Webstühlen und dem US-Statistikamt erkennen. Aber genau das sind die unkonventionellen Verknüpfungen von Ideen, die Synergie erst möglich machen.

Vermutlich denken Sie jetzt: »Okay, aber solche Synergien haben sich im Laufe von mehreren Jahrhunderten entwickelt. Wir brauchen jetzt sofort eine Lösung!« Natürlich können Sie Verknüpfungen wie bei der Entstehung des Computers nicht erzwingen. Doch Sie können ein Umfeld schaffen, in dem die Wahrscheinlichkeit hoch ist, dass Synergien entstehen. Sie können den Prozess beschleunigen und mit ungewöhnlichen und unerwarteten Verknüpfungen experimentieren. Daraus können geradezu unglaubliche Ideen entstehen.

Synergie ist kein Zufall

Was haben wir über den Ursprung der Synergie gelernt? Eins ist klar: Wir werden ihn nicht in der angespannten Atmosphäre des 2-Alternativen-Denkens finden. Zudem ist es hilfreich, wenn Sie folgende drei Punkte beherzigen:

- Machen Sie sich vom Alltagstrott frei und werfen Sie festgefahrene Meinungen über Bord.
- Seien Sie bereit, nach etwas vollkommen Neuem zu suchen.
- Hören Sie empathisch zu und begegnen Sie anderen Ideen mit größter Offenheit.

Aber das ist noch nicht alles. Das menschliche Gehirn hat noch eine weitere Fähigkeit. Sie verbirgt sich hinter Milliarden und Abermilliarden von Nervensynapsen. Unser Gehirn ist darauf ausgelegt, abwegige, unberechenbare und bizarre Verknüpfungen herzustellen, die uns zu geradezu magischen Einsichten befähigen. Je mehr wir von dieser ungeheuren Kapazität Gebrauch machen, desto besser können wir uns Dinge vorstellen, Synthesen bilden und zum Ursprung der Synergie vordringen. Aber dazu müssen wir erst einmal das richtige Umfeld schaffen. Wie das geht, zeigt das folgende Beispiel:

Eintritt nur für Verrückte!

BEISPIEL *In Hermann Hesses berühmtem Roman »Steppenwolf« fühlt sich die Hauptfigur in einer engstirnigen, vom 2-Alternativen-Denken beherrschten Welt gefangen. Harry reibt sich an dem langweiligen Leben auf, das er führen muss. Hier ist jeder Tag wie der andere. Es gibt keine neuen Gedanken und Ideen. Doch Harry sehnt sich nach mehr. Eines Tages begegnet er dem mysteriösen Musiker Pablo, der ihn zu einem geheimen Raum namens »Magisches Theater« entführt. Pablo sagt zu Harry: »Bruder Harry, ich lade Sie zu einer kleinen Unterhaltung ein. Eintritt nur für Verrückte, kostet den Verstand.« Im Theater umgibt ihn eine unerschöpfliche Welt der Türen, der Inschriften und der magischen Spiegel. Harry sieht unendlichfach gebrochene Bilder – einige davon lustig, manche extravagant und andere dunkel. Er stellt sich viele mögliche Leben für sich vor und ist auf einmal heiter und befreit: »Ich fühlte die Luft voll Zauber, wurde gewiegt und getragen von der Wärme.« Er spricht darüber, wie ihm »das Zeitgefühl verloren ging«. Er lernt, dass jeder Mensch eine »höchst vielfältige Welt, ein kleiner Sternenhimmel, ein Chaos von Formen, von Stufen und Zuständen, von Erbschaften und Möglichkeiten« ist. Vor allem aber lernt Harry zu lachen – über seine eigenen wilden Visionen und über die Visionen der anderen.*[17]

Das magische Theater

Das beste Umfeld, um die 3. Alternative zu finden, ist ein »magisches Theater«, wo alle Möglichkeiten auf dem Tisch liegen, jeder sich einbringen kann und keine Idee zu abwegig ist. Jeder kann mitmachen. Das magische Theater klingt ein bisschen wie Brainstorming. Meine Erfahrung aber ist, dass Brainstormingsitzungen keine 3. Alternative hervorbringen. Wir äußern zaghaft einige Ideen. Dann wählen wir eine aus, vertagen uns und meinen, wir seien kreativ gewesen. Doch dieser Haltung liegt ein Paradigma zugrunde, das kritisch, langsam und defensiv ist. Hier ist ein völlig anderes

Paradigma gefragt: Wir müssen bereit sein, eine Weile in einem Raum zu sein, in den nur Verrückte eintreten dürfen.

Im magischen Theater lassen wir unseren Egoismus und unser eingefahrenes Denken hinter uns, weil alle Einfälle im Raum wunderbare Gedankenexperimente sind. Die Beteiligten können in einer Minute eine Lösung vorschlagen und in der nächsten genau die entgegengesetzte. Niemand muss sich an seine Ideen gebunden fühlen. Jeder kann seinen Einfall verwerfen, wenn ihm etwas Besseres in den Sinn kommt. Im magischen Theater gibt es für Beharrlichkeit keine Punkte. Keine Idee ist unumstößlich. Alle Einfälle sind willkommen – besonders die verrückten Gedanken. Denn: Viele großartige Innovationen begannen mit einer völlig verrückten Idee.

Wenn wir ein magisches Theater eröffnen wollen, erfordert das einen vorübergehenden Paradigmenwechsel: Wir dürfen kein Urteil abgeben. Zum Debattieren, Kritisieren oder Verfeinern ist jetzt nicht der Augenblick. Das kommt später. Es ist mehr Spiel als Arbeit, mehr Anfang als Ende, mehr Vorschlag als Lösung. Das magische Theater ist ein Ort, um Modelle zu entwickeln, sie auf den Kopf zu stellen und noch einmal ganz neu zu entwickeln. Im magischen Theater erwarten uns unzählige Möglichkeiten. Jeder beliebige Ort kann zum magischen Theater werden. Teams und Unternehmen, die besonders großen Wert auf Kreativität legen, richten sogar eigene Räume für die Ideenfindung ein.

Wo auch immer Sie Ihr magisches Theater stattfinden lassen wollen, legen Sie folgende Spielregeln fest:

Spielregeln für das magische Theater

»Spielen« Sie.
Es geht hier nicht
um den »Ernstfall«.
Jeder weiß,
dass alles nur
ein Spiel ist.

Verzichten Sie
darauf, Nägel mit
Köpfen zu machen:
Beschließen Sie nichts und
vermeiden Sie Konsens.
Widerstehen Sie der
Versuchung, fertige
Lösungen zu
präsentieren.

Vermeiden Sie Urteile
über Ideen: Bewerten Sie
weder Ihre eigenen Einfälle
noch die Ideen anderer.
Formulieren Sie stattdessen
eigene Ideen. Sagen Sie alles,
was Ihnen in den Kopf kommt.
Scheuen Sie sich nicht,
auch völlig verrückte
Ideen vorzubringen.

Entwickeln Sie Modelle:
Erstellen Sie Skizzen, entwerfen Sie Diagramme oder bauen Sie Pappmodelle. Zeigen Sie bildlich, was Sie sich vorstellen. »Spielen« Sie es vor, damit alle sehen können, was Ihnen genau vorschwebt.

Arbeiten Sie schnell:
Setzen Sie sich ein Zeitlimit, damit die Energie im Raum nicht nachlässt und das kreative Denken flott vonstattengeht.

Brüten Sie möglichst viele Ideen aus:
»Überfluss« heißt das Zauberwort. Das Denken muss gedeihen, sprießen und florieren. Keiner weiß im Voraus, welche beiläufige Eingebung einmal zu einer 3. Alternative führt. Wenn das magische Theater am Ende nicht wie ein wilder Ideendschungel aussieht, war es mit der Synergie nicht weit her.

Die Suche nach der 3. Alternative sieht zwar einfach und locker aus, aber sie braucht feste Spielregeln. Jede Gruppe, die sich an diese Spielregeln hält, kann ihre Kreativität explosionsartig steigern. Die defensive Energie nimmt ab, während die kreative Energie immer weiter zunimmt. Oder anders ausgedrückt: Je mehr Sie mit den Spielregeln für das magische Theater experimentieren, desto kreativer werden Sie. Am Ende wird Ihre 3. Alternative so originell und spektakulär sein, dass Sie sich wie ein echter Künstler fühlen. Die meisten Künstler sagen, dass sie am Anfang nicht genau wissen, wie ihre Werke am Ende aussehen werden. Das bestätigt auch Pablo Picasso: »Ideen sind nur Ausgangspunkte. Um zu wissen, was man zeichnen will, muss man zu zeichnen anfangen.«

Das magische Theater kennt keine Grenzen

Heute erstreckt sich das magische Theater über die ganze Welt. Die Suche nach der 3. Alternative beschränkt sich nicht länger auf persönliche Begegnungen und formelle Besprechungen. Wir leben im Zeitalter des Social Networking, der Tablets, Smartphones und der Drahtlosverbindungen zwischen Manhattan, Sydney, entlegenen peruanischen Dörfern und dem Basislager am Mount Everest. Das hat unsere Fähigkeit, mit Menschen aus aller Welt Synergien zu schaffen, auf ein nie gekanntes Level gehoben. Wir tauschen uns virtuell über die kompliziertesten Themen aus, lassen uns gegenseitig an persönlichen und beruflichen Erfahrungen teilhaben, gewähren einander Einblick in aktuelle Forschungsergebnisse und schicken unsere Ideen um die ganze Welt.

Jeder kann eine wichtige Frage ins Internet stellen und die ganze Welt an ihrer Beantwortung teilhaben lassen. Der besondere Reiz der Online-Synergie ist, dass wir nicht einmal persönlich dabei sein müssen. Sie greift auch ohne uns immer weiter um sich. Wenn das Thema interessant genug ist und Sie die richtige Community haben, wird Ihre Frage ein Eigenleben entwickeln. Sie wird neue Ideen, unerwartete Einsichten und viele 3. Alternativen zutage fördern. Zudem wird sie weitere provokante Fragen nach sich ziehen. Selbst wenn Sie schon eine gute Antwort auf Ihre Frage gefunden haben, werden sich andere Menschen weiter damit beschäftigen.

Natürlich wird es auch Skeptiker geben, die sich über das magische Theater lustig machen und sich nicht damit anfreunden wollen. Insgeheim fürchten sie sich vor dem magischen Theater. Sie haben Hemmungen, ihrer Fantasie freien Lauf zu lassen, weil sie Angst davor haben, sich zu blamieren. Doch diese Angst ist völlig unbegründet. Albert Einstein scherzte nicht, als er sagte: »Wenn eine Idee am Anfang nicht absurd klingt, dann gibt es keine Hoffnung für sie.«

4. Schritt: Erleben Sie Synergie und die Kraft der 3. Alternative

Woran erkennen wir, dass wir Synergie geschaffen und eine 3. Alternative gefunden haben? Achten Sie auf die folgenden drei Anzeichen:

1. **Die 3. Alternative sorgt für Begeisterung im Raum**
   Die grimmigen Gesichter, die defensive Haltung und die gereizte Stimmung verschwinden. Wir interessieren uns nicht länger für die alten Kämpfe und Glaubenskriege. Stattdessen geben wir unserem Denken eine völlig neue Richtung. Die 3. Alternative ist kein Kompromiss, bei dem alle Beteiligten auf etwas verzichten, nur um eine Einigung zu erzielen, die keinem so recht schmecken will. Vielmehr verändert die 3. Alternative unsere Beziehungen von Grund auf. Wir werden zu Partnern, die sich gemeinsam auf eine aufregende Entdeckungsreise begeben. Mit der 3. Alternative breitet sich eine kreative Dynamik aus, die alle mitreißt. Wir sprechen von »Quanten-

sprüngen« und »Flow-Zuständen«. Die Faszination des Entdeckens liegt in der Luft. Wir können es gar nicht abwarten, anderen Menschen von unserer Idee zu erzählen. Der Autor Bolivar J. Bueno beschreibt das Abenteuer der Synergie so: »Kinder lieben Versteckspiele und Schatzsuchen – sie haben Spaß daran, Verborgenes zu finden. Auch als Erwachsene verspüren wir noch diese Sehnsucht nach der Überraschung. Wir lieben es, geheime Schätze ans Tageslicht zu befördern – das sind die Dinge, die wir gern mit anderen teilen.«[18]

2. Die 3. Alternative bringt Klarheit und fördert unser gesamtes Potenzial

Plötzlich sehen wir klar. Wir fragen uns, warum wir die Lösung nicht schon vorher bemerkt haben. Im Idealfall ist Synergie die höchste Form von Aktivität in unserem Leben – der wahre Test und die Manifestation unseres Potenzials als Person, als Familie, Team oder Unternehmen. Für mich ist der Mangel an Synergie eine der ganz großen Tragiken des Lebens, weil dadurch so viel Potenzial unerschlossen und ungenutzt bleibt. Ineffektive Menschen lassen ihr wirkliches Potenzial Tag für Tag brachliegen. Dabei ist Synergie der Schlüssel, um unsere einzigartigen Talente und unser gesamtes Wissen auf die Lösung der schwierigsten Probleme auszurichten. Die Resultate können geradezu übernatürlich sein. Wir finden völlig neue Lösungen für unsere drängendsten Probleme. Lösungen, die zuvor noch niemand gefunden hat.

3. Die 3. Alternative funktioniert hervorragend

Die 3. Alternative lässt neue Wissenschaften, Technologien und Kulturen entstehen und revolutioniert Beziehungen. Sie ist keine simple Verbesserung, sondern der fundamentale Durchbruch, ein unglaublicher Quantensprung. Produkte, Dienstleistungen, Unternehmen und sogar ganze Branchen gehen darauf zurück.

Die 3. Alternative

- ist die Lösung, die alle unsere Erfolgskriterien erfüllt,
- leistet, was von ihr erwartet wird,
- verkörpert das Ergebnis, das sich alle wünschen,
- verändert die Spielregeln,
- macht alle Beteiligten zu Siegern.

Die 3. Alternative erübrigt nicht nur den Konflikt, sondern lässt neue Möglichkeiten erstrahlen. Unterschiede werden genutzt und nicht einfach übertüncht. Lösungen, Prestige, Gewinn und Anerkennung: Die 3. Alternative lebt von der Fülle und der Überzeugung, dass alles in ausreichender Menge vorhanden ist, um gemeinsam entdeckt und von allen genutzt zu werden. Kurzum: Sie ist das Gegenteil des Angriffsparadigmas – sie ist das Kreativitätsparadigma. Natürlich gibt es keine Garantie, dass wir am Ende eine 3. Alternative finden. Aber die Belohnung, die uns winkt, ist so gewaltig, dass wir mit unserer Suche fortfahren, bis wir zum Ziel kommen – mit weniger sollten wir uns nicht zufriedengeben.

Die Suche nach der 3. Alternative ist unsere größte Chance, unser Denken zu verändern, unproduktive Konkurrenzkämpfe zu vermeiden, unseren Horizont zu erweitern und ein völlig neues Leben zu führen. Was außer dem 3.-Alternative-Denken kann die genialen Lösungen hervorbringen, die wir so dringend brauchen, um unsere schwierigsten Herausforderungen zu meistern? Unser hochgradig politisiertes, konfliktträchtiges Denken hat es bislang nicht geschafft, uns von Armut, Krankheit und Unterdrückung zu befreien. Deshalb ist die Entwicklung der 3. Alternative nicht nur »Best Practice« – sie ist ein moralischer Imperativ!

Die 3. Alternative: Tipps zur praktischen Umsetzung

Unternehmer, Ärzte, Polizisten, Verkäufer, Künstler, Lehrer, Eltern oder Führungspersönlichkeiten aus Wirtschaft, Politik und dem Bildungswesen: In diesem Buch werden Sie viele Menschen kennenlernen, die beschlossen haben, sich mit nichts weniger als der 3. Alternative zufriedenzugeben. Sie werden sehen, wie viele von ihnen sich von scheinbar hoffnungslosen Konflikten nicht irritieren ließen und so für sich und uns alle eine neue Zukunft geschaffen haben. Jede dieser Geschichten ist eine Einladung an Sie, im Umgang mit Herausforderungen und Chancen auf die 3. Alternative zu setzen. Behalten Sie immer die grundlegenden Prinzipien im Auge, dann werden Sie schon bald die Kraft der 3. Alternative in allen wichtigen Bereichen Ihres Lebens verstehen und nutzen können.

Praxis-Tool: Die 4 Schritte zur Synergie

Auf den folgenden Seiten finden Sie unser Praxis-Tool »Die 4 Schritte zur Synergie« und einen kleinen Leitfaden dazu. Nutzen Sie das Praxis-Tool, um eine 3. Alternative für die folgenden Situationen zu entwickeln. Natürlich können Sie sich auch eigene Szenarien ausdenken:

- Ihr Nachbar möchte auf seinem Grundstück einen Schuppen errichten, der Ihnen die Sicht auf einen schönen Park nimmt.
- Ihr Partner hat von einem sehr erfolgreichen Unternehmen eine tolle Stelle angeboten bekommen. Dazu müssten Sie allerdings in eine andere Stadt ziehen. Sie selbst wollen deswegen aber nicht Ihren Job und Ihren Freundeskreis aufgeben.
- Sie haben schon länger Probleme mit einem Lehrer, dessen Unterrichts- und Erziehungsmethoden Ihnen nicht gefallen.
- Sie lieben Ihren Job bei einem kleinen Unternehmen, das in eine Schieflage geraten ist. Deshalb droht Ihnen und Ihren Kollegen die Kündigung.

Die 4 Schritte zur Synergie

1 Fragen Sie nach der 3. Alternative

»Bist du bereit, eine Lösung zu suchen, die besser ist als die, die jeder von uns beiden bisher im Sinn hatte?«

2 Definieren Sie Erfolgskriterien

Notieren Sie in den Kasten unten, wie eine Lösung aussehen könnte, über die sich alle freuen würden. Wie sieht Erfolg aus? Worauf kommt es bei einer Lösung wirklich an? Was wäre für alle Beteiligten ein echter Gewinn?

3 Entwickeln Sie 3. Alternativen

Nutzen Sie diesen Kasten und gerne auch andere Möglichkeiten, um Modelle und Zeichnungen anzufertigen, Ideen festzuhalten und Ihr Denken auf den Kopf zu stellen. Arbeiten Sie schnell und kreativ. Verzichten Sie auf jede Bewertung, bis Sie den Moment erreicht haben, in dem Sie wissen, dass zwischen allen Beteiligten Synergie besteht.

4 Erleben Sie Synergie und die Kraft der 3. Alternative

Beschreiben Sie hier Ihre 3. Alternative. Notieren Sie auch, wie Sie die 3. Alternative in die Praxis umsetzen könnten.

Leitfaden zu den »4 Schritten zur Synergie«

Wie man Synergie schafft

1 Fragen Sie nach der 3. Alternative

In konfliktbeladenen, aber auch in besonders kreativen Situationen hilft diese Frage, verhärtete Positionen zu überwinden, sich von fixen Ideen zu lösen und eine 3. Alternative zu entwickeln.

2 Definieren Sie Erfolgskriterien

Beschreiben Sie, wie eine erfolgreiche Lösung, die allen gefällt, aussehen könnte. Nutzen Sie dazu die folgenden Fragen:

- Sind alle wichtigen Leute in die Suche nach den Erfolgskriterien einbezogen? Umfasst unsere Liste so viele Ideen von so vielen Menschen wie nur möglich?
- Worauf kommt es bei der Lösung genau an? Was muss sie wirklich leisten?
- Wie sieht eine Lösung aus, die für alle Beteiligten eine echte »Gewinn/Gewinn-Situation« wäre?

3 Schaffen Sie eine 3. Alternative

Halten Sie sich dabei an die folgenden Regeln:

- »Spielen« Sie: Es geht hier nicht um den »Ernstfall«. Jeder weiß, dass alles nur ein Spiel ist.
- Verzichten Sie darauf, Nägel mit Köpfen machen zu wollen: Beschließen Sie nichts und vermeiden Sie Konsens. Widerstehen Sie der Versuchung, fertige Lösungen präsentieren zu wollen.
- Vermeiden Sie Urteile über Ideen: Bewerten Sie weder Ihre eigenen Ideen noch die Ideen der anderen.

■ Sind wir bereit, uns bei der Suche nach der 3. Alternative von unseren festgefahrenen Denkweisen und unseren sturen Erwartungen zu lösen?	■ Entwickeln Sie Modelle: Erstellen Sie Skizzen, entwerfen Sie Diagramme, bauen Sie Pappmodelle oder verfassen Sie Kurzbeschreibungen. ■ Stellen Sie Ideen auf den Kopf: Drehen Sie Alltagsweisheiten um und denken Sie unkonventionell. ■ Arbeiten Sie schnell: Setzen Sie sich ein Zeitlimit, damit die Energie im Raum nicht nachlässt und das kreative Denken flott vonstattengeht. ■ Brüten Sie möglichst viele Ideen aus. Sie können nie wissen, welcher Einfall irgendwann einmal in einer 3. Alternative mündet.

4 Erleben Sie Synergie und die Kraft der 3. Alternative

Dass Sie eine 3. Alternative gefunden haben, spüren Sie an der Begeisterung im Raum. Der alte Konflikt wird nicht weiter ausgefochten. Denn: Die Lösung erfüllt alle zuvor definierten Erfolgskriterien. Aber Achtung: Verwechseln Sie nicht Synergie mit Kompromiss. Ein Kompromiss besänftigt, schafft aber keine Begeisterung. Kompromiss heißt, dass alle Beteiligten gewisse Abstriche machen müssen. Synergie dagegen bedeutet, dass alle fest davon überzeugt sind, dass sie das große Los gezogen haben.

Die 3. Alternative im Beruf

VI. Die 3. Alternative im Beruf

Jeder weiß, dass die Arbeitswelt voller Mauern ist. Mauern türmen sich zwischen Teams, Abteilungen und Bereichen auf. Mauern trennen die Kreativen von den Buchhaltern. Mauern stehen zwischen Führungskräften und Mitarbeitern, zwischen Unternehmen und Kunden. Es ist menschlich, dass wir unsere Mauern verteidigen. Doch genau deshalb gibt es in der Berufswelt so viele Konflikte. Der Grund dafür ist unser defensives 2-Alternativen-Denken.

Unternehmen kommen mit Konflikten unterschiedlich gut klar: In manchen Firmen werden sie lediglich nicht gern gesehen, in anderen werden sie regelrecht verteufelt. Fast überall aber ist man bestrebt, Konflikte »in Schach zu halten«. Die Führungskräfte besuchen Kurse, in denen sie lernen, wie sie Konflikte verhindern oder entschärfen und lösen können. Dahinter verbirgt sich die Annahme, dass Konflikte generell vermieden und notfalls schnell gelöst werden sollten, damit anschließend wieder eitel Sonnenschein herrscht. Viele Bücher über Konfliktmanagement behandeln Meinungsverschiedenheiten wie eine Schlechtwetterfront, die jeder möglichst unbeschadet überstehen will. Das Problem mit Konflikten am Arbeitsplatz ist jedoch gar nicht, dass es sie gibt. Das Problem ist, dass wir sie mit einem völlig falschen Paradigma angehen. Das klassische 2-Alternativen-Denken kennt nur die folgenden beiden Reaktionen auf Konflikte: »Kampf oder Flucht!« Die 3. Alternative dagegen begrüßt den Konflikt. Sie freut sich darüber und lässt sich neugierig auf ihn ein:

- Ein Mitarbeiter spricht seinen Chef auf einige »unsinnige Dinge« an, die das Unternehmen seiner Meinung nach tut. Der typische Vorgesetzte hört aber nur eine »Beschwerde«. Ganz anders die Führungskraft, die Synergie schaffen will. Sie freut sich über wichtige »Anregungen«.
- Ein Mitarbeiter sagt zu seinem Projektleiter: »Könnten wir das nicht anders machen?« Der typische Projektleiter denkt: »Jetzt will er mir auch noch sagen, wie ich meinen Job zu machen habe.« Und der Manager, der Synergie schaffen will? Er denkt: »Ich muss jetzt genau hören, was er zu sagen hat.«
- Jemand von der Unternehmenszentrale schaut vorbei und sagt: »Ich komme, um Sie zu unterstützen.« Die typische Reaktion? »Na, der denkt wohl, ich kriege das allein nicht hin. Dem werde ich's zeigen!« Die Reaktion, um Synergie zu schaffen? »Wunderbar! Was kann ich von ihm lernen?«

Diese typischen Reaktionen beruhen auf einem Paradigma, das Unterschiede als Bedrohung betrachtet. In der Regel kämpfen wir entweder für die eine oder für die andere Seite. Oder wir verdrängen den Konflikt, weil wir verunsichert sind und deshalb eine defensive Einstellung pflegen. Das lässt sich am CEO beobachten, der eine Meinungsverschiedenheit in einer Besprechung herunterspielt. Oder am launenhaften Vertriebsleiter, der in seinem Hoheitsgebiet nur sein eigenes Wort gelten lässt.

Viele verstehen nicht, dass Konflikte zum Leben gehören. Weshalb? Ganz einfach: Meist kommen Meinungsverschiedenheiten auf, wenn Menschen anfangen, ernsthaft über ihre Arbeit nachzudenken. Wenn ich von dem »Geschenk des Konflikts« spreche, schauen mich die Leute oft schief an. Aber was ich damit sagen will, ist Folgendes: Jeder, der mitdenkt, unterscheidet sich automatisch von den anderen. Wenn sich also jemand die Mühe macht, seine Meinung mit Leidenschaft zum Ausdruck zu bringen, sollten wir das ebenso leidenschaftlich begrüßen und ihm aufmerksam zuhören.

Einer der erfolgreichsten Unternehmer aus unserem Kundenkreis beginnt seine Besprechungen sehr oft mit einer provokanten Frage:

- »Was wäre, wenn wir die Produktlinie morgen komplett auf den Kopf stellen?«
- »Was wäre, wenn es das Problem, mit dessen Lösung wir uns gerade beschäftigen, gar nicht gäbe?«
- »Was will ich als Unternehmer möglicherweise gar nicht wahrhaben?«

Mit Fragen wie diesen versucht er, Meinungsverschiedenheiten zu provozieren – keine engstirnigen Schuldvorwürfe, sondern lebhafte Debatten, die alle Teammitglieder auf Trab halten. So wird der Besprechungsraum zum magischen Theater. Weil sein Team mit dieser Vorgehensweise vertraut ist, weiß es den Konflikt produktiv zu nutzen.

»Ich will keine Mitarbeiter, die mir stumm zuhören und artig mit den Köpfen nicken«, sagt er. »Ich will meine Mitarbeiter *denken* hören. Ich will Funken sehen.« Und dann hört er aufmerksam zu. Allein dadurch ist er in der Lage, seine Mitarbeiter bis zum Äußersten zu fordern.

Das 2-Alternativen-Denken: Kampf oder Flucht

Eine Führungskraft, die im 2-Alternativen-Denken gefangen ist, kennt die beiden folgenden Möglichkeiten: Kampf oder Flucht! Damit Sie wissen, was ich meine, möchte ich Ihnen hier zwei kurze Beispiele aufzeigen:

Der Kämpfertyp

BEISPIEL *Ein erfolgreicher Manager übernahm den Posten als CEO eines der größten Medienunternehmen der Welt. Er war kein guter Zuhörer. Vielmehr duldete er nur Ja-Sager in seiner Nähe. Seine Mitarbeiter hatten das Gefühl, dass sie kritisiert und für dumm erklärt wurden. Der Kämpfertyp hatte die Gabe, sich mit allen anzulegen. Er ging sofort in die Offensive. Nach sechs Monaten verlor er seinen Posten. Jeder wusste, dass er intelligent war, aber das konnte seine menschlichen Unzulänglichkeiten nicht aufwiegen.*

Der Fluchttyp

Unser zweites Beispiel ist einer, der ständig flieht. Er ist der Vorstandsvorsitzende eines bekannten Haushaltswarenherstellers. Mein Kollege, der eine Weile intensiv mit ihm zusammengearbeitet hat, beschreibt ihn so:

BEISPIEL *Zu Beginn kündigte er ambitionierte Wachstumspläne für das Unternehmen an. Aber nach zehn Jahren steht der Aktienkurs noch immer da, wo er vorher war. Noch immer verkündet der Chef seine großartigen Zukunftsvisionen. Doch keiner hört zu. Das liegt nicht nur daran, dass er seine großen Ankündigungen nicht in die Tat umsetzt, sondern auch daran, dass er selbst keinem zuhört. Er ist total konfliktscheu. Meinungsverschiedenheiten überspielt er einfach. Er meidet die Konfrontation. »Nicht mein Stil«, meint er. Er ist ein prima Kerl und ein guter Freund, aber niemand wagt es, seine Worte kritisch zu hinterfragen. Alle sitzen wie versteinert da und hören zu, wenn er laut über seine Wachstumsvisionen für das Unternehmen nachdenkt und dabei die neusten Fachbegriffe aus irgendwelchen Strategiebüchern einstreut. Der Funke springt nicht über. Auch ich saß immer nur da und hatte nicht den Mut, die einzige Frage zu stellen, die mich wirklich interessierte: »Warum macht ihr keine besseren Produkte?«*

Manche Konfliktforscher raten, zwischen der *Frage*, um die sich der Konflikt dreht, und seiner wahren emotionalen Ursache zu unterscheiden. Ich glaube nicht, dass das möglich ist. Bei unserem Haushaltswarenhersteller lässt sich die Frage der Produktqualität nicht von den Emotionen des Vorstandsvorsitzenden trennen. Seine geschäftliche Herangehensweise in Zweifel zu ziehen, ist für ihn gleichbedeutend mit einem persönlichen Angriff. Er hat nicht das nötige Selbstbewusstsein, um seinen Mitarbeitern empathisch zuzuhören. Themenbezogene Konflikte sind fast immer auch emotionale Konflikte. Leider sind die meisten Unternehmen dermaßen in den Denkstrukturen des Industriezeitalters gefangen, dass es nach wie vor viel Mut von den Mitarbeitern verlangt, ihre Vorgesetzten zu kritisieren. Sie haben schlicht Angst, dass sie ihre Chefs unabsichtlich in ein schlechtes Licht rücken und dass man ihnen das heimzahlen wird. Wenn ein offenes Wort zu riskant ist, herrscht ängstliches Schweigen.

Unternehmer und Manager verwechseln freundliche Gesichter und nickende Köpfe häufig mit Harmonie und Einverständnis. Das kann ein fataler Fehler sein.

Konflikte sind immer auch mit Emotionen verbunden. Ein scheinbar einfacher Konflikt über die Gehaltshöhe ist in Wahrheit mit tief sitzenden Ängsten und Sehnsüchten verbunden. Was tun Sie, wenn Sie ein Vertreter des 2-Alternativen-Denkens sind und ein Mitarbeiter Sie um mehr Gehalt bittet? Dann haben Sie nur zwei Möglichkeiten:

1. Kampf
2. Flucht

Sollten Sie sich fürs »Fliehen« entscheiden, geben Sie dem Bittsteller, was er will. Doch das zieht meistens nur noch weitere Probleme nach sich. Wenn Sie Ihr Heil in der Flucht suchen, machen Sie sich zudem der Ungleichbehandlung Ihrer Mitarbeiter schuldig. Sie schaffen einen Präzedenzfall und erhöhen die Erwartungen dieses Mitarbeiters für die nächsten Gehaltsverhandlungen. Oder Sie entscheiden sich für den Kampf. In diesem Fall haben Sie folgende Möglichkeiten:

- Sie können den Mitarbeiter zurechtstutzen: »Sie bekommen nicht mehr und nicht weniger als alle anderen.« Diese Antwort macht ihn zu einer Maschine: Er ist ein austauschbarer Roboter – wie alle anderen auch.
- Sie können dem Mitarbeiter schmeicheln: »Sie sind ein wertvoller Mitarbeiter und ich würde wirklich gerne mehr für Sie tun.« Diese Antwort entspannt vielleicht etwas die Situation. Doch in Wahrheit ist das alles nur leeres Gerede.
- Sie können sich mit dem Mitarbeiter vergleichen: »Ich selbst habe niemals um eine Gehaltserhöhung gebeten. Man hat sie mir immer ohne mein Zutun gewährt, denn ich bin ein Mannschaftsspieler.« Doch aus diesem Wettstreit der Biografien gehen Sie nicht als Sieger hervor, weil Ihre Geschichte besser ist. Sie gewinnen, weil Sie der Mächtigere sind.
- Sie können sich auf einen Kompromiss einlassen: »Ich kann an Ihrem Gehalt nichts ändern. Aber ich kann Sie an den Freitagen eine halbe Stunde früher gehen lassen.« Das macht beide Seiten zum Verlierer. Das Unternehmen muss auf eine halbe Stunde Arbeit verzichten. Und auch der Mitarbeiter bekommt nicht das, was er wollte. Kompromisse hinterlassen immer einen faden Nachgeschmack. Sie vermitteln das Gefühl, dass der »Kuchen« nicht für alle reicht. Das, was der eine bekommt, geht dem anderen verloren. Ein Kompromiss ist nicht mehr als eine freundliche Umschreibung für Mangelverwaltung.

Wenn Ihr Mitarbeiter die emotionale Karte zieht, können Sie ihm mit dem klassischen Rat kommen: »Beschränken wir uns doch auf die Sachebene.« Das wird an seinen Gefühlen allerdings nichts ändern. Selbst wenn Sie es wollen, können Sie sich nicht »auf die Sachebene beschränken« und einfach alle Emotionen ausschalten. Sie können sich irgendwie arrangieren. Aber Emotionen sind und bleiben unverhandelbar. Früher oder später werden Sie die Quittung dafür präsentiert bekommen.

Die 3. Alternative: Synergie

Wenn Sie als Führungskraft mit der 3. Alternative vertraut sind, werden Sie weder kämpfen noch fliehen. Stattdessen werden Sie nach etwas Besserem suchen: nach einer Lösung, die Ihrem Mitarbeiter einen guten emotionalen Gewinn beschert und für das Un-

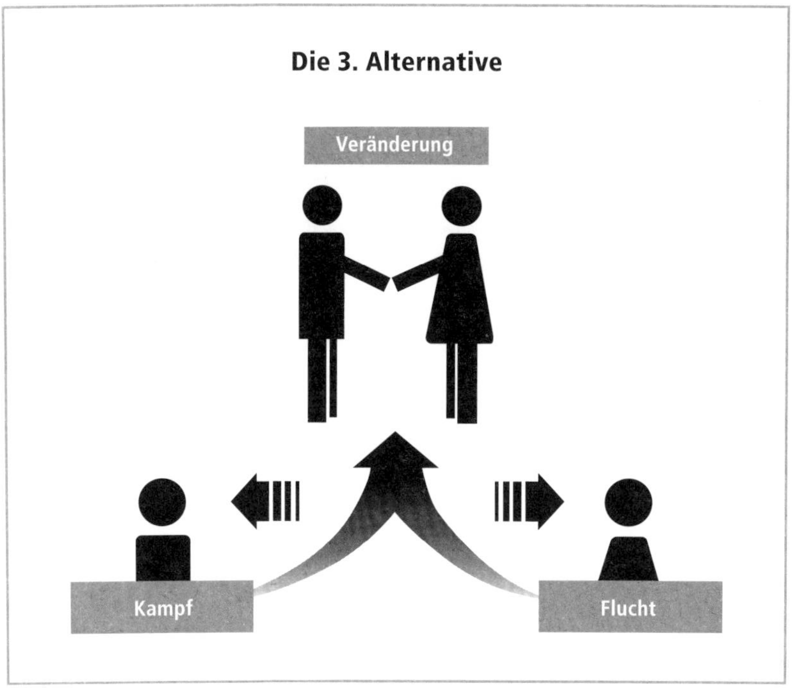

ternehmen einen neuen, bedeutenden Mehrwert schafft. Ein guter Freund hat mir die folgende Geschichte erzählt:

Die überraschende Gehaltsverhandlung

BEISPIEL *Ich war neu im Job und machte mir Hoffnungen auf eine Gehaltsaufbesserung. Nur um überhaupt einen Fuß in die Tür zu bekommen, hatte ich mich bei meiner Einstellung mit sehr viel weniger zufriedengegeben, als ich erwartet hatte. Aber nach einigen Monaten wurde mir klar, dass ich meine Familie davon nicht über Wasser halten konnte. Insbesondere drückten einige Arztrechnungen aufs Budget. Auch hatte ich immer mehr das Gefühl, dass die Bezahlung viel zu niedrig für das war, was ich leistete. Ich ging also das Risiko ein und wandte mich mit meiner Bitte um mehr Gehalt direkt an die Chefin. Wir kannten uns kaum. Zudem hatte ich noch keine Erfolge in der Firma vorzuweisen. Dennoch bat sie mich in ihr Büro.*

Als ich ihr mein Anliegen erklärte, war ich überrascht. Denn sie sagte: »Erzählen Sie mir mehr.« Ich schilderte ihr meine familiäre Situation. Sie hörte einfach nur zu. Also erzählte ich ihr auch, was ich in meinem neuen Job alles machte. Sie fragte mich, was ich vom Unternehmen, seinen Kunden und seinen Produkten hielt. Das war außergewöhnlich.

Wir führten ein langes Gespräch. Statt über meine Bezahlung sprachen wir über mich – was ich tat, was ich dachte und was ich in meinen ersten Monaten im Unternehmen gelernt hatte. Schließlich bat sie mich um meine Meinung zu einem bestimmten Kunden, mit dem ich schon öfter zu tun gehabt hatte. Sie wollte wissen, ob ich Ideen hatte, wie sich die Beziehung zu diesem Kunden intensivieren ließ. Darüber hatte ich tatsächlich schon nachgedacht. Deshalb fiel es mir leicht, Vorschläge zu machen. Wir hatten eine angeregte Diskussion, auf die bald weitere Gespräche folgen sollten. Ich war beeindruckt. Das Ergebnis war, dass man mir einen besser bezahlten Job und mehr Verantwortung anbot.

Meine Aufgabe bestand nun darin, den Service für diesen wichtigen Kunden zu verbessern und die Geschäftsbeziehung weiter auszubauen.

Für meinen Freund war das Gehaltsgespräch der Beginn eines raschen Aufstiegs im Unternehmen. Schon bald war er der Partner jener Chefin, die ihm so interessiert zugehört hatte. Diese Frau ist eine unglaublich kluge Führungskraft. Sie hat ein feines Gespür für Synergie und 3. Alternativen. Es wäre sehr einfach für sie gewesen, die Bitte meines Freundes entweder zu erfüllen oder abzuweisen. Doch sie hörte erst einmal genau zu. Dadurch konnte sie eine Lösung herbeiführen, die für beide Seiten ein enormer Gewinn war. Anstatt sich um den bestehenden Kuchen zu streiten, hatte sie etwas viel Besseres und viel Größeres im Sinn. Ihr war bewusst, dass sich dem Unternehmen eine einmalige Chance auf Wachstum bot, wenn sie das Anliegen meines Freundes und die Wünsche des Kunden kombinierte. Was am Ende dabei herauskam, war ein völlig neuer Geschäftszweig und ein Mitarbeiter, der für das Unternehmen mit jedem Jahr noch wertvoller wurde. Aber wie brachte sie die 3. Alternative auf den Weg? Dabei waren die folgenden drei Punkte entscheidend:

- Zuerst nahm sie sich Zeit, um aufmerksam zuzuhören. Sie wollte das Anliegen ihres Mitarbeiters und die Gefühle, die er damit verband, verstehen. Auf den ersten Blick interessierte sie sich vor allem dafür, warum er mit seinem Gehalt nicht zufrieden war. In Wahrheit aber wollte sie ihn besser kennenlernen und ausloten, was er für das Unternehmen leisten konnte, damit am Ende alle davon profitieren konnten.
- Sie versetzte sich in seine Lage. Immer wieder ging sie auf ihn zu, um mehr über seine Sicht der Dinge zu erfahren. Sie sprach regelmäßig mit ihren Kollegen aus der Geschäftsleitung über seine Vorschläge. Sie schätzte seine Meinung und seine besonderen Talente.

- Am Ende entstand zwischen allen Beteiligten eine Synergie, die es ermöglichte, die Wünsche eines wichtigen Kunden zu erfüllen und neue Dienstleistungen und Produkte zu entwickeln.

All das war möglich, weil für die Chefin die Entwicklung von 3. Alternativen zu einer festen Gewohnheit geworden war. Ein Mitarbeiter kam mit einer Beschwerde zu ihr. Doch sie sah darin kein Problem, sondern die Möglichkeit, die Angebotspalette des Unternehmens weiter auszubauen. Für sie war der Konflikt ein fruchtbarer Boden und kein Kampfplatz. Die meisten behandeln Meinungsverschiedenheiten wie ein Geschäft, bei dem es darum geht, einen Kuchen aufzuteilen. Doch so haben die Beteiligten nur zwei Möglichkeiten: Entweder sie geben etwas vom Kuchen ab oder sie kämpfen darum und nutzen die verschiedensten Techniken und Tricks, um möglichst viel zu bekommen. Aber mehr als Aufteilen geht nicht – der Kuchen wird nicht größer. Die 3. Alternative dagegen *verändert* alles. Dank der 3. Alternative entsteht ein neuer Kuchen, der viel größer und viel besser ist.

Während die meisten Konfliktlösungen lediglich eine Umverteilung bringen, bewirken 3. Alternativen eine echte Veränderung – eine Transformation.

Wenn wir im beruflichen Umfeld in eine Konfliktsituation geraten, sollten wir uns davor hüten, uns »auf die Hinterbeine« zu stellen. Wir müssen dieser Versuchung widerstehen – auch wenn es noch so schwer ist, weil die natürliche Reaktion auf eine Bedrohung entweder Flucht oder Kampf wäre. So verhalten sich Tiere. Sie kennen nur diese beiden Alternativen. Aber wir Menschen haben die Wahl. Wir können uns für eine 3. Alternative entscheiden und die 4 Paradigmen der Synergie beherzigen:

1. Denken Sie an das 1. Paradigma der Synergie: »Ich sehe *mich.*« Ich habe die Macht, auf Distanz zu gehen und über meine

eigenen Gedanken und Gefühle nachzudenken. Ich kann meine Situation, meine Gedanken und Gefühle auf den Prüfstand stellen: »Wie bin ich in diesen Konflikt geraten? Bin ich egozentrisch? Wünsche ich mir mehr Beachtung oder Anerkennung? Sehe ich meinen Status in Gefahr? Oder mache ich mir begründete Sorgen?« Wenn ich ein gesundes Selbstbewusstsein habe und mir meines eigenen Beitrags und meiner Fähigkeiten bewusst bin, brauche ich mich nicht zu verstecken. Ich kann offen sagen, was ich denke.

2. Natürlich darf ich das 2. Paradigma der Synergie nicht vergessen: »Ich sehe *dich.*« Ich muss dir mit Aufmerksamkeit und Achtung begegnen. Ich respektiere und schätze deine Ideen, deine Erfahrung, deine Sicht der Dinge und deine Gefühle.
3. Weil ich dich sehe, halte ich mich dann auch an das 3. Paradigma der Synergie: »Ich versuche, *dich* zu *verstehen.*« Die Unterschiede zwischen uns machen mir keine Angst. Im Gegenteil: Sie interessieren und faszinieren mich. Nichts vertreibt die negative Energie eines Konflikts schneller als die folgenden Worte: »Du vertrittst eine andere Sichtweise. Ich muss und will dir zuhören!«
4. Sobald ich verstanden habe, was der andere wirklich denkt und fühlt, ist der Weg geebnet für das 4. Paradigma der Synergie. Nun heißt es: »Ich schaffe mit dir *Synergie*!«

Wenn Sie sich an die 4 Paradigmen der Synergie halten, kommen Sie früher oder später unweigerlich zu einer 3. Alternative, die den Konflikt überflüssig macht: Jeder gewinnt, jeder schöpft neue Energie. Häufig werden Sie hinterher gar nicht mehr wissen, worum es bei Ihrem Konflikt genau ging.

Hybris – das große Synergiehindernis

Mit einer Synergie-Mentalität lassen sich die meisten Konflikte am Arbeitsplatz vermeiden oder überwinden. Mehr noch: Die Lösungen sind oft genial! Aber umsonst ist Synergie nicht zu haben. Zudem arbeiten ihr starke Kräfte entgegen. Die größte Hürde ist der *Stolz*. Der Stolz macht Menschen einsam und hindert sie daran, mit vereinten kreativen Kräften zu neuen Ufern aufzubrechen. Stolz tritt in vielen Varianten auf. Er reicht vom vertrauten »Was nicht von uns stammt, kann nicht gut sein«-Syndrom bis zur Hybris, die nicht nur Menschen, sondern auch ganze Unternehmen oder Staaten zu Fall bringen kann.

Für die alten Griechen war die *Hybris* oder die extreme Arroganz das schlimmste aller Verbrechen. Ein Krieger, der sich seiner eigenen Stärke rühmte und seine Feinde verhöhnte, machte sich der Hybris schuldig. Ebenso ein König, der seine Untertanen ausbeutete und schikanierte. Die Griechen glaubten, dass die Menschen mit ihrer Überheblichkeit Nemesis, die Göttin des gerechten Zorns, gegen sich aufbringen würden. Dann würde Nemesis sie bestrafen und Unheil über sie bringen. Hybris, sagten sie, führt immer in die Tragödie – und sie hatten recht.

Das wichtigste Symptom der Hybris ist mangelnde Konfliktfähigkeit. Wenn niemand es wagt, ein Widerwort an Sie zu richten, wenn Sie kaum Anregungen von anderen bekommen, wenn Sie selbst mehr reden, als Sie anderen zuhören, wenn Sie keine Zeit für Menschen haben, die nicht Ihrer Meinung sind, dann werden Sie früher oder später scheitern.

Das »GET«-Modell

Unproduktives Gerangel am Arbeitsplatz ist meist eine Folge von Hybris. Greg Neal, ein hochrangiger Vertriebsleiter aus der Pharmabranche, hat dieses Phänomen analysiert und drei Merkmale herausgefiltert, die er unter dem Kürzel »GET« zusammenfasst. Er ist überzeugt, dass unsere natürlichen Instinkte uns oft davon abhalten, nach einer 3. Alternative zu suchen:

- **G**EWINN
  Wir haben Angst, im Kampf zu unterliegen: »Was ist mit meinem persönlichen Gewinn? Bekomme ich das, was mir zusteht, oder gehe ich als Verlierer vom Platz?«

- **E**MOTIONEN
  Wir sind unsicher und sorgen uns um unsere Identität: »Bin ich ein Versager?«

- **T**ERRITORIUM
  Wir wachen argwöhnisch über unser Territorium: »Wer heimst die Lorbeeren dafür ein?«

Neal sagt: »GET holt uns ein, sobald wir versuchen, den Weg der Synergie zu beschreiten.« Doch wenn wir gemeinsam nach einer 3. Alternative suchen, fällt für jeden von uns mehr Gewinn, mehr Sicherheit und mehr Einfluss ab. Das ändert aber leider nichts daran, dass es uns schwerfällt, die GET-Schranke zu überwinden.

	»GET«
G	G steht für GEWINN: meinen persönlichen Gewinn, was ich verdiene, was mir zusteht.
E	E steht für EMOTIONEN: meine Gefühle, meine Unsicherheiten, meine Ängste, meine Identität.
T	T steht für TERRITORIUM: meine Pfründe, die Zahl meiner Mitarbeiter, mein Budget, mein Projekt, meine Erfahrung.

Greg Neal hat am eigenen Leib erlebt, was für ein großes Hindernis die GET-Schranke ist. Als CEO eines großen Pharmakonzerns sollte er die Wogen zwischen Marketing und Vertrieb glätten:

Ein klassischer Konflikt: Marketing gegen Vertrieb!

BEISPIEL *Wir hatten eine starke Marketingabteilung und einen sehr erfolgreichen, selbstbewussten Vertrieb. Aber zwischen beiden klaffte ein großer Graben – mit elementaren Kommunikationsproblemen und einem Machtkampf über die Frage, wem die Marke gehörte. Die Marketingleute hielten sich aufgrund ihrer statistischen Erhebungen für die wahren Kenner unserer Zielgruppe, wohingegen die Vertriebsmitarbeiter ständig Kontakt zum Kunden hatten. Diese Rivalität kostete unser Unternehmen immer mehr Marktanteile. Deshalb bekam ich die Aufgabe, die Auseinandersetzungen zwischen Marketing und Vertrieb zu bereinigen. Dazu übertrug mir die Konzernleitung die Errichtung einer neuen Abteilung, die die beiden zerstrittenen Parteien zusammenbringen sollte. Ich war Feuer und Flamme und baute mit großer Begeisterung ein Integrationsteam auf. Allerdings wurde mir schnell bewusst, wie tief die Kluft in Wahrheit reichte: Jeder machte sein eigenes Ding … Ich rannte geradewegs gegen eine GET-Wand. Alle waren sehr emotional und auf die Wahrung ihres jeweiligen Territoriums bedacht. Ich schaute bei ihnen vorbei, zeigte einige PowerPoint-Folien – und dann war nichts als Schweigen. Aber das war kein Schweigen des Einverständnisses.*

Nach einigen Monaten, in denen es trotz aller Anstrengungen kaum Fortschritte gab, erkannte ich, dass ich das Pferd von hinten aufgezäumt hatte: Die Vertriebsleiter hätten zu ihren Kollegen aus der Marketingabteilung gehen und sie direkt fragen sollen: »Was können wir tun, um diesen Graben zu überwinden, euch die Arbeit zu erleichtern und besser miteinander zu kommunizieren?« Aber statt Meinungen von allen Beteiligten einzuholen, wurde einfach eine Lösung von oben verordnet – mein Integrationsteam. Zum Glück war es noch nicht zu spät für einen Kurswechsel. Ich zeigte nicht länger irgendwelche Präsentationen, sondern hörte den Leuten genau zu. Denn: Das Unternehmen plante eine wichtige Markteinführung. Hier stand viel auf dem Spiel. Ein Produktstart war bereits aufgrund des tiefen Grabens zwischen Vertrieb und Marketing gescheitert. Die Marketingpläne waren in den einzelnen Vertriebsregionen sehr unterschiedlich umgesetzt worden. In manchen Gebieten lief es hervorragend, in anderen überhaupt nicht. Für die Marketingabteilung war das extrem frustrierend.

Bei der Vorbereitung des neuen Produkteinführungsplans achtete das Integrationsteam genau darauf, was die einzelnen Vertriebsregionen zu sagen hatten. Es mangelte nicht an Beteiligung – und auch nicht an Synergien. Gemeinsam legten wir die Erfolgskriterien für eine gelungene Markteinführung fest. Dabei standen Indikatoren wie Kundenfeedback, Ressourcennutzung und Marktanteile im Mittelpunkt. Wir waren besser vorbereitet als jemals zuvor, unsere Reihen waren geschlossen und ich hoffte auf einen guten Start. Tatsächlich wurde es die erfolgreichste Markteinführung des Unternehmens: Wir übertrafen unser Ziel um ganze 30 Prozent. Die Unterschiede zwischen den einzelnen Regionen waren geringer als je zuvor und die Produktakzeptanz einfach überragend.

Greg Neal war erfolgreich, weil er die GET-Wand einriss und die Wagenburgmentalität aushebelte, die das Unternehmen so lange gelähmt hatte. Durch seine Bereitschaft zuzuhören eroberte er eine Festung nach der anderen. Immer wieder fragte er nach der 3. Alternative. So schaffte er es, die GET-Blockade zu überwinden und Synergie möglich zu machen.[19]

Wenn es persönlich wird ...

Die Arbeitswelt von heute steckt voller Herausforderungen. Ständig müssen wir mehr mit weniger erreichen. Der Wettbewerb wird immer härter, die Erwartungen immer höher und der Zeitdruck immer größer. Hier entsteht Druck, der sich oft auch auf der persönlichen Ebene entlädt. Dann kann es passieren, dass Menschen ihre guten Umgangsformen vergessen, sich in ihr Schneckenhaus verkriechen oder mit Worten und manchmal sogar mit Fäusten aufeinander losgehen. Dutzende von Büchern und Webseiten versprechen »Lösungen« für Konflikte am Arbeitsplatz. Fast alle predigen dasselbe: Als Führungskraft sollten Sie versuchen, die Streithähne zu trennen, zwischen ihnen vermitteln oder sie zum Konflikt-Training schicken. Und wenn Sie selbst Teil des Konflikts sind? Dann sollten Sie möglichst ruhig und sachlich bleiben. Das alles ist nicht falsch. Aber es ändert nichts an den Ursachen des Konflikts. Denn so werden lediglich die Symptome bekämpft.

Wenn Sie mit der 3. Alternative vertraut sind, wissen Sie, dass Sie nicht an den Symptomen von Konflikten, sondern an Ihren Beziehungen arbeiten müssen.

Dann kennen Sie nicht nur Ihren eigenen Wert, sondern auch den Ihres Gegenübers. Setzen Sie sich gemeinsam an einen ruhigen Ort und sagen Sie: »Ich sehe die Dinge anders. Und deshalb will ich wissen, was du zu sagen hast.« Und hören Sie dann wirklich zu. Vielleicht wird man Ihnen Dinge sagen, die Ihnen nicht gefallen. Bitte erliegen Sie nicht der Versuchung, sich zu verteidigen. Die Chance dazu haben Sie später immer noch. Zunächst geht es ums Verstehen und nicht ums Kämpfen. Vermutlich werden Sie erkennen, dass unter der Oberfläche des Konflikts ein viel größeres Problem liegt. Hier kommen immer auch die GET-Faktoren ins Spiel: Der andere fürchtet um seine Identität, seine emotionale Sicherheit oder seine territoriale Zuständigkeit. Mitunter wird es Ihnen schwerfallen, Ihre eigene Gedankenwelt zu verlassen und sich ganz auf die Perspektive Ihres Gegenübers einzustellen. Den anderen wirklich zu verstehen, das ist meist der härteste Test für Ihre Synergiefähigkeit. Falls Sie diesen Test bestehen, können Sie viel über sich selbst erfahren. Vielleicht werden Ihnen hier oder da die Augen geöffnet. Mit Sicherheit schärfen Sie Ihren Blick für Dinge, die bislang außerhalb Ihres Gesichtsfelds lagen.

Wenn wir uns ungerecht behandelt fühlen, werden wir oft blind für alles andere. Häufig geben wir allein der anderen Seite die Schuld. Die Auseinandersetzung belastet uns, wir werden immer gereizter und provozieren damit neue Konflikte. Früher oder später leidet die Qualität unserer Arbeit. Aber wir können auch einen ganz anderen Weg einschlagen. Wir können genau zuhören und herausfinden, wo den anderen in Wahrheit der Schuh drückt. Sobald wir uns aufrichtig bemühen, den anderen zu verstehen, werden wir verblüfft feststellen, wie viel dieser uns zu sagen hat und wie viel Verständnis er uns entgegenbringt. Natürlich gibt es auch Menschen, die nicht wollen, dass man sich ihnen gegenüber öffnet. Manche reagieren abweisend oder sogar grob. Aber das passiert eher selten. Meist führen vermeintliche Verunglimpfungen, territoriale Streitfragen oder persönlichkeitsbedingte Missverständnisse lediglich dazu, dass die Betreffenden nicht mehr miteinander reden und sich aus dem Weg gehen.

Warum klassisches Konfliktmanagement keine gute Lösung ist

In den meisten Büchern über das Thema »Konflikte am Arbeitsplatz« finden Sie unzählige Verweise auf Stichwörter wie »Mediation«, »Verhandlungen« oder »Kompromiss«. Von Synergie dagegen ist so gut wie nie die Rede. Diese Bücher behandeln samt und sonders den symptomatischen Ansatz. Die Autoren stellen Techniken vor, wie man einen Konflikt notdürftig beilegt und zur »Normalität« zurückkehrt. Die Gefahr dabei ist, dass der emotionale Schaden bestehen bleibt. Die Beteiligten mögen sich die Hand reichen und zum Alltag zurückkehren, aber solange sich die Struktur der Beziehung nicht ändert, brodeln die negativen Gefühle im Verborgenen weiter. Bei dieser Methode der oberflächlichen Konfliktlösung geht es in erster Linie um »mich«. Die zentrale Frage lautet: »Wie bekomme ich, was ich will, ohne dass ich mehr Schaden anrichte als unbedingt nötig?« Bei einem beziehungsverändernden Konfliktlösungsansatz dagegen dreht sich alles um »uns«. Hier lautet die Frage: »Wie finden wir gemeinsam eine Lösung, die besser ist als die, die jeder von uns beiden bisher im Sinn hatte?« Es liegt an Ihnen, die Initiative zu ergreifen. Wenn Sie mit jemandem eine Meinungsverschiedenheit haben, dann rechtfertigen Sie sich nicht andauernd. Hören Sie lieber genau darauf, was der andere Ihnen zu sagen hat.

Synergie im Vertrieb und in Verhandlungen

Mein Freund Mahan Khalsa, ein wahrer Verhandlungsmeister, sagt: »Verkaufen heißt in der Regel nicht, *für* oder *mit* jemanden etwas zu tun, sondern es ihm *an*zutun. Dabei ist oft ein gewisses Misstrauen im Spiel. Die Kunden fürchten, dass sie über den Tisch gezogen werden, und der Verkäufer hat Angst, auf seiner Ware sitzenzubleiben.«[20]

Ich denke, dass diese Form des Verkaufens keine Zukunft hat. Deshalb gibt es bei FranklinCovey keine »Sales«-Mitarbeiter, sondern »Client Partner«. Ihre Aufgabe ist es, mit unseren Kunden Synergie zu schaffen und sie dabei zu unterstützen, 3. Alternativen zu schaffen, die ihnen einen wichtigen Wettbewerbsvorsprung sichern. Mahan sagt: »Wir *müssen* unseren Kunden helfen, erfolgreich zu sein. Das erfordert ein gewaltiges Umdenken.«[21]

Dazu ist ein grundlegender Paradigmenwechsel nötig:

> Es genügt nicht länger, dem Käufer irgendwas anzudrehen. Wir müssen dafür sorgen, dass unsere Kunden tatsächlich Kosten sparen, mehr Umsatz machen, ihre Produkte verbessern oder ihre Performance steigern. Kurzum: Wir müssen ihnen helfen, ihre wichtigsten Ziele zu erreichen.

Besser als jeder Kompromiss: So schaffen Sie Synergie mit Ihren Kunden

Um Synergie im Verkauf und im Vertrieb zu schaffen, müssen Sie umdenken. Vergessen Sie Ihre Vertriebsziele. Konzentrieren Sie sich stattdessen auf die Probleme, Wünsche und Ziele Ihres Kunden. Wie das geht? Setzen Sie die 4 Paradigmen der Synergie, die Sie zu Beginn dieses Buchs kennengelernt haben, konsequent in allen Gesprächen mit Ihren Kunden um:

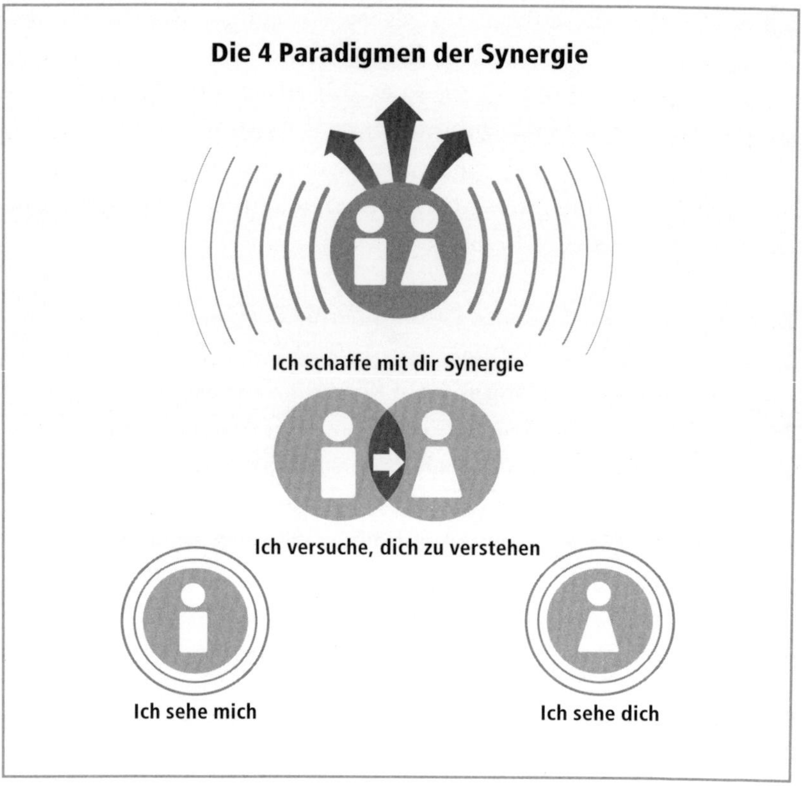

1. Ich sehe mich

Um Synergie mit unseren Kunden zu schaffen, müssen wir zuerst uns selbst mit anderen Augen sehen. Wir sind nicht länger Produkt-Verticker, die beim Kunden anrufen und sagen: »Ich habe ein neues und verbessertes Was-auch-immer hereinbekommen. Wollen Sie es sich mal anschauen?« Wir müssen vielmehr nach 3. Alternativen für unsere Kunden suchen und ihnen dabei helfen, erfolgreich zu sein.

Häufig wird betont, wie wichtig es sei, aus einer Position der Stärke heraus zu verhandeln. Meist ist damit gemeint, dass wir uns in einer Machtposition gegenüber unserem Gesprächspartner befinden. Ich verstehe darunter allerdings etwas ganz anderes. Für mich können wir nur aus einer Position der Stärke heraus verhandeln, wenn wir uns von Aufrichtigkeit, Ehrlichkeit und dem Gewinn-Gewinn-Denken leiten lassen.

Wer seine Macht wie eine Keule verwendet, um dem anderen damit eins überzubraten, mag zwar momentan einen Sieg einfahren. Auf lange Sicht verspielt er damit aber den Kredit bei seinen Kunden.

Wenn ich Synergie in Verhandlungen schaffen möchte, muss ich immer eine Lösung anstreben, die für alle Seiten ein Gewinn ist. Ich will nicht, dass irgendeiner von uns irgendetwas verliert. Hier ein Beispiel:

Gewinn-Gewinn oder gar kein Geschäft!

BEISPIEL *Mein Sohn David war einige Zeit als Vertriebsdirektor für uns tätig. Eines Tages kam eine größere Firma auf uns zu und wollte mit uns Geschäfte machen. Die Leute aus Davids Verkaufsteam waren völlig aus dem Häuschen. Das war eines der größten Unternehmen der Welt – und es bot uns gewaltige Summen für unsere Dienstleistungen. Aber als David die Konditionen des vorgeschlagenen Deals genauer unter die Lupe nahm, stellte er fest, dass für uns aufgrund der großzügig kalkulierten Rabatte kein Gewinn abfallen würde. Deshalb war er gegen das Geschäft, doch das Verkaufsteam ließ nicht locker: »Es wäre einfach fantastisch, dieses Unternehmen als Kunden zu haben! Es ist ja nur ein Testangebot. Später werden wir noch viel mehr Aufträge bekommen – und bestimmt zu viel besseren Konditionen.«*

Seit frühster Kindheit war David mit dem Win-Win-Denken[22] vertraut. Für ihn war ein Geschäft, bei dem der Kunde auf unsere Kosten gut abschnitt, nicht lohnenswert. Daran änderten auch der Umfang des Deals und die vagen Hoffnungen auf eine Verbesserung der Konditionen nichts. Er wandte sich also an das Unternehmen, um gemeinsam mit der Geschäftsleitung eine 3. Alternative auf den Weg zu bringen – allerdings ohne Erfolg.

»Jeder kennt das Spiel«, sagt David heute zu der Geschichte. »Die sind ein großes Unternehmen. Die Rolle ihrer Einkäufer besteht darin, Anbietern die Pistole auf die Brust zu setzen. In der Regel haben sie auch Erfolg. Hinterher können sie zu ihren Chefs sagen: ›Schau, was wir für dich getan haben!‹ Aber wir waren nicht bereit, uns auf so etwas einzulassen. Was nicht für alle Seiten gewinnbringend ist, ist für uns kein Geschäft.« Wir werden nie wissen, ob es unsere Beharrlichkeit war oder ob der Kunde keinesfalls auf unsere Unterstützung verzichten wollte – doch letztlich akzeptierte er unsere Bedingungen. Das war ein Gewinn für beide Seiten. Im Laufe der Jahre entwickelte sich eine gute und überaus erfolgreiche Geschäftsbeziehung.

Was können Sie konkret tun, um Synergie in Verhandlungen zu schaffen und gemeinsam mit Ihren Kunden 3. Alternativen zu entwickeln? Wie das möglich ist, zeigt das folgende Beispiel:

Was zeichnet den idealen Verkäufer aus?

BEISPIEL *Vor einigen Jahren wollten wir herausfinden, weshalb es Unternehmen nicht gelingt, ihre wichtigsten Ziele zu erreichen. Unsere Idee war es, eine Umfrage zu machen. Deshalb baten wir die besten Umfrage-Institute um Angebote. Als uns die Zahlen vorlagen, waren wir geschockt: Wir hätten uns nie träumen lassen, dass Umfragen so teuer waren. Doch dann fanden wir Pete. Er*

Win-Win-Denken: Ihr Schlüssel zur Synergie

Die Grundlage, um eine 3. Alternative in Vertriebsgesprächen und in Verhandlungen zu schaffen, ist das Win-Win-Denken – und das fängt immer bei mir selbst an. Aber das ist natürlich noch nicht alles. Ich muss auch bereit sein, gemeinsam mit dir eine Lösung zu suchen, die besser ist als die, die jeder von uns beiden bisher im Sinn hatte.

Win-Win-Denken

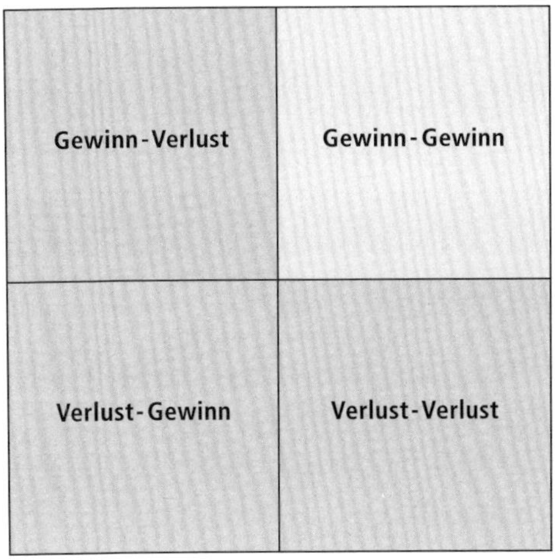

Win-Win-Denken:

- *Gewinn-Verlust* bedeutet, dass *meine* Seite bekommt, was sie will.
- *Verlust-Gewinn* bedeutet, dass *deine* Seite bekommt, was sie will.
- *Verlust-Verlust* bedeutet, dass *keiner* von uns bekommt, was er will. Das ist die Haltung, die den Kompromiss auszeichnet.
- *Gewinn-Gewinn* dagegen steht für die *3. Alternative.* Es geht nicht darum, ob ich mich durchsetze oder du. Vielmehr finden wir gemeinsam eine Lösung, die viel besser ist als alles, was jeder von uns beiden bisher im Sinn hatte.

vertrat ein sehr bekanntes Institut. Anstatt uns ein Angebot vorzulegen, stellte er uns eine simple Frage: »Warum wollen Sie diese Umfrage machen? Was haben Sie damit vor?« Wir erklärten ihm, dass wir seit Jahren Menschen dabei unterstützten, effektiver zu werden. Nun kamen immer mehr Unternehmen auf uns zu und baten uns, auch ihnen zu helfen. Wir sprachen über den Frust und die Nöte unserer Kunden und über unsere Ideen, ihre Effektivität zu steigern.

Pete hörte aufmerksam zu. Dann schlug er einige Maßnahmen vor, die kaum etwas kosteten. Manches brachte ihm selbst überhaupt nichts ein. Beispielsweise nannte er uns etliche Leute, die wir direkt zum Thema Effektivität befragen konnten. Zudem zeigte er uns, wie wir unsere eigenen Daten selbst aufbereiten und so viel Geld sparen konnten. Und: Er sprach offen über die Probleme seines Unternehmens im Zusammenhang mit der Strategieumsetzung. Pete tat vieles, was man nach den üblichen Regeln der Verhandlungsführung nicht tun sollte. Er war zu Zugeständnissen bereit und verzichtete auf Umsatz, indem er uns zeigte, wie wir bestimmte Dinge selbst erledigen konnten. Zudem machte er seine Kosten und Margen vollkommen transparent und ließ uns ganz offen in seine Karten schauen.

War er naiv und unproduktiv? In meinen Augen keineswegs. Weil er von der Aufgabenstellung fasziniert war und nicht bloß von der Aussicht auf einen Auftrag, wurde er ein verlässlicher Partner. Pete vermittelte uns ein ganz neues Verständnis von Umfragen und schlug innovative Lösungsansätze vor. Er stellte den Kontakt zu Leuten her, die uns mit den aktuellsten Erkenntnissen in Sachen Fragebogengestaltung vertraut machten. Allmählich machte sich Petes Investition in uns bezahlt: Wir beauftragten sein Unternehmen mit einer großen Umfrage – der ersten von vielen, die folgen sollten. Als wir später selbst Unternehmensumfragen für unsere Kunden anboten, lieferten Pete und seine Partner uns unschätzbare Expertenhilfe.

Menschen wie Pete verkaufen keine Produkte, sondern 3. Alternativen. Leider verstehen die meisten professionellen Verkäufer nichts von Synergie. Doch die Kunden verlieren schnell das Interesse an Verkäufern, für die Synergie ein Fremdwort ist.

Ein gutes Produkt allein reicht heutzutage nicht mehr aus. Wer Erfolg haben will, muss seinen Kunden dabei helfen, 3. Alternativen zu schaffen.

2. Ich sehe dich

Wenn Sie Verhandlungen mit dem Ziel führen wollen, gemeinsam zu einer 3. Alternative zu gelangen, müssen Sie Ihren Gesprächspartner als Person und nicht als Gegner oder als Beute *sehen*. Leider fallen wir allzu oft in die »Wir gegen die anderen«-Mentalität zurück. Professor Grande Lum warnt: »Wir müssen uns davor hüten, Menschen, die wir als schwierige Verhandlungspartner wahrnehmen, zu dämonisieren ... Vielleicht haben sie kein Vertrauen in unser Unternehmen. Vielleicht wurden sie in der Vergangenheit schon einmal über den Tisch gezogen. Vielleicht kennen sie auch gar keine andere Art des Verhandelns. Am Ende verteidigen wir alle nur unsere eigenen Interessen und glauben, dass unser Verhalten die besten Ergebnisse bringt.«[23]

Vertrauen ist das beste Verkaufsargument

Die Verkäufer alter Schule schufen wahre Heldengeschichten, wie sie erbitterte Kriege gegen grausame Feinde führten und am Ende siegreich das Schlachtfeld verließen. Das erfüllte sie dann mit Stolz. Dabei handelte es sich allerdings um eine Selbsttäuschung. Dieses 2-Alternativen-Denken hinderte sie daran, in ihrem Kunden den Menschen zu *sehen*. Folglich stilisierten sie ihn zum *Feind*. Auf dem Lehrplan von klassischen Verkaufs- und Verhandlungsschulungen stehen haufenweise Tricks und Techniken, wie man die Oberhand

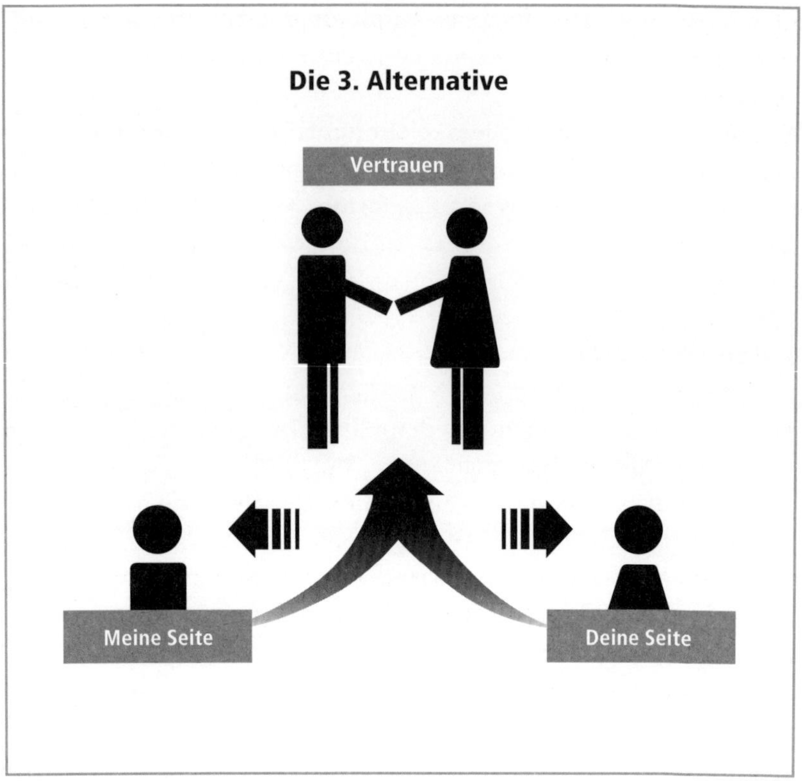

über die Gegenseite gewinnt. Da gibt es beispielsweise die Door-in-the-face-Technik, bei der man zuerst eine Bitte formuliert, die zu groß ist, um akzeptiert zu werden, um dann mit einem bescheideneren Anliegen auf offene Ohren zu stoßen. Oder die Foot-in-the-door-Technik, bei der man anfangs um einen kleinen Gefallen bittet und die Größe der Zugeständnisse schrittweise steigert. Oder die Low-ball-Technik, bei der man ein attraktives Angebot in den Raum stellt, dieses aber in letzter Minute vorsichtig modifiziert, ohne dass die Gegenseite ihre Zustimmung wieder zurückzieht. Ähnlich funktioniert auch die Nibble-Technik, bei der der potenzielle Kunde im Vorfeld eines Geschäfts viel Zeit aufbringen muss und kurz vor Vertragsabschluss mit neuen Forderungen konfrontiert wird. Die Überlegung dabei ist, dass er alles widerstandslos schluckt, weil er bereits enorm viel Zeit und Energie in das Projekt gesteckt hat.

Die Käufer wissen sich allerdings mit ganz eigenen Methoden gegen solche Spielchen zu wehren. Da gibt es beispielsweise die Crunch-Technik, mit der ein Käufer den Preis des Verkäufers immer weiter nach unten drückt. Um dieses Ziel zu erreichen, sagt er Dinge wie: »Wir sind fast da ... Sie kommen dem Ziel schon sehr nahe ...« Oder die Flinch-Technik: »Was haben Sie für Ideen? Sind Sie verrückt? Ich kann mir nicht vorstellen, dass irgendjemand diesen Preis zahlt.« Natürlich haben die Verkäufer auch für diese Techniken wieder Gegenmittel – beispielsweise gibt es die Flinch-Erwiderung und wahrscheinlich auch die Erwiderung auf die Flinch-Erwiderung.

Alle diese Methoden zerstören das Vertrauen zwischen Verkäufern und Kunden. Jeder versucht, den anderen zu übervorteilen, und am Ende wundern wir uns, warum der Verkaufsprozess so frustrierend ist. Besonders schwierig wird es, wenn Lügen ins Spiel kommen:

Wir haben gelogen!

BEISPIEL *Ein Freund erzählte mir von einem Seminar zum Thema Verhandlungsführung. Im Mittelpunkt stand ein Rollenspiel, bei dem die Verhandlungsparteien nur begrenzte Informationen über die andere Seite hatten. Die Aufgabe war es, auf der Basis dieser knappen Hinweise einen Deal auszuhandeln. Der Seite, die das bessere Geschäft einfädelte, winkte ein Preis. Das Team meines Freundes verlor. Deshalb fragte er den Leiter des Siegerteams nach seinem Erfolgsrezept. Er antwortete: »Ganz einfach – wir haben gelogen! Wir haben die Basiskosten zunächst viel höher angesetzt, als sie es in Wirklichkeit waren.« Daraufhin beschwerte sich mein Freund bei der Seminarleiterin: »Die andere Seite hat sich den Sieg erschwindelt.« Die Leiterin, eine erfahrene Geschäftsfrau, die seit Jahrzehnten Verhandlungsseminare gab, meinte nur: »Wo keine Wahrheit ist, gibt es auch keine Lügen.«*

Dem kann ich nur hinzufügen: Wo keine Wahrheit ist, gibt es keine Hoffnung auf Synergie. Zum Glück werden die Täuschungsspielchen im Internet-Zeitalter immer nutzloser. Die Flinch-Technik und andere Methoden sind Relikte aus einer Zeit, als das Einholen von Vergleichsangeboten und die Überprüfung von Informationen eine äußerst mühevolle Angelegenheit war. Aber wenn Sie mir heute erzählen, dass Ihr Preis der Beste ist, kann ich das mit meinem Smartphone aus dem Stand überprüfen. In Windeseile kann ich mir ein umfassendes Bild von Ihrem Unternehmen, Ihren Wettbewerbern, Ihrem Produkt, Ihrer Servicequalität und sogar von Ihnen persönlich machen. Im Internet ist alles abrufbar – und Sie können es nicht unsichtbar machen.

Verkäufertricks und Verhandlungsspielchen sind kontraproduktiv

Das Zeitalter der verwinkelten Verhandlungsmethoden ist vorbei. Niemand hat mehr die Geduld dafür. Wenn andere Spielchen mit uns treiben, zeigen sie uns damit nur ihren fehlenden Respekt. Wer glaubt, dass das Leben zwangsläufig aus unfairen Verhandlungsmethoden besteht, lebt in einer Welt des Mangels.

Um 3. Alternativen zu finden, müssen wir von einer Welt der Fülle ausgehen. Wir müssen überzeugt sein, dass unendlich viele interessante Alternativen nur darauf warten, von uns entdeckt zu werden.

Wir müssen auf das Vertrauen und die Achtung unserer Verhandlungspartner Wert legen, anstatt sie als gutgläubige Opfer irgendwelcher Tricks zu sehen. So manche langwierige Verhandlung erübrigt sich allein dadurch, dass wir offen sagen, was wir denken, und dem anderen genau zuhören.

3. Ich versuche, dich zu verstehen

In der Verkäuferausbildung spielt auch das *Zuhören* eine Rolle. Allerdings geht es hier meist um das Heraushören von »Kaufsignalen« und nicht darum, den anderen wirklich zu verstehen. Doch wenn Sie Verhandlungen mit dem Ziel führen wollen, gemeinsam eine 3. Alternative zu finden, geht das nur auf der Grundlage des Paradigmas »Ich versuche, dich zu verstehen«. Oder anders ausgedrückt: Sie müssen empathiefähig sein. Wenn Ihnen die Beziehung zu Ihrem Verhandlungspartner wichtig ist, werden Sie ihm aufmerksam zuhören und ihn nicht bei jeder Gelegenheit unterbrechen, um ihn zum Kauf zu überreden. Sie begegnen ihm nicht mit Empathie, weil Sie sich davon einen Nutzen versprechen. Vielmehr tun Sie es, weil Sie nicht nur ein Verkäufer, sondern ein echter Partner für Ihre Kunden sein wollen.

Vergessen Sie Ihre Produkte

Sobald Sie aufmerksam zuhören, sehen Sie die Welt mit den Augen Ihrer Kunden. Dadurch können Sie ihre Unsicherheit nachvollziehen, ihre Probleme verstehen, ihre Ziele erkennen und ihre Visionen teilen. Ich weiß, wie schwer es für Vertriebsmitarbeiter ist, sich von ihren Produkten oder Lösungsvorschlägen frei zu machen. Aber wenn Sie klug sind, verlassen Sie Ihre eigene Denksphäre und versuchen, Ihre Kunden zu verstehen. Mahan Khalsa hat das sehr schön auf den Punkt gebracht: »Betrachten Sie den gesamten

Verkaufsdialog als eine Erkundungsreise ins Unbekannte … Machen Sie sich klar, dass Sie nicht allein die Lösung für den Kunden finden können. Sie durchlaufen gemeinsam einen Prozess der Erkenntnis.«[24] Es geht darum, miteinander eine 3. Alternative zu *entwickeln,* und nicht darum, dass Sie vorgefertigte Konzepte *liefern.*

Keine vorgefertigte Lösung, die Sie in Ihrem Vertreterkoffer dabeihaben, passt genau zum Kunden. Aber zusammen können Sie eine 3. Alternative ausarbeiten, die wirklich alle Anforderungen Ihres Kunden erfüllt.

Wenn Sie aufmerksam zuhören, können Sie sehr viel über die Probleme Ihrer Kunden herausfinden. Sie bekommen Formulierungen zu hören wie:

- »Wir verlieren Umsatz, weil …«
- »Wir könnten mehr verkaufen, wenn …«
- »Was uns an den Rand der Verzweiflung bringt, ist …«

Zudem gewinnen Sie wichtige Informationen über die Ziele und die Vision Ihrer Kunden:

- »Unser oberstes Ziel ist …«
- »Wenn wir nur … könnten.«
- »Wir wünschen uns den Tag herbei, an dem …«

Achten Sie genau auf Formulierungen wie diese. Geben Sie die Frust- und Hoffnungsbekundungen Ihrer Kunden mit Ihren eigenen Worten wieder. Fragen Sie gezielt nach. Finden Sie heraus, wie die Ziele Ihrer Kunden konkret aussehen:

- Wie viel mehr Umsatz wollen sie erzielen?
- Um welchen Prozentsatz soll der Marktanteil gesteigert werden?
- Was würde ihnen den größten Nutzen bringen?

Indem Sie den Dingen auf den Grund gehen, können Sie Ihren Kunden passgenaue Lösungen bieten. Diese Lösungen bringen Ihren Kunden einen erheblichen Mehrwert. Vielleicht stellen Sie sogar fest, dass das Ganze weitaus mehr wert ist, als Sie normalerweise dafür berechnet hätten. Dann wäre es eine gute Idee, eine Gewinnbeteiligung auszuhandeln.

Die meisten Verkäufer reden zu viel

Der zuhörende Verkäufer ist das genaue Gegenteil des sprechenden Verkäufers. Die meisten Verkäufer reden zu viel. Das führt dann zu altbekannten Problemen im Vertrieb – beispielsweise Missverständnissen zwischen Käufer und Verkäufer oder »Overselling«. Welche Folgen das haben kann, schildert Jim Usry. Der erfahrene Vertriebsleiter aus der Pharmabranche berichtet, dass die Beziehung zwischen Vertretern und Ärzten oft eine reine Einbahnkommunikation war:

Keiner interessiert sich für den Kunden

BEISPIEL *»Unsere Pharmavertreter wiederholten dieselbe Botschaft ein ums andere Mal – ohne Rücksicht darauf, ob der Kunde interessiert war oder nicht. Die Strategie der Pharmaunternehmen war ›Reichweite und Frequenz‹. Möglichst viele Vertreter sollten möglichst viele Ärzte so oft wie möglich kontaktieren. Das ging so weit, dass ein Arzt von bis zu acht Vertretern desselben Herstellers mit einem Produkt, einer Botschaft und denselben Mustern traktiert wurde.«[25] Die ständigen Besuche der Vertreter waren eine Qual für die Ärzte. Immer mehr gingen auf die Barrikaden. Dr. Jordan Asher, ein renommierter Internist aus dem Süden der Vereinigten Staaten, spricht aus, was viele Ärzte denken: »Pharmaunternehmen unterscheiden sich nicht grundsätzlich von Fastfood-Ketten. Sie werden an der Börse gehandelt und müssen Geld für ihre Anteilseigner* *erwirtschaften. Der einzige Unterschied ist, dass sie Medikamente und keine Burger verkaufen. Ihre Ziele unterscheiden sich komplett von den unsrigen. Alles, was sie sagen, dient allein dazu, Umsatz zu machen.«*[26]

Die Mauern, die sich zwischen den Ärzten und den Vertretern auftürmten, wurden immer höher. Je öfter die Vertreter auftauchten, desto weniger waren die Ärzte bereit, mit ihnen zu sprechen. Manche Kliniken setzten die Vertreter sogar rigoros vor die Tür. Inzwischen haben viele Pharmaunternehmen erkannt, dass sie umdenken müssen. Immer mehr Pharmavertreter versuchen, Synergie mit ihren Kunden zu schaffen und gemeinsam 3. Alternativen zu finden, indem sie den Ärzten genau zuhören.

4. Ich schaffe mit dir Synergie

Als die Vertreter begannen, den Ärzten wirklich zuzuhören, entstand Synergie. Denn nun fanden die Vertreter heraus, was sich die Ärzte tatsächlich von den Pharmakonzernen wünschten. Das veränderte alles. Was alles möglich ist, wenn Verkäufer und Kunden an einem Strang ziehen, zeigt das folgende Beispiel:

Schluss mit dem Verkaufsdruck!

BEISPIEL *Jim Fuqua ist einer der Spitzenvertreter eines großen US-amerikanischen Arzneimittelherstellers. Er sagt: »Wir mussten uns neu erfinden, um nicht nur unseren kommerziellen Erfolg zu steigern, sondern auch unsere Beziehungen zu unseren Kunden zu verbessern. Es war uns bislang nicht gelungen, unseren wahren Wert sichtbar zu machen. Deshalb haben wir viel Zeit investiert, um unsere Strategie grundlegend zu verändern. Wir hörten* *den Ärzten zu und erkannten, dass es ihnen um Forschung ging. Sie interessierten sich für die wissenschaftlichen Details hinsichtlich der richtigen Anwendung unserer Produkte. Das war ihnen wichtig. Diese Erkenntnis brachte uns dazu, völlig neue Wege zu gehen. Wir bauten ein wissenschaftlich ausgerichtetes Vertriebsteam auf. 24 erfahrene Pharmavertreter setzten sich mit den einflussreichsten Ärzten des Landes zusammen. Unser Ziel war es, die Sorgen wichtiger Branchenvordenker zu verstehen und sie mit umfassenden wissenschaftlichen Daten zu versorgen – und zwar ohne jeden Verkaufsdruck!*

Innerhalb des Unternehmens gab es Widerstände. Für manche war das wissenschaftliche Vertriebsteam reine Geldverschwendung. Doch wir gaben nicht auf. Wir wussten, dass es viel besser war, den Ärzten etwas zu geben, was sie wirklich brauchten, anstatt ihnen unsere Produkte aufzudrängen … Uns war klar, dass wir über die Vordenker unter der Ärzteschaft auch ihre Netzwerke ansprechen konnten. Deshalb waren wir fest davon überzeugt, dass unsere Umsätze früher oder später steigen würden.«[27]

Indem Fuqua und sein Team aufmerksam zuhörten, erfuhren sie viele Dinge, die den Ärzten große Sorgen machten. Beispielsweise war die Mitarbeit der Patienten ein erhebliches Problem. Die Ärzte sagten ihren Patienten, was sie tun mussten, um wieder gesund zu werden. Doch die Patienten hielten sich einfach nicht daran. Deshalb suchte Fuquas Unternehmen nach einer Lösung, um die Bereitschaft der Patienten zur Mitarbeit zu steigern. Beispielsweise entwickelten sie ein Konzept, um Diabetes-Patienten dazu zu motivieren, ihre Medikamente regelmäßig einzunehmen. Davon profitierten am Ende alle: Den Patienten ging es besser, die Ärzte waren sehr zufrieden mit den Produkten des Pharmaunternehmens und die Vertreter verkauften mehr Medikamente.

Schritt für Schritt verwandelten sich Jim Fuqua und sein Vertriebsteam von »nervigen Arzneimittelwerbespots auf zwei Beinen« in wertvolle Helfer bei der Problemlösung ihrer Kunden. So fanden sie 3. Alternativen, die für Patienten, Ärzte und ihr eigenes Unternehmen ein Gewinn waren.

Das beste Verkaufsargument ist die 3. Alternative

Entweder ich gewinne oder du gewinnst: Solange ich die übliche Verhandlungseinstellung mitbringe und im 2-Alternativen-Denken gefangen bin, besteht das Leben nur aus unliebsamen Zugeständnissen und Siegen auf Kosten anderer. Die Welt wird zum Nullsummenspiel. Doch sobald ich die 3. Alternative für mich entdecke, gibt es unendlich viele Möglichkeiten, wie du und ich gemeinsam einen wichtigen Beitrag leisten können. Nullsummenspiele enden mit einem Kompromiss oder dem Sieg einer Seite. 3. Alternativen dagegen verändern die Welt. Die Menschen werden offener, sehen die Dinge mit neuen Augen und in einem erweiterten Horizont. Das ist einer der größten und schönsten Vorteile, den uns die 3. Alternative bietet.

»Das Ziel der Synergie zwischen Menschen«, sagen die Harvard-Schüler Deepak Malhotra und Max H. Bazerman, »ist nicht nur, zu einer Einigung zu kommen, die in den Augen beider Parteien ein Gewinn ist, sondern einen zusätzlichen Wert zu schaffen.«[28] Jeder, der wirtschaftlich erfolgreich sein will, sucht nach »dem großen Alleinstellungsmerkmal«. Jeder will die eine Sache finden, die ihn vom übrigen Markt unterscheidet. Ich denke:

Das allergrößte Alleinstellungsmerkmal ist die Bereitschaft, sich mit der 3. Alternative vertraut zu machen. Die Fähigkeit, Synergie zu schaffen, hebt uns stärker als alles andere von der Masse unserer Mitbewerber ab.

Synergie kontra traditionelles Verhandeln

Sobald Sie das Denken in 3. Alternativen verinnerlicht haben, werden Sie in jeder Verhandlung automatisch nach einer Lösung Ausschau halten, die für alle Beteiligten ein echter Gewinn ist. Nach der 3. Alternative fragen, Erfolgskriterien definieren, 3. Alternativen schaffen, Synergie und die Kraft der 3. Alternative erleben: *Die 4 Schritte zur Synergie* stehen in krassem Gegensatz zu den Phasen einer klassischen Verhandlung.

Synergie kontra traditionelles Verhandeln

3.-Alternative-Denken kontra traditionelles Verhandeln: Das traditionelle Verhandeln ist eine Mischung aus Gedankenlesen, Feilschen und Rechtfertigungsversuchen. Es schwächt Beziehungen und führt meist zu einem Kompromiss, der keinen begeistert. Das 3.-Alternative-Denken dagegen stärkt Beziehungen und führt zu Ergebnissen, die ein Gewinn für alle Beteiligten sind. Zwischen diesen beiden Ansätzen klafft ein riesengroßes Chancenloch, das sich in einer Zeit des zunehmenden Wettbewerbs keiner mehr leisten kann.

Schritt 1: Fragen Sie nach der 3. Alternative

Ob auf der Käufer- oder auf der Verkäuferseite: Normalerweise gehen wir mit überhöhten Erwartungen und Forderungen in den Verhandlungsprozess. Die höfliche Umschreibung dafür lautet: »sich ehrgeizige Ziele setzen«. Der Käufer wünscht sich so viel Ware für so wenig Geld wie möglich – und der Verkäufer möchte für seine Ware so viel Geld wie möglich bekommen. Jeder weiß, dass der Eröffnungszug lediglich dazu dient, auszuloten, wie weit die andere Seite gehen würde. In der Regel wird dabei reichlich gepokert. Wer dagegen mit der 3. Alternative vertraut ist, für den ist dieses Geplänkel reine Zeitverschwendung. Deshalb stellt er gleich zu Beginn die Frage nach der 3. Alternative: »Bist du bereit, eine Lösung zu suchen, die besser ist als die, die jeder von uns beiden bisher im Sinn hatte?« Manchmal müssen wir erst ein *Vertrauensverhältnis* zu den anderen Parteien aufbauen, bevor wir diese Frage stellen können. Aber wenn Sie einen guten Ruf als Verhandlungspartner haben, können Sie nichts verlieren, wenn Sie frühzeitig nach der 3. Alternative fragen.

Schritt 2: Definieren Sie die Erfolgskriterien

In traditionellen Verhandlungen ist der nächste Schritt die Rechtfertigung des Eröffnungszugs. Niemand will allzu schnell allzu viele Zugeständnisse machen. Daher werden die verschiedenen Positionen jetzt begründet und mit Fakten, Zahlen und abenteuerlichen Geschichten untermauert. Jeder will zeigen, warum es richtig war, die Ziele so hoch anzusetzen. Ganz anders ist es, wenn alle Parteien bereit für eine 3. Alternative sind. Dann können wir uns zusammensetzen und gemeinsam die Erfolgskriterien und das vor uns liegende Ziel definieren. Wie sieht eine Lösung aus, die für uns alle ein Gewinn ist? Jetzt besteht zwischen uns eine *Partnerschaft der Lösungssuchenden.*

Schritt 3: Schaffen Sie 3. Alternativen

Wenn jeder seine Position wortreich gerechtfertigt hat, kommt in klassischen Verhandlungen der nächste Schritt: »die Grenzen ausloten«. Ab jetzt wird gefeilscht, was das Zeug hält. Beide Seiten möchten so viel wie nur möglich bekommen und so wenig wie nur möglich geben. Sie testen, wie weit sie gehen können, ohne die Verhandlung zu sprengen. Doch Verhandlungspartner, die ernsthaft nach einer 3. Alternative suchen, halten nichts vom Feilschen. Sie konzentrieren sich lieber darauf, gemeinsam *Lösungsmöglichkeiten* zu finden. Das ist ein spannender, kreativer und kraftvoller Prozess. Denn: In diesem Stadium weiß keiner, wie das Ergebnis letztlich aussehen wird.

Schritt 4: Erleben Sie Synergie und die Kraft der 3. Alternative

Der letzte Schritt in den ermüdenden klassischen Verhandlungen ist die Verständigung auf einen Kompromiss. Man sucht händeringend nach einem »letzten Angebot«, mit dem alle leben können. Auch wenn sich am Schluss alle die Hände reichen, kann sich keiner wirklich für das Ergebnis begeistern: Für einen Kompromiss muss jeder auf etwas verzichten. Ganz anders sieht es bei Verhandlungspartnern aus, die miteinander eine 3. Alternative entwickelt haben. Sie sind am Ziel angekommen. Hand in Hand haben sie eine überraschende Lösung für die gemeinsam formulierte Aufgabe gefunden. Alle sind Gewinner. *Alle bekommen mehr, als sie sich je erhofft hätten.* Die Beziehung ist stärker geworden und die Verhandlungspartner können nun zusammen ihre Zukunft gestalten.

Sicher haben Sie bemerkt, dass die Kluft zwischen der 3. Alternative und dem traditionellen Verhandeln sehr tief ist. Doch:

In unserer wettbewerbsgeprägten Welt kann es sich keiner mehr leisten, auf der falschen Seite des Abgrunds zu stehen.

Traditionelle Verhandlungsführer verschwenden ihre Kräfte damit, andere zu manipulieren, um sich schließlich doch mit einem Kompromiss zufriedenzugeben. Menschen, die mit der 3. Alternative vertraut sind, verhalten sich völlig anders: Sie investieren ihre Energie, um ihre Beziehungen zu verbessern. Gemeinsam mit dem Verhandlungspartner richten sie ihren Blick auf künftige Entwicklungen und Chancen.

Die innovative Kraft der Synergie

Das *Evergreen-Projekt* ist das umfangsreichste Forschungsvorhaben, das es je zum Unternehmenserfolg gegeben hat. Über zehn Jahre arbeiteten Wissenschaftler aus Harvard, Columbia, Dartmouth, der Wharton School und vielen weiteren Universitäten daran, herauszufinden, was langfristig erfolgreiche Unternehmen von mittelmäßigen unterscheidet. Das Ergebnis: Top-Unternehmen sind im großen Stil innovativ und halten damit auch nicht hinterm Berg. »Sie richten ihr Augenmerk auf die große Chance, ein völlig neues Produkt oder eine technologische Sensation, die das Zeug dazu hat, die Branche auf den Kopf zu stellen … Den Unternehmen, die sich nicht mit weniger als zweistelligen Zuwachsraten und Gewinnen zufriedengeben, reichen bescheidene Verbesserungen nicht aus. Sie konzentrieren sich auf die Blockbusterinnovation – die geniale Idee, die die Wettbewerber klar auf die hinteren Plätze verweist.«[29]

Aber woher stammt die »vollkommen neue« Idee oder die technische Revolution? Innovationsexperten wissen, dass diese Revolution nur durch Synergie entstehen kann. Professor Clayton M.

Christensen, einer der prominentesten Vordenker auf diesem Gebiet, vertritt die These, dass Blockbusterideen sich immer »außer der Reihe« entwickeln.[30] Sie tauchen genau dort auf, wo die unterschiedlichsten Sichtweisen aufeinanderstoßen und einmalige Verbindungen entstehen. Denn sie stammen nicht aus dem Mainstream, aus den homogenen Denkprozessen, die für die meisten Unternehmen typisch sind.

Wie finden Unternehmen Blockbusterinnovationen?

Aber wie kommen die erfolgreichen Unternehmen in der trägen »Geschäftswelt« dann an solche Blockbusterinnovationen? Ganz klar: Indem sie säen und ernten! Diese Unternehmen kennen sich mit Synergie aus und nutzen sie systematisch für ihren Erfolg. Viele entwickeln permanent 3. Alternativen. Mittelmäßige Unternehmen dagegen hegen ein tiefes Misstrauen gegen jede Art von innovativem Denken. Sie sind fest im 2-Alternativen-Denken gefangen. Hier folgt alles dem »Wir gegen die anderen«-Gesetz. Sie machen für Misserfolge ausschließlich externe Kräfte verantwortlich und betrachten jede technische Neuerung als Gefährdung des Status quo. Der Kreativitätsexperte Edward de Bono bringt es auf den Punkt: »Gerade die Unternehmen, die in den größten Schwierigkeiten stecken und neue Ideen bitter nötig hätten, haben kein Interesse daran. Sie reden sich ein, dass sie auf dem richtigen Weg sind. Sie glauben, ihre Schwierigkeiten seien ausschließlich den äußeren Umständen geschuldet. Deshalb sind sie überzeugt, dass ein Umdenken nicht erforderlich ist … In einem bekannten Unternehmen sagte man mir, man sei so sehr mit anderen Problemen beschäftigt, dass man für Kreativität keine Zeit habe! Doch wahrscheinlich war es gerade diese Einstellung, die das Unternehmen überhaupt in diese schwierige Lage gebracht hat.«[31] Ich kann mich dem nur anschließen. Denn ich bin fest davon überzeugt:

Menschen, die mit dem Denken in 3. Alternativen vertraut sind, lieben Brüche und Verwerfungen. Sie haben ein Faible für das Unbekannte, für neue Erkenntnisse, die von außen kommen.

Unternehmen, die Synergie schaffen, haben eine einzigartige Kultur. Wissenschaftler erklären die Fähigkeit von Ameisen, an den unwirtlichsten Orten eine Kolonie aufzubauen, mit »emergenten Kräften«. »Emergenz« umschreibt die Fähigkeit der einzelnen Tiere, sich zusammenzutun und das Überleben gemeinsam zu sichern. Mir gefällt der Vergleich von Synergie mit einem Korallenriff. Wer in der Karibik oder vor Australien schnorchelt, kann dort farben- und musterreiche Strukturen aus Fischen, Farnen, Weichtieren und Seepflanzen aller Art bewundern. Die Riffoberfläche, die mit der Strömung schwankt wie ein Garten im Wind, erscheint uns lebendig, während die tieferen Schichten allmählich zu Kalkstein werden. Neue Tier- und Pflanzenarten entstehen vornehmlich in den »Randzonen« der Korallen, wo die biologische Vielfalt größer ist und mehr Interaktion mit den »Zentren des gesteigerten Artenreichtums« stattfindet.«[32] Ähnliches gilt für Unternehmen. Diejenigen, die Unterschiede zu schätzen wissen und sich auf die Suche nach den Zentren kreativen Denkens machen, werden wachsen und gedeihen. Unternehmen, die sich in ihr Schneckenhaus zurückziehen, werden dagegen früher oder später verkalken und absterben. Den besten Nährboden für die Entstehung von Synergie liefern die »Randzonen«, in denen sich die Menschen mit den unterschiedlichsten Begabungen und Ansichten tummeln.

Synergie in Teams

Echte Innovationen brauchen Synergie – und Synergie braucht Vielfalt. Zwei Menschen, die exakt die gleiche Sicht der Welt haben, können keine Synergie schaffen. In ihrem Fall ist 1 plus 1 gleich 2. Doch sobald zwei Menschen unterschiedliche Ansichten haben, ist Synergie möglich. Dann kann 1 plus 1 gleich 3 oder auch 1000 sein. Deshalb organisieren sich innovative Unternehmen in Teams, die aus Mitarbeitern mit den unterschiedlichsten Talenten und Fähigkeiten bestehen:

> **In einem effektiven Team kommen die Stärken des Einzelnen voll zur Geltung, während die individuellen Schwächen nicht wirklich ins Gewicht fallen.**

Die Mitglieder des Teams ergänzen sich gegenseitig. Dadurch sind sie in der Lage, bahnbrechende 3. Alternativen zu schaffen. Der Größe und Zusammensetzung eines effektiven Teams sind keine Grenzen gesetzt. Wichtig ist nur, dass die Mitglieder Unterschiede als Vorteil sehen und frei sind von *Selbstüberschätzung* und territorialen *Besitzansprüchen*. Denn das sind die beiden größten Feinde der Synergie.

Unterschiede zusammenbringen

Effektive Teams ähneln einem Korallenriff, das ideale Rahmenbedingungen für Kreativität, Innovation und die Entwicklung von Synergien bietet. Der renommierte Zukunftsforscher Steven Johnson meint dazu: »Lassen Sie zu, dass sich Ihre Ideen mit den Ideen anderer vermengen. Sie haben eine halbe Idee, ein anderer steuert die zweite Hälfte bei – und wenn die Rahmenbedingungen stimmen, wird daraus etwas, das größer ist als die Summe seiner Teile.«[33]

Der geniale Trick mit dem Impfstoff

BEISPIEL *Ein Team, das sich besonders gut ergänzt, ist Intellectual Ventures. Die Firma wurde vom ehemaligen Microsoft-Technologiechef Nathan Myhrvold gegründet. Mitarbeiter mit einem breit gefächerten Hintergrund erarbeiten hier gemeinsam Lösungen für drängende Probleme. Sie tun das »zum Spaß und für Geld«, wie Myhrvold sagt. Eines dieser Probleme ist die Versorgung der Menschen in Entwicklungsländern mit Impfstoffen. Mit den Impfstoffen könnte man Millionen Leben retten. Doch die Impfstoffe müssen ununterbrochen gekühlt werden, damit sie nicht verderben. Wenige Minuten in zu warmer Umgebung genügen, um eine ganze Impfstofflieferung unbrauchbar zu machen. Die Folge: Menschen sterben und Millionen Dollar wurden völlig umsonst ausgegeben. In unseren Breitengraden kann man das mit Kühlgeräten und einer stabilen Stromversorgung leicht verhindern, nicht aber in Entwicklungsländern. Deshalb stellte Myhrvold in seinem Washingtoner Laboratorium ein höchst ungewöhnliches Team zusammen: Es bestand aus Experten für Verkaufs- und Kaffeeautomaten und Spezialisten für automatische Waffen. Gemeinsam entwickelten sie eine geniale Erfindung. Sie ähnelt einer Thermosflasche, in der sich eine zweite Flasche mit dem Impfstoff befindet. Der Zwischenraum ist mit kaltem Flüssigstickstoff gefüllt. Damit der Impfstoff kühl bleibt, lässt sich die Flasche nicht öffnen. Das Ganze funktioniert ähnlich wie ein Verkaufsautomat für Kaltgetränke. Wenn man einen Hebel betätigt, wirft der Impfstoffbehälter immer nur eine einzige Ampulle aus. Um die Hülle geschlossen zu halten und keine warme Luft eindringen zu lassen, funktioniert der Auswurfmechanismus wie das Patronenmagazin eines AK-47-Sturmgewehrs. Diese kostengünstige Vorrichtung hält den Impfstoff ohne Energiezufuhr von außen sechs Monate lang kühl – und schützt so Millionen Menschen vor gefährlichen Krankheiten.*

Myhrvolds 3. Alternative ist das Ergebnis eines breitgefächerten, effektiven Teams, das völlig unterschiedliche Stärken kombinierte, um Synergien zu schaffen und ein drängendes Problem zu lösen. Stellen Sie sich einen Raum voller Menschen vor, die Getränkeautomaten, Kaffeekannen und AK-47s miteinander verbinden, dann haben Sie eine Idee von Nathan Myhrvolds magischem Theater. Niemand, nicht einmal der brillanteste Teamleiter, wäre im Alleingang auf eine solche Lösung gekommen.

Teambildung ohne Grenzen

Zu den schönen Dingen unseres Hightech-Zeitalters gehört, dass der Zusammensetzung von Teams keine Grenzen gesetzt sind. Gruppen können in einer Weise Synergien schaffen, wie das noch vor Jahren unvorstellbar war. Wir können zu beliebigen Zeiten an beliebigen Orten miteinander sprechen und unsere Gedanken austauschen. Die einzigen Mauern, die noch Bestand haben, sind kultureller Natur – und so manches erfolgreiche Unternehmen arbeitet hart daran, auch diese Mauern abzutragen. Ein wunderbares Beispiel ist LEGO, der dänische Spielzeughersteller, der häufig als das vertrauenswürdigste Unternehmen der Welt bezeichnet wird:

Wenn Kunden plötzlich zu Hackern werden …

BEISPIEL *Wie würden Sie reagieren, wenn Ihre Kunden sich heimlich in Ihre Computersysteme einhacken würden? Wahrscheinlich würden Sie die Polizei rufen. Doch bei LEGO® fragte man sich: »Warum um alles in der Welt tun unsere Kunden denn so was?« Um das herauszufinden, suchte LEGO den Kontakt zu den Hackern. Dabei stellte sich heraus, dass es sich bei den Hackern um glühende LEGO-Fans handelte. Da sie ihre eigenen Entwürfe bauen wollten, hatten sie sich heimlich ins System eingeklinkt.*

So konnten sie sich frei im Lager bewegen und Einzelteile ordern, die sonst nur in Kombi-Packungen mit anderen Teilen erhältlich waren. Tormod Askildsen, der Leiter der Abteilung Community Development, und Lisbeth Valther Pallesen, Executive Vice President bei LEGO, erinnern sich:

»Unsere Anwälte waren schon so weit, dass sie zu diesen Kunden gehen und sagen wollten: ›Ihr könnt das nicht tun.‹ Aber dann bemerkten wir, dass manche dieser Leute großes Talent und viele kreative Fähigkeiten besaßen. Ja, sie vergriffen sich da an unseren Produkten. Aber zugleich verbesserten sie sie damit. Wir beschlossen also, sie weiter hacken zu lassen. Das war völlig irre. Doch wenn Sie Ihren Kunden vertrauen, tun diese womöglich etwas, von dem Sie in Wahrheit profitieren. Die Marke LEGO ist nicht unser Eigentum. Sie gehört den Kunden. Wir besitzen vielleicht die Rechte, aber die Marke lebt in den Köpfen der Kunden.«

Schließlich brachte LEGO eine Software heraus, mit der die Fans neue LEGO-Konstruktionen entwickeln können. Das Ergebnis sind Hunderttausende von neuen Produktideen. »Das ist die LEGO-Plattform für das 21. Jahrhundert«, schwärmt Askildsen. »So bleiben wir am Puls der Zeit. Wir sind in der Lage, Produkte herzustellen und zu verkaufen, die komplett von unseren Kunden entworfen wurden.«[34]

Ohne die 3. Alternative hätte LEGO keine andere Wahl gehabt, als diese offensichtlich gesetzeswidrige »Einmischung in innere Angelegenheiten« rigoros zu unterbinden. Aber das hätte diese einzigartige Geschäftschance im Nu zerstört. Das 3. Alternative verhalf LEGO zu einer völlig neuen Geschäftspolitik und zu Synergie in Reinkultur: LEGO liefert die Ausgangsmaterialien – und die Kunden gestalten die Endprodukte.

Wie LEGO versuchen auch andere erfolgreiche Unternehmen, Synergien mit ihren Kunden zu schaffen. Die ganze Welt ist ihr magisches Theater. Der britische Trendforscher Charles Leadbeater stellt hierzu einige provokative Fragen, über die wir alle nachdenken sollten: »Was würde passieren, wenn sich jeder hundertste Schüler als Mitentwickler von Bildung engagieren würde? Wenn sich jeder hundertste Patient als Mitentwickler von Gesundheitsdienstleistungen betätigen würde? Wenn aus Nutzern Anbieter und aus Verbrauchern Designer würden?«[35]

Wie man Synergien schafft: Das magische Theater in der Praxis

Um Bestleistungen zu bringen, braucht ein Team ein Umfeld, in dem Synergie möglich ist. Carl Rogers bringt es auf den Punkt: »Sobald ich meinen Teil zur Entstehung eines durch Aufrichtigkeit, Wertschätzung und Verständnis geprägten Klimas beitrage, passieren spannende Dinge. In einem solchen Klima werden Mitarbeiter und Teams sehr viel flexibler … ihre Kreativität nimmt überraschende und unglaubliche Formen an.«[36]

Aber wie sorgt man für ein solches Klima? Wenn wir 3. Alternativen finden wollen, müssen wir uns zuerst fragen: »Sind wir bereit, eine Lösung zu suchen, die viel besser ist als alles, was jeder von uns bisher im Sinn hatte?« Fällt die Antwort positiv aus, werden wir zu Schöpfern. Dann wiederholen wir nicht länger immer nur die gleichen Ideen. Allerdings reicht die gute Absicht noch nicht aus, um kreativ zu sein. Um wirklich neue Ideen auf den Weg zu bringen, brauchen wir bestimmte Techniken und Fähigkeiten. Diese Techniken und Fähigkeiten finden wir im magischen Theater. Das magische Theater beruht auf der grundlegenden Devise »Fülle statt Mangelverwaltung«. Die Gedanken müssen gedeihen, blühen und regelrecht wuchern. Wenn das magische Theater am Ende nicht wie ein *Ideendschungel* aussieht, war keine echte Synergie im Spiel.

Prototypen und Kontratypen

Wir wollen uns im Folgenden auf zwei »Nummern« aus dem Repertoire des magischen Theaters konzentrieren:

1. Arbeiten Sie mit Modellen. Zeichnen Sie Bilder, erstellen Sie Diagramme oder formulieren Sie Entwürfe. Erzählen Sie nicht nur, was Sie denken, sondern »demonstrieren« Sie es. Kurzum: Entwickeln Sie Prototypen.
2. Stellen Sie Ideen auf den Kopf. Tun Sie das Gegenteil dessen, was üblich ist, mag es sich auch noch so komisch anfühlen. Nutzen Sie Kontratypen, um Ihre Annahmen zu hinterfragen.

Prototypen / Kontratypen

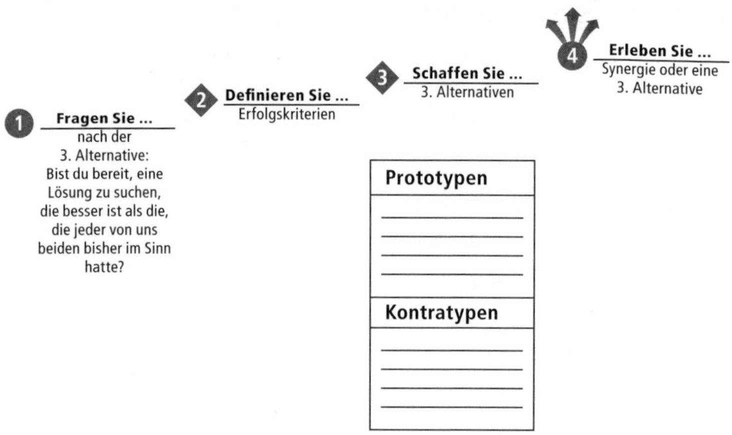

Prototypen / Kontratypen: Zwei verschiedene Möglichkeiten, um 3. Alternativen zu schaffen. Ein Prototyp ist eine rasche Skizze, ein Modell, eine Attrappe, der Entwurf einer Lösung. Ein Kontratyp ist dasselbe, nur mit umgekehrten Vorzeichen. Er stellt Annahmen in Frage und tut genau das Gegenteil dessen, was man erwarten würde. Verwenden Sie beides, um Lösungsideen zu testen.

Mit Prototypen und Kontratypen können unterschiedlich zusammengesetzte Teams rasch und effektiv 3. Alternativen entwickeln. Das Ziel dabei ist eine einzigartige Lösung, die alle bisherigen Ideen übertrifft und das Problem auf geradezu magische Weise löst.

1. Prototypen entwickeln

Von der einfachen Zeichnung bis zum voll funktionstüchtigen Probeexemplar: Ein *Prototyp* ist ein Modell, mit dem man eine Idee testen kann. Elektronik-Ingenieure bestücken Steckplatinen und Software-Ingenieure bauen »Wireframes«, um ein Endprodukt zu simulieren. Autoren erstellen oft detaillierte Inhaltsskizzen, bevor sie auch nur eine Zeile schreiben. Ladenbesitzer arbeiten häufig mit Modellen, bevor sie ihre Räume umgestalten.

Wenn Prototypen von einem Team erstellt und getestet werden, in dem die unterschiedlichsten Fähigkeiten vertreten sind, können Probleme frühzeitig erkannt werden. Beim sogenannten *Rapid Prototyping* werden verschiedene Modelle in rascher Folge entwickelt. So hat jeder das Gefühl, dass sein Beitrag geschätzt wird – und zwar unabhängig davon, ob sein Prototyp am Ende der Prüfung durch das übrige Team standhält oder nicht. Einfühlendes Zuhören ist hier das Gebot der Stunde. Während du deinen Prototypen erläuterst, höre ich dir genau zu. Ich versuche, mich in deine Sichtweise hineinzudenken und alles zu verstehen, was du zu dieser Sache beizutragen hast. Wenn ich dann an der Reihe bin und meinen Prototypen vorstelle, tust du dasselbe für mich.

Bei der Arbeit mit Prototypen zeigt sich, warum es so wichtig ist, dass in einem Team die unterschiedlichsten Denkweisen vertreten sind. Mein Prototyp gibt meine Weltsicht und meinen Ausschnitt der Wahrheit wieder. Wenn ich klug bin, will ich viele weitere Prototypen sehen, die jeweils ihren eigenen Ausschnitt der Wahrheit widerspiegeln. Nur dann gelangen wir gemeinsam zu tragfähigen

Lösungen, die den unterschiedlichsten Anforderungen gerecht werden. So erstellen Programmierer häufig erste Prototypen eines Programms, die sie dann mit den verschiedensten Leuten testen. Ein Kunde hat möglicherweise Schwierigkeiten mit der Bedienung der Oberfläche, ein Programmierkollege entdeckt einen Fehler und ein Marketingvertreter sorgt sich um die Anwendbarkeit des Programms. Je früher solche Probleme erkannt werden, desto besser.

Prototypen klug kombinieren

Häufig entsteht eine 3. Alternative durch die Kombination verschiedener Elemente mehrerer Prototypen. Im Verlauf der Prototypenbildung entdecken wir in den Modellen anderer Leute hervorragende Ideen, auf die wir selbst niemals gekommen wären. Hier ein Beispiel:

Warum die DVD so erfolgreich war

BEISPIEL

In den 1990er-Jahren wetteiferten diverse Anbieter von Unterhaltungselektronik darum, als Erster eine optische Scheibe auf den Markt zu bringen, die digitale Videos abspielen konnte. Alle erinnerten sich noch an den kostspieligen Krieg zwischen den Video-Formaten VHS und Betamax. Fast zehn Jahre lang nervte die Industrie die Kunden mit ihrem nach dem 2-Alternativen-Denken ausgefochtenen Entweder-oder-Zweikampf. Aus Furcht vor einem weiteren derartigen Tauziehen setzten sich die Branchenvertreter zusammen und bildeten die Technical Working Group (TWG), um einen einheitlichen digitalen Videostandard zu schaffen. Unter der Leitung von Alan Bell vom IBM-Forschungslaboratorium nahm die Gruppe diverse Konzepte unter die Lupe. Konkurrierende Ingenieure von Toshiba, Sony, Phillips, Apple und IBM bekamen die Gelegenheit, ihre Prototypen vorzustellen und voneinander zu lernen. Zum Schluss favorisierte die TWG die zweiseitige Super Density Disk von Toshiba, die eine für damalige Zeiten enorme Kapazität von 10 Gigabyte hatte. Das Gremium zeigte sich aber auch beeindruckt von einem Konzept von Sony und Phillips namens »EF Modulation«, das die durch Staub, Kratzer oder Fingerabdrücke verursachten Leseprobleme minimierte. 1996 brachte ein Konsortium von Herstellern das Endprodukt namens »Digital Versatile Disc« heraus. Die DVD vereinte die besten Eigenschaften zahlreicher Prototypen in sich. Dadurch übertraf sie alles, was die einzelnen Unternehmen bisher im Alleingang zuwege gebracht hatten. Kein Wunder, dass die DVD ein gigantischer Erfolg wurde.

Das Beispiel der DVD zeigt: Die beste Lösung erhält man, indem man möglichst früh so viele Köpfe wie möglich zusammenbringt.

Inspiration pur: Prototypen in der Natur

In Korallenriffen, Regenwäldern, Wüsten – überall zeigt uns die Natur wahre Wunder der Synergie. Einige besonders interessante Beispiele beschreibt William Powers in seinem Buch »Twelve by Twelve«:

BEISPIEL

»Der Mensch kann zwar industriell Kevlar herstellen. Doch dazu braucht er Temperaturen von mehreren Tausend Grad. Zudem müssen die Fasern durch Schwefelsäure gezogen werden. Eine Spinne hingegen erzeugt ihren Seidenfaden, der pro Gramm um ein Vielfaches stärker ist als Stahl, bei Raumtemperatur. Der Mensch kann bei extrem hohen Temperaturen Keramik herstellen. Die Meerschnecke bildet ihre Schale ganz einfach im Wasser. Zudem heilt ihre Schale von selbst. Risse führen dazu, dass sich das Material an den Enden verstärkt. So können sich die Risse – anders als beispielsweise in einer Windschutzscheibe – nicht ausdehnen.«[37]

Was lernen wir daraus? Für einen Hersteller von Kevlar-Westen wäre es vielleicht eine gute Idee, einen Spinnenexperten zu beschäftigen. Ein Baustoffproduzent könnte sich überlegen, einem Meeresbiologen einen Job anzubieten. Stellen Sie sich eine Schutzweste aus Seide vor oder ein Fenster, das sich wie die Schale einer Meeresschnecke selbst reparieren kann. Die Natur mit ihrer Vielzahl von Möglichkeiten wartet nur darauf, dass wir solche und andere Verknüpfungen herstellen. Das zeigt auch die Geschichte von George de Mestral:

Das überraschende Ergebnis eines Jagdausflugs

BEISPIEL *1941 kam der Schweizer Elektroingenieur George de Mestral von einem Jagdausflug mit seinem Hund zurück. Beide waren mit Kletten übersät. Er fragte sich, weshalb die Kletten so sehr im Fell seines Hundes hafteten. Deshalb legte er sie unters Mikroskop und sah kleine Häkchen, die sich im Hundehaar verfingen. Plötzlich wurde ihm klar, dass er einen natürlichen Haftmechanismus vor Augen hatte, der Knöpfe und Reißverschlüsse ersetzen konnte. Das Ergebnis von Mestrals Waldspaziergang war die Erfindung von Velcro, dem Klettverschluss. Jahre später, als Velcro längst seinen Siegeszug angetreten hatte, scherzte Mestral: »Wenn einer Ihrer Mitarbeiter zwei Wochen Jagdurlaub beantragt, sollten Sie ihm diese Bitte auf keinen Fall abschlagen.«*

Auch beim Spielzeughersteller Mattel diente die Natur als Vorbild, um Synergien im Team zu schaffen und neue kreative Ideen freizusetzen:

Kreativ wie ein Schnabeltier

BEISPIEL *Nachdem Mattel in Los Angeles einige schwierige Jahre durchgemacht hatte, übernahm Ivy Ross die Leitung des Produktdesigns. Es schien, als sei dem Unternehmen die Kreativität verlorengegangen. Ivy Ross überlegte, wie sie den Erfindergeist bei Mattel zu neuem Leben erwecken konnte. Irgendwann entdeckte sie einen Artikel über das australische Schnabeltier. Es zählt zu den ungewöhnlichsten Lebewesen überhaupt. Abgesehen vom Schnabel und den Schwimmhäuten an den Füßen hat es große Ähnlichkeit mit einem Biber. Zudem hat es Giftsporne wie ein Reptil und legt Eier wie ein Vogel. Ross beschloss, ein Produktentwicklungsteam nach dem Vorbild des Schnabeltiers aufzubauen. In diesem »Schnabeltier-Team« sollten Menschen mit den unterschiedlichsten Qualifikationen, Talenten und Funktionen zusammenarbeiten. In ihrem magischen Theater vereinte Ivy Ross einen Schauspieler von Disney, Mitarbeiter aus der Buchhaltung und der Versandabteilung, einen Psychologen, einen Hirnforscher, einen Musikologen und einen Architekten. Dann schickte sie das Team auf Spielplätze, um den Kindern beim Spielen zuzuschauen. Anschließend wurden die »Schnabeltiere« aktiv. Innerhalb eines Monats stellten sie 33 Prototypen für neue Spielzeuge vor. Wenige Wochen später war »Ello« geboren – ein geniales Kreativsystem, das ein vollkommen neues Spielzeugsegment für Mädchen erschloss.*

Die »Schnabeltiere« wurden bei Mattel zur Legende und es folgten viele weitere bunt gemischte Teams. Ivy Ross erklärt, was passiert, wenn sie ein »Schnabeltier-Team« zusammenstellt:

BEISPIEL *»Am Anfang interessieren sich alle im Team nur für Termine. Sie wollen wissen, wann welche Phase des Projekts geplant ist. Ich sage ihnen dann, dass wir innerhalb von zwölf Wochen eine völlig neue Idee für Mattel entwickeln und anschließend den Businessplan, die Produkte, die Verpackung und alles*

Drum und Dran präsentieren müssen. Wie wir dahinkommen? Ich weiß es noch nicht. Es ist ein Abenteuer. Meine Aufgabe ist es, die Dinge organisch wachsen zu lassen. Selbstorganisation braucht Zeit. ›Oh je, wir beschäftigen uns schon acht Wochen damit und haben noch immer kein Produkt.‹ Ich sage den Leuten im Team dann, dass sie ruhig bleiben sollen. Chaos gehört nun mal dazu. Ich schlage ihnen vor, sich die La Brea Tar Pits anzusehen, in den Zoo zu gehen und mit frischen Ideen wiederzukommen. Und dann plötzlich passiert es …

Da ist dieser ›Aha‹-Moment. Jemand hat einen Einfall, der wie ein Schneeball ins Rollen kommt und wächst. Die Leute schauen sich an und auf einmal wissen sie, dass sie etwas Brillantes entdeckt haben. Und das geht nicht nur einem im Team so. Alle spüren es. Wenn das geschieht, selbst wenn die Zeit schon weit fortgeschritten ist, sind die Leute dermaßen elektrisiert, dass sie alles tun, damit daraus etwas Ganzes wird. Jeder trägt seinen Teil dazu bei, dass aus der Idee tatsächlich Wirklichkeit wird. Denn diese Idee ist längst das Baby aller geworden. Wir arbeiten wirklich zusammen und entwickeln alles gemeinsam. Es ist nicht mehr wie früher, als jeder sein eigenes Süppchen kochte und alle versuchten, sich gegenseitig den Rang abzulaufen.«[38]

Was Ivy Ross hier beschreibt, ist Synergie in Reinkultur. Sie stellt ein Team mit den vielfältigen Stärken des Schnabeltiers zusammen – und das Ergebnis ist ein wahres Feuerwerk der Kreativität.

Die Krösus-Frage: So finden Sie Prototypen

Provokative Fragen sind ein gutes Mittel, um die Fantasie anzuregen und neue Lösungsansätze zu entwickeln:

- »Wie lässt sich dieses Problem ausschließlich mit unseren gegenwärtigen Produkten lösen?«
- »Wie kann man dieses Problem ohne zusätzliche Ressourcen aus der Welt schaffen?«

- »Welche Möglichkeiten hätten wir, wenn wir unbegrenzte Ressourcen zur Verfügung hätten?«

Barry Nalebuff, ein Stratege von der Yale Business School, findet seine Prototypen beispielsweise, indem er sich fragt: »Was würde Krösus tun?«[39] In der griechischen Mythologie ist Krösus ein König, der unvorstellbare Reichtümer besitzt. Nalebuff erzählt, dass ihn die »Krösus-Frage« oft auf sehr originelle, aber dennoch praktikable Lösungsideen bringt. Das Besondere dabei? Wenn Sie die Krösus-Frage stellen, beginnen Sie nicht bei einer praktikablen Lösung – Sie beginnen mit der besten Lösung, die Sie sich vorstellen können. Das eröffnet Ihnen völlig neue, bislang ungeahnte Perspektiven.

2. Kontratypen nutzen

Mit Hilfe von Kontratypen werden herkömmliche Erwartungen systematisch ignoriert und Standardannahmen konsequent verworfen. Häufig entstehen so die kreativsten Ideen überhaupt. Indem scheinbare Selbstverständlichkeiten missachtet werden, wird der Weg frei für vollkommen neue Lösungsansätze. Der Zweck dieses Vorgehens liegt darin, die Beteiligten zu provozieren und zu äußerster Kreativität anzuregen.

Die einfachste Variante, um mit Kontratypen zu arbeiten, besteht darin, bestimmte Merkmale einer Standardlösung ins Gegenteil zu verkehren.

Ein Autovermieter beispielsweise könnte den Mietwagen direkt zu Ihnen bringen, anstatt darauf zu warten, dass Sie ihn abholen. Und wenn Sie keine Lust mehr haben, im Meer zu surfen, könnten Sie Ihr Brett in die verschneiten Berge mitnehmen und es dort als Snowboard verwenden.

Die Wirtschaft des 21. Jahrhunderts ist voller kontratypischer Ideen:

- Nike kauft mittlerweile Schuhe, anstatt sie nur zu verkaufen. Das Unternehmen schreddert alte Schuhe und macht die recycelten Materialien zu Geld: Das Gummi dient als Zusatz für Straßenbeläge, das Gewebe findet in Basketballböden Verwendung und der Schaumstoff macht Tennisplätze elastischer.
- Der britische Chipsanbieter Walkers benötigt für die Reinigung seiner Kartoffeln kein Wasser mehr. Die Selbstreinigung findet quasi nebenbei statt, während den Kartoffeln in einem speziellen Verfahren ihre natürliche Feuchtigkeit entzogen wird.

Kontratypen bieten einen guten Schutz gegen »Gruppendenken« – jenem fatalen Syndrom von Teams, deren Mitglieder sich ähneln und die sich deshalb allzu schnell einigen. Mit Kontratypen kann man schwache Ideen hinterfragen, die nur deshalb Gehör finden, weil sie mehr oder weniger konsensfähig sind. Ein Beispiel, wie wichtig Kontratypen sind, liefert George Romney:

Abschied vom Gruppendenken

BEISPIEL *Nachdem er in den 1950er-Jahren die Leitung der krisengeschüttelten American Motors Company (AMC) übernommen hatte, erkannte George Romney, dass die Autos jedes Jahr größer wurden – und entsprechend mehr Treibstoff verbrauchten. Er brach mit dem Gruppendenken der US-Autohersteller, die davon ausgingen, dass ihre Kunden »benzinschluckende Dinosaurier« wollten. Stattdessen setzte er auf die Idee vom »Kleinwagen«. Sein Unternehmen brachte den kompakten »Rambler« heraus, der 1958 alle Verkaufsrekorde brach. Damit war bewiesen, dass es vielen*

Kunden lediglich darauf ankam, von einem Ort zum anderen zu gelangen, unabhängig davon, wie groß das Auto war. Nun begannen auch die übrigen Hersteller, Kleinwagen zu entwickeln, sodass schon 20 Jahre später jedes zweite in Amerika hergestellte Auto nicht größer als der Rambler war.

Jedes Mitglied eines Teams sollte sich völlig frei an der Arbeit mit den Kontratypen beteiligen. Jeder sollte eine Rolle einnehmen, die weit mehr ist als die eines Advocatus Diaboli, der lediglich Ideen hinterfragt und Einwände formuliert. Es geht darum, sich vom Gruppendenken zu lösen, Prototypen auf den Kopf zu stellen und den gegenteiligen Ansatz vorzuschlagen: »Lasst uns Schuhe kaufen, statt sie nur zu verkaufen!« Oder: »Vielleicht gilt ja für Autos: Je kleiner, desto gefragter.«

Kontratypen als Geschäftsmodell

Zahlreiche Studien zeigen, dass Einzigartigkeit ein wichtiges Erfolgsmerkmal für Unternehmen ist. Top-Unternehmen kopieren nicht einfach die Geschäftsmodelle anderer. Im Gegenteil: Viele überdurchschnittlich erfolgreiche Unternehmen arbeiten mit Geschäftsmodellen, die untypisch für ihre Branche sind.

Ob bewusst oder unbewusst: Unternehmen, die das Denken in 3. Alternativen für sich entdecken, durchlaufen eine Phase der Normabweichung. Häufig verletzen ihre Geschäftsmodelle althergebrachte Normen. Genau das übt meist eine große Anziehungskraft auf die Kunden und die Mitarbeiter aus – hier nur drei Beispiele:

- *Walt Disney* nimmt viel Geld in die Hand, um die richtigen Mitarbeiter für seine Weltklassethemenparks zu gewinnen, zu schulen und weiterzuentwickeln.

- Im Vergleich zur Konkurrenz bietet die Verbrauchermarktkette *Costco* nur einen Bruchteil der Produkte an. Dennoch stürmen die Kunden die Costco-Läden wie Kinder auf Schatzsuche.
- Bei *Singapore Airlines* genießen die Fluggäste auch in der Economy Class einen einmaligen Service: Fußstützen, eigene Telefone und Champagner. Die Mahlzeiten kann der Passagier auswählen wie in einem Gourmetrestaurant. Singapore Airlines verdient damit gutes Geld, während andere Fluggesellschaften den Service komplett einstellen und dennoch Verluste einfahren.[40]

Alle diese Unternehmen arbeiten mit Kontratypen. Sie tun Dinge, die anderen überhaupt nicht in den Sinn kämen.

Dafür sind sie gerne bereit, sich von althergebrachten Branchengepflogenheiten zu verabschieden. Täglich fragt man dort nach einer ganz besonderen Form der 3. Alternative: »Was können wir heute für unsere Kunden tun, das besser ist als alles, was jeder von uns bisher im Sinn hatte?«

Das Synergie-Experiment

Einer meiner Freunde ist als Unternehmer in Kanada tätig. Vor ein paar Jahren leitete er ein Seminar zum Thema Synergie. Unter den rund 40 Teilnehmern waren Fabrikanten, Einzelhändler, Anwälte, Behördenvertreter, Wirtschaftsprüfer und Krankenpfleger. Es war eine bunt gemischte Gruppe, in der die Frauen in der Mehrheit waren. Irgendwann fragte mein Freund, wer sich freiwillig als Testperson für ein Synergie-Experiment zur Verfügung stellten wollte. Ein gut gekleideter Mann aus der vordersten Reihe hob die Hand. Wir wollen ihn Rinaldo nennen. Hier kommt seine Geschichte:

Die 3. Alternative als Wettbewerbsvorteil

BEISPIEL *Mein Freund fragte Rinaldo nach seiner aktuellen geschäftlichen Situation. Rinaldo antwortete mit leiser Stimme: »Mir gehört ein großer Baumarkt. Ich habe das Geschäft über viele Jahre aufgebaut. Meine Kundschaft ist wunderbar. Geschäftlich lief bislang alles gut. Ich hätte gerne noch weiter expandiert. Aber jetzt scheint alles aus zu sein. In meiner Stadt werden zwei riesige Heimwerkermärkte gebaut. Nicht nur einer, sondern zwei! Mein Baumarkt liegt genau zwischen ihnen. Sie sind groß und mächtig. Ich bin sicher, dass ich mit ihnen preislich nicht konkurrieren kann. Deshalb befürchte ich, dass mir die Kunden weglaufen werden und ich meinen Laden schon bald schließen muss.«*

Mein Freund schluckte und wandte sich an die übrigen Seminarteilnehmer, die sehr still geworden waren. Man konnte spüren, wie viel Sympathie sie Rinaldo entgegenbrachten. »Okay«, sagte mein Freund. »Wir müssen Rinaldo retten. Lassen Sie es uns mit Kontratypen versuchen. Was kann Rinaldo tun, um seine Kunden zu halten? Was fällt uns ein, an das noch niemand gedacht hat?« Ausgestattet mit Stiften und Papier begannen die Seminarteilnehmer, Kontratypen zu entwerfen – neue Geschäftsmodelle, die die Welt auf den Kopf stellen und das Überleben von Rinaldos Laden sichern würden. Es ging laut und chaotisch zu. Die Seminarteilnehmer waren wie von einem Fieber gepackt. Sie konnten es gar nicht erwarten, ihre Einfälle vorzutragen. Und die Ideen flogen nur so. Es gab unzählige Vorschläge. Hier nur ein paar Beispiele:

- *Warum warten Sie, bis die Kunden zu Ihnen kommen? Gehen Sie zu ihnen! Beladen Sie einen Lastwagen und fahren Sie damit die Baustellen ab.*
- *Sie haben erfahrene Mitarbeiter. Machen Sie aus Ihrem Laden ein Lernzentrum, wo sich die Kunden professionellen Rat von Experten holen können.*
- *Starten Sie einen Just-in-time-Service. Sobald ein Kunde Ihnen*

telefonisch oder per Textnachricht übermittelt, was er braucht, beliefern Sie ihn.

- *Wenn ich einen bestimmten Nagel brauche, verkaufen Sie mir nicht gleich die ganze Packung. Geben Sie mir nur diesen einen Nagel.*

Einige besonders bemerkenswerte Vorschläge kamen von den anwesenden Frauen. Viele sagten, dass ihnen Heimwerker- und Baumärkte häufig ein ungutes Gefühl vermittelten. Sie wünschten sich einen Laden, der ihren Bedürfnissen und Interessen gerecht wurde. Rinaldo solle Frauen einstellen, spezielle Kurse für Kundinnen anbieten und herausfinden, welche Produkte und Informationen Frauen am dringendsten benötigten. »Wir wäre es mit einem Baumarkt für Frauen?«, fragte eine der Teilnehmerinnen.

Mein Freund meinte, das sei die produktivste Arbeit mit Kontratypen gewesen, die er je erlebt hätte. Die vielen im Seminar vertretenen Branchen und Sichtweisen sorgten für einen unglaublich vielfältigen Mix an Ideen. Rinaldo bekam vor Freude ein rotes Gesicht. »Jetzt habe ich wieder Hoffnung«, sagte er. In den folgenden Monaten entwarf er ein völlig neues Geschäftsmodell, mit dem er sich klar von den großen Märkten abhob. Die großen Märkte verkauften nur Standardprodukte. Das ungeschulte Personal konnte nicht einmal die einfachsten Fragen beantworten. Dagegen warteten Rinaldo und sein Team mit bemerkenswertem Fachwissen und individuellem Service auf. Dabei legten sie ein besonderes Augenmerk auf die Wünsche und Anforderungen von Frauen. Was auch immer die großen Märkte unternahmen – Rinaldo hielt dagegen.

Am einen Ende der Stadt befand sich Riesenmarkt A und am anderen Riesenmarkt B. Beide kämpften um Marktanteile nach dem klassischen 2-Alternativen-Denken. Rinaldo, die 3. Alternative, saß fröhlich in der Mitte. Er war erkennbar anders und freute sich über seine stetig wachsende Kundschaft.

Unternehmen, die das 3.-Alternative-Denken leben, zeichnen sich durch eine tiefe Achtung und Empathie für ihre Kunden, ihre Mitarbeiter und ihre Geschäftspartner aus. Sie fragen sich fortwährend: »Was können wir tun, das alles Bisherige auf den Kopf stellt, uns vor allen anderen Wettbewerbern auszeichnet und unseren Kunden einen ungeahnten Nutzen bietet?«

Das Zeitalter der Synergie

Wir leben in einer Zeit, in der Menschen, die mit der 3. Alternative vertraut sind, rund um den Globus miteinander in Kontakt treten können. Eine gigantische Welle der Technologie hat die alten Zeit- und Ortsbarrieren abgetragen. In einem nie da gewesenen Ausmaß kommen heutzutage überall auf der Welt wirtschaftliche Synergien zum Tragen: Ein Solartechniker aus Indien, ein Bauunternehmer aus Amerika und ein Fabrikant aus Japan können sich problemlos vernetzen. Um sich dieser Revolution anzuschließen, ist allerdings ein grundlegender Paradigmenwechsel nötig. Es reicht nicht, die 3. Alternative zu tolerieren oder nur ein bisschen damit herumzuexperimentieren. Wir müssen uns mit einer Welt anfreunden, in der Kontratypen vertraute Konventionen von einem Augenblick auf den anderen auf den Kopf stellen. Wir müssen wahre Meister in der Entwicklung von Synergie und 3. Alternativen werden.

Grenzen lösen sich auf

Das klassische Unternehmen existiert als solches heute nicht mehr. Die Grenzen zwischen innen und außen lösen sich auf. Die Unterscheidung zwischen Kunden und Mitarbeitern verschwimmt immer mehr. *Alle* sind Kunden. Das aus dem Industriezeitalter stammende Modell vom Unternehmen als Festung hat im neuen Zeitalter der

Transparenz und der fließenden Übergänge keinen Platz mehr. Wir sind nicht länger feste Bestandteile irgendeines Organigramms. Wir müssen unser eigenes Zugehörigkeitsnetz knüpfen – oder wir gehören nirgendwo dazu. Wer sich nicht zu etwas zugehörig fühlt, wer nicht teilhat an einer 3. Alternative, die größer ist als er selbst, wird leicht von Selbstzweifeln befallen. Wahrscheinlich kennen Sie die folgenden Aussagen nur allzu gut:

- »Ich rackere mich tagtäglich im Job ab. Dennoch bekomme ich fast nichts zurück.«
- »Manchmal weiß ich nicht, wo das alles hinführt und welchen Sinn meine Arbeit hat. Ich fühle mich leer und deprimiert.«
- »Ich mache meine Arbeit gern, aber sie erfüllt mich nicht. Doch an diesem Punkt meiner Karriere weiß ich nicht, welche Alternativen ich habe und was ich sonst machen könnte.«
- »Das ist ein Problem für mich: die Kluft zwischen meinen persönlichen Werten und den Werten der Branche, in der ich tätig bin.«
- »Unsere Chefs mischen in allen Detailfragen mit. Sie trauen uns nichts zu.«
- »Häufig versuchen die Leute bei uns, Konflikte konfrontativ zu lösen. Doch damit verschärfen sie die Probleme nur noch mehr.«
- »Konflikte im Unternehmen erhöhen die Fluktuation in der Belegschaft – das trägt nicht gerade zu einem guten Betriebsklima und schon gar nicht zum Unternehmenserfolg bei.«
- »So mancher aus dem Management kann schlecht mit Kritik umgehen.«
- »Unser Vorgesetzter beansprucht den Erfolg unseres Teams allein für sich. Er schmückt sich gerne mit den Erfolgen anderer.«
- »Meine Kollegen lassen mit Vorliebe andere für sich arbeiten, anstatt selbst anzupacken.«

Aus allen diesen Bemerkungen spricht ein Gefühl der Ziellosigkeit und der Isolation: »Ich bin allein und gehöre nirgends dazu. Ich habe keinen Plan, kein Ziel. Das hier sind nicht meine Werte. Wie konnte ich mein ganzes Leben in diesem Gefängnis verbringen?« Diese Mauern in uns verhindern, dass wir mit der Außenwelt in Kontakt treten. Sie verleiten uns dazu, nach Schuldigen zu suchen oder uns zu rechtfertigen: »Wenn du anders bist, bist du eine Bedrohung für mich. Warte, bis ich mit dir fertig bin, dann wirst du die Welt mit meinen Augen sehen.« Wie befreiend ist es, dieses beengte 2-Alternativen-Denken, dieses ständige Kreisen um sich selbst hinter sich zu lassen!

Gewinn und Status sind nicht alles

Haben Sie jemals erlebt, wie es sich anfühlt, in einem Team zu arbeiten, in dem es auf jedes einzelne Mitglied ankommt? Ein Team, in dem Sie sich bewähren können und sich gleichzeitig mit den anderen verbunden fühlen, als wären Sie alle ein einziger Mensch? Ein Team, in dem Sie täglich enger zusammenwachsen und die verschiedenen Stärken sich immer besser ergänzen? Ein Team, in dem Sie über die 3. Alternativen staunen, die Sie gemeinsam schaffen? Ein Team, in dem das Leben selbst und das Zusammensein mit anderen Menschen zu einem kribbelnden Erlebnis wird? Ich habe so etwas schon oft erlebt und wünsche allen diese einzigartige Erfahrung. Wir können unsere Arbeit nur engagiert und mit Spaß ausüben, wenn Synergie entsteht und das Ganze größer ist als die Summe seiner Teile. Das Beziehungsband zu meinen Freunden, mit denen ich zusammenarbeite, ist für mich viel wichtiger als der finanzielle Gewinn und der persönliche Status. Denn weder Macht noch Geld bringen uns wahres Glück und innere Zufriedenheit.

Wichtige Fragen zur 3. Alternative

im Beruf

Wollen Sie die Inhalte aus diesem Kapitel vertiefen? Die folgenden Fragen helfen Ihnen dabei. Und noch ein Tipp: Sprechen Sie mit jemandem aus dem Kreis Ihrer Kollegen, Freunde oder Familie über diese Fragen. Vermitteln Sie ihm Ihre neuen Erkenntnisse. Denn: Am besten lernen wir, wenn wir anderen etwas beibringen.

- Warum sind »Kämpfen« und »Fliehen« in den meisten Unternehmen die zwei vorherrschenden Führungsparadigmen?
- Was passiert, wenn eine Führungskraft kämpfen möchte? Und was ist, wenn sie fliehen will?
- Beschreiben Sie einen Führungsstil, der darauf ausgerichtet ist, eine 3. Alternative zu finden. Worin unterscheidet er sich vom »Kämpfen oder Fliehen«? Was sind die Vorteile eines solchen Führungsstils?
- Wie lassen sich Konflikte am Arbeitsplatz mit Hilfe der vier Paradigmen der Synergie lösen?
- Wie hindern Arroganz und Selbstüberschätzung Führungskräfte und Unternehmen daran, Synergien zu schaffen?
- Was sind die Gefahren, wenn man nur die Symptome von Konflikten bekämpft? Welche Vorteile hat es, wenn man 3. Alternativen sucht und nicht an den Symptomen von Meinungsverschiedenheiten, sondern an den Beziehungen zwischen den Konfliktparteien arbeitet?
- Beschreiben Sie die Unterschiede zwischen traditionellen Gesprächstechniken und dem Streben nach Synergie in Verhandlungen. Von welchen Paradigmen lassen sich Verhandlungspartner leiten, die ernsthaft nach einer 3. Alternative suchen? Wie entsteht Synergie zwischen den Verhandlungspartnern?

- Was zeichnet ein Team aus, in dem sich die Mitglieder in ihren Stärken ergänzen und gemeinsam Synergie schaffen? Wie unterscheidet es sich von einem gewöhnlichen Team?
- Erklären Sie, wie die Entwicklung von Proto- und Kontratypen funktioniert. Warum profitieren Teams, die Synergien schaffen wollen, davon?
- Waren Sie jemals in einem Team, das das Denken in 3. Alternativen verinnerlicht hat? Wie fühlte sich das an? Was können Sie tun, damit aus Ihrer eigenen Arbeitsgruppe ein solches Team wird?

Probieren Sie es gleich aus!

Haben Sie im Beruf ein kniffliges Problem zu lösen? Bietet sich Ihnen eine wichtige Chance? Oder müssen Sie eine schwierige Entscheidung treffen? Dann sollten Sie unbedingt nach 3. Alternativen suchen. Ermuntern Sie Ihre Kollegen, Sie dabei zu unterstützen. Entwickeln Sie gemeinsam Prototypen. Wenden Sie die »4 Schritte zur Synergie« an. Nutzen Sie dazu den Leitfaden auf den Seiten 104 bis 105. Wenn Sie wollen, können Sie den Leitfaden auch kostenlos unter www.stephen-covey.de herunterladen.

Die 3. Alternative in der Familie

VII. Die 3. Alternative in der Familie

Als Ehemann, Vater und Großvater bin ich von meiner Familie begeistert. Meine Familie ist mein größter Segen und meine größte Freude. Die enge Beziehung auch nur zu einem einzigen Familienmitglied zu verlieren, wäre meine größte Tragödie und mein größter Kummer. Ich bin sicher: Die Familie kann zum Inbegriff von Synergie werden. Mit ihrer verändernden Kraft und ihrer Intimität grenzen Partnerschaft und Ehe an ein Wunder. Aber wissen Sie, was das größte *Wunder* der Synergie ist? Unsere Kinder! Jedes Kind kommt als einzigartige 3. Alternative auf diese Welt.

Mein Großvater Stephen L. Richards brachte mir bei, jedes beliebige Problem – sei es von kleiner oder großer Bedeutung, politischer, erzieherischer oder wirtschaftlicher Natur – vom familiären Standpunkt aus zu analysieren. Die Probleme unserer Gesellschaft haben in der Familie ihren Ursprung – und ihre Lösung. Denn:

> **Was zu Hause in der Familie geht, wird sich auch anderswo bewähren!**

Verschuldete Familien unterscheiden sich nicht grundsätzlich von verschuldeten Staaten. Ehrlichkeit und Vertrauen funktionieren im Geschäftsleben nach demselben Muster wie zu Hause: Es braucht Jahre, um Vertrauen aufzubauen, aber nur Sekunden, um es wieder zu zerstören.

Konflikte in der Familie treffen uns am härtesten

Wir Menschen haben grundlegende Bedürfnisse. Wir alle wünschen uns Sicherheit, Wertschätzung, Anerkennung, Unterstützung und Liebe. All das können wir in den Beziehungen zwischen Mann und Frau, Sohn und Mutter, Tochter und Vater finden. Umso tragischer ist es, wenn eine Familie diese Bedürfnisse nicht erfüllt. Das passiert leider allzu oft. Die folgenden Aussagen habe ich im Laufe der Jahre von unzähligen Menschen zu hören bekommen:

- »Wir leben uns auseinander. Wir haben unterschiedliche Ansichten darüber, was wirklich wichtig ist.«
- »Mein Partner teilt nicht das Glück und die Zufriedenheit, die ich bei jedem Schritt nach vorn empfinde.«
- »Eine offene Kommunikation ist gerade mit denen, die uns am nächsten stehen, am schwierigsten.«
- »Ich bin alleinerziehend. Es war immer ein Kampf, meiner Familie ein gutes Leben zu ermöglichen.«
- »Wir sind seit 31 Jahren verheiratet. Unsere beiden Kinder besuchen mittlerweile die Universität. Ich leide unter dem schrecklichen Leeres-Nest-Syndrom. Das belastet meine Ehe. Ich trauere dem Gebraucht-Werden hinterher.«
- »Familie ist für mich sehr wichtig – wenn es dort nicht läuft, komme ich völlig aus dem Gleichgewicht.«

Konflikte in der Familie treffen uns von allen Problemen am meisten. Darin liegt ein gutes Stück Ironie: Im Kreise unserer Familie können wir die herrlichsten Synergien und das größte Leid erleben. Ich glaube, dass sich ein Scheitern zu Hause durch keinen noch so großen Erfolg im Leben wettmachen lässt. Kein Verlust geht uns so nahe und bereitet uns so viel Leid wie der Verlust eines Familienmitglieds. Die meisten Eltern kennen das furchtbare Gefühl, wenn sie ihr Kind beim Einkaufen auch nur für einen winzigen Moment aus den Augen verlieren. Wir suchen aufgeregt und sind unendlich erleichtert, wenn unser Kleines wieder wohlbehalten bei uns ist. Dennoch werfen viele Menschen fast beiläufig das Wertvollste in ihrem Leben weg – ihre Familien. Frauen und Männer, die sich einst leidenschaftlich liebten, gehen getrennte Wege.

Das 2-Alternativen-Denken zerstört Beziehungen und Familien

Manchmal geht einer Scheidung ein schlimmer Vertrauensbruch voraus – Misshandlung oder Untreue. Doch häufig ist die Trennung der Endpunkt einer negativen Spirale des 2-Alternativen-Denkens:

- Eine Frau könnte sagen: »Mein Mann verbringt viel Zeit mit Sportsendungen, Videospielen und Golf. Wenn er nach Hause kommt, denkt er, für Kinder und Haushalt sei ich allein zuständig. Ihm ist gar nicht klar, dass auch ich den ganzen Tag gearbeitet habe. Längst hat er aufgehört, jene kleinen Dinge zu tun, mit denen er einst mein Herz erobert hat. Er unterstützt mich nicht und er interessiert sich nicht, wie mein Tag war. Und dann wundert er sich, wenn ich mich immer weiter von ihm entferne.«
- Ein Mann könnte sagen: »Meine Frau interessiert sich nur für mein Geld. Sie merkt gar nicht, was ich alles leiste. Sie ist so beschäftigt mit den Kindern, dass sie keine Zeit mehr für mich hat. Während zu Hause alles im Chaos versinkt, trifft sie sich einfach mit ihren Freundinnen. Was auch immer ich tue, ist falsch. Meine Frau zeigt mir ständig die kalte Schulter. Sie begrüßt mich nicht mehr mit derselben Herzlichkeit wie zu Beginn unserer Beziehung, wenn ich nach Hause komme. Eigentlich ist es ihr völlig egal, ob ich da bin oder nicht.«

So schlägt die Liebe früher oder später in Verachtung um. Manche Partnerschaften mutieren zu bissigen Debattierclubs. Die Familienangehörigen teilen sich am Ende in die »gute« und die »böse« Partei. Jeder kämpft gegen die anderen. Psychologen bezeichnen dieses Phänomen als »Splitting«. So wird aus einem sicheren und liebevollen Zuhause, das alle Kinder brauchen und verdienen, am Ende ein Schlachtfeld.

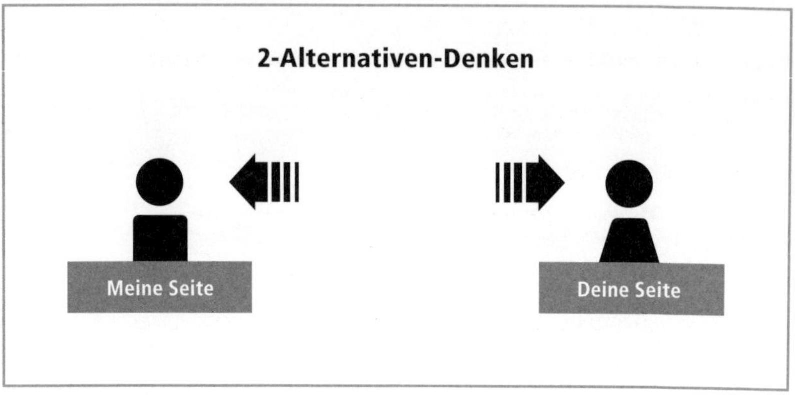

In manchen Familien kommt es auch zu verdeckten Formen des emotionalen Missbrauchs. Hier wird ständig gestritten und kritisiert, um dem anderen den Tag gründlich zu vermiesen:

- »Wenn du mich lieben würdest, dann würdest du endlich mal die Garage sauber machen.«
- »Ich schufte den ganzen Tag – und welchen Dank bekomme ich dafür?«
- »Es sind auch deine Kinder, damit du das weißt.«

Allmählich, fast unmerklich, wachsen Mauern, bis schließlich das große Schweigen hereinbricht. »Wenn du etwas in diesem Leben zerstören willst«, sagt die türkische Romanautorin Elif Shafak, »dann musst du es nur mit dicken Mauern umschließen.«[41] Aber irgendwann halten wir das Schweigen nicht mehr aus. Dann bricht alles aus uns heraus:

Jetzt reicht es!

BEISPIEL *Eine Familienanwältin berichtet davon, wie eine Frau in ihre Kanzlei kam, um die Scheidung einzureichen: »Ich halte es nicht länger aus«, begann sie. Ihr Mann verdiente gut und war eine wichtige Person in der Lokalpolitik. Allerdings widersprach er ihr in allem, was sie sagte. Zudem machte er so gut wie alles rückgängig, was sie tat. Wenn sie ein Bild an die Wand hängte, nahm er es ab. Wenn sie in ein Restaurant gehen wollte, bestand er darauf, zu Hause zu essen. Wenn sie Freunden etwas erzählte, sorgte er dafür, dass sie erfuhren, dass seine Frau nicht die Wahrheit gesagt hatte. Das Fass lief schließlich über, als sie ihre Eltern zum Essen einlud. Am Tisch blendete die Sonne ihren Vater. Daher ließ sie die Jalousie herunter. Sofort zog ihr Mann sie wieder auf. Jahrelang hatte sie es mit ihm ausgehalten. Aber jetzt war der Punkt erreicht, an dem sie nicht mehr konnte. Alles brach aus ihr heraus und sie wollte sofort die Scheidung. Diese Art von emotionaler Misshandlung, dieser Macht- und Kontrollfanatismus kann genauso grausam sein wie körperliche Misshandlung.*

Häufig gibt es in solchen Situationen gute Gründe, einen Schlussstrich unter eine Beziehung zu ziehen. Aber noch viel öfter wäre ein Scheitern vermeidbar, wenn die Partner anders mit ihren Unterschieden umgehen würden. Der Mann in dem Beispiel oben legte eine extreme Intoleranz gegenüber Unterschieden an den Tag – ein Syndrom, das in fast jeder schlechten Beziehung zu beobachten ist.

Unterschiede schätzen: Das Geheimnis glücklicher Beziehungen[42]

Bei den meisten Scheidungen werden als Grund »unüberbrückbare Differenzen« genannt. Hinter den unterschiedlichsten finanziellen, emotionalen, gesellschaftlichen oder sexuellen Problemen verbirgt sich fast immer die Unfähigkeit, mit Unterschieden konstruktiv umzugehen und sie als Gewinn statt als Belastung wahrzunehmen:

- »Ein wirklich offenes Gespräch zwischen uns findet niemals statt.«
- »Ich verstehe ihre Denkweise nicht.«
- »Er ist vollkommen irrational.«

Mit der Zeit macht sich Verzweiflung breit. Am Ende erscheint die Trennung als einziger Ausweg. Doch es geht auch anders! Gute Beziehungen zeichnen sich dadurch aus, dass beide Partner eine positive Einstellung zu ihren Unterschieden haben. Die Eigenheiten, Schrullen und Macken, Begabungen oder Stärken des anderen werden zu Quellen der Freude und Kreativität:

- Seine Ungeduld macht ihn zu einem schlechten Buchhalter, aber seine Spontaneität sorgt für viel Fröhlichkeit.
- Ihre Unordentlichkeit frustriert ihn, aber ihr charmantes Auftreten bezaubert ihn.

Und weil sich beide so gern haben, bilden Spaß und Respekt im Umgang miteinander für sie eine Einheit. Mehr noch:

> Wenn zwei Menschen eine Partnerschaft eingehen, haben sie die Möglichkeit, eine 3. Alternative, eine einzigartige Familienkultur zu schaffen, wie sie niemals zuvor existierte und wie es sie niemals danach wieder geben wird.

Neben seinen angeborenen individuellen Eigenheiten bringt jeder Partner eine Vielzahl sozialer und kultureller Prägungen in Form von Überzeugungen, Normen, Werten oder Traditionen in die Beziehung ein:

- Der eine kommt aus einer Familienkultur, in der die Beziehungen tief, aber ein bisschen auf Abstand bedacht sind. Dort werden Konflikte unterdrückt oder ruhig unter vier Augen geklärt.
- Der andere stammt aus einer Familie, in der Beziehungen laut und intensiv gelebt werden. Hier kochen Konflikte gern hoch wie Vulkane, kühlen aber schnell wieder ab und geraten schon bald in Vergessenheit.

Wenn sich Partner aus verschiedenen Familienkulturen zusammentun, entsteht etwas völlig Neues. Zwischen den beiden Ausgangskulturen bietet sich ein reiches Potenzial für Synergie. Das gilt jedoch nur, wenn die Partner Unterschiede nicht als Bedrohung empfinden. Nur wenn sie Unterschiede als Chance begreifen und Spaß daran haben, das Neue und Exotische am anderen zu erkunden, wird ihre Beziehung gedeihen.[43] Jemand sagte einmal: »Meine Frau zu heiraten, war wie der Umzug in ein fremdes Land. Die unbekannten Sitten und Gebräuche übten von Anfang an eine große Faszination auf mich aus. Meiner Frau ging es mit mir auch so. Auch sie empfand die Unterschiede zwischen uns nicht als bedrohlich, sondern als unglaublich spannend. Mittlerweile wissen wir, dass die Entdeckungen niemals enden werden. Das ist das größte aller Abenteuer überhaupt.«

Menschen heiraten nicht, um sich zu bekriegen oder sich gegenseitig Schmerz zuzufügen. Dennoch zerbricht jede zweite Ehe an dem Unvermögen, Unterschiede zu schätzen, Gegensätze zu vereinen und 3. Alternativen zu schaffen. Vielen Paaren gelingt es nicht, gemeinsam 3. Alternativen zu entwickeln, die über den unterschiedlichen Kulturen, Werten, Überzeugungen und Erwartungen stehen. Im Gegensatz dazu sind die meisten starken, glücklichen Beziehungen und Familien voller positiver Synergien. Sie lösen ihre Konflikte mit Hilfe von 3. Alternativen. Denn sie wissen: Synergie ist das, was eine von Vielfalt, Kreativität, Spaß, Achtung und Wertschätzung gekennzeichnete Partnerschaft und Familienkultur auszeichnet.

So entsteht Synergie in der Partnerschaft und in der Familie

Wie gelangen Sie zu vertrauensvollen, starken Beziehungen? Wie bringen Sie Vertrauen, Liebe und Wertschätzung in Ihre Partnerschaft und in Ihre Familie? Die 4 Paradigmen der Synergie sind der Schlüssel dazu:

1. Paradigma: Ich sehe mich

Alles fängt bei mir selbst an. Mein Freund Brent Barlow, ein Familienberater, bringt es auf den Punkt: »Wenn Sie etwas für Ihre Ehe tun wollen, schauen Sie einfach in den Spiegel.«[44] Oder anders ausgedrückt: Wenn ich die Gründe für einen Konflikt bei meinem Partner oder meinem Kind suche, ist genau das das Problem. Der Dichter Rumi sagt: »Wenn du einen Fehler in deinem Bruder siehst, so ist der Fehler, den du in ihm siehst, in dir selbst.« Das soll nicht heißen, dass ich automatisch der Verursacher des Konflikts bin. Doch solange ich mich als hilfloses Opfer meines gefühllosen Partners oder meiner aufmüpfigen Kinder sehe, verdränge ich eine grundlegende menschliche Wahrheit:

Es liegt allein an mir, wie ich auf einen Reiz reagiere. Niemand kann mich zwingen, etwas gegen meinen Willen zu fühlen oder zu tun. Was mir widerfährt, mag außerhalb meines Einflussbereichs liegen. Aber was ich denke, fühle oder tue, entscheide ich immer noch ganz allein.

1. Paradigma der Synergie: Ich sehe mich

Ich sehe mich: Ich sehe mich als kreativen Menschen, der sich seiner selbst bewusst ist und sich nicht nur als Vertreter einer Seite in einem Konflikt betrachtet. Ich mag die Ansichten mancher Fraktionen teilen oder zu gewissen Gruppen gehören, aber ich definiere mich nicht darüber. Ich entscheide mich für meine eigene Geschichte.

Vielen fällt es schwer, dieses Grundprinzip zu verstehen. Häufig höre ich Einwände wie diese:

- »Ich kann nichts machen. Er treibt mich einfach zum Wahnsinn!«
- »Ich kann gar nichts dafür. Sie bringt mich auf die Barrikaden!«
- »Ich hasse es, wenn er das macht. Das geht gar nicht!«
- »Ich bin nicht schuld. Sie ist unmöglich. Man kann nicht mit ihr zusammenleben!«

Stimmt das wirklich? Ich sehe das anders: Andere können mich noch so sehr nerven oder schikanieren – ich selbst entscheide, ob ich die Rolle des Opfers annehme oder nicht. Solange ich in dem Paradigma »Ich bin gut – der andere ist schlecht« gefangen bin, stecke ich im 2-Alternativen-Denken fest. Das Problem der Opfermentalität ist, dass sie mich in eine passive Rolle drängt. Dann reagiere ich lediglich auf das Verhalten meines Partners oder meines Kindes. Ich bin nicht pro-aktiv. Ich ergreife nicht selbst die Initiative. Ich sehe mich als Opfer. Deshalb tue ich nichts – außer mich hilflos über das, was mir der andere antut, zu beklagen. Mir ist nicht bewusst, dass mir eine 3. Alternative helfen kann.

Geht es Ihnen ähnlich? Dann sollten Sie umdenken! Sehen Sie sich so, wie Sie wirklich sind: Sie sind kein Opfer! Sie können unabhängig urteilen und entscheiden. Ihre Reaktion können Sie selbst bestimmen. Es liegt an Ihnen, auf eine unfreundliche Bemerkung mit einer freundlichen zu antworten. Sie können sich für ein Lächeln entscheiden, anstatt auf Abwehr zu gehen. Einem genervten Partner, der einen anstrengenden Tag hinter sich hat, können Sie mit Verständnis und Liebe begegnen. Sie müssen keinen Wettbewerb anzetteln, wer von Ihnen beiden mehr Stress hat oder mehr leistet.

Es liegt an Ihnen, die Spirale des Grolls zu durchbrechen. Sie bringen viel mehr als Ihre Kultur in die Beziehung ein – Sie bringen sich *selbst* ein. Betrachten Sie sich nicht länger nur als »Ihre Seite« in einem Konflikt. Halten Sie konsequent nach 3. Alternativen Ausschau. Ich bin überzeugt, dass diese grundlegende Einsicht sehr viele Beziehungen und Familien retten würde. Bei den meisten Konflikten in unseren Beziehungen und in unseren Familien handelt es sich in Wahrheit um *Identitätskonflikte*. Wenn mein Selbstwertgefühl bedroht ist, reagiere ich, indem ich das Selbstwertgefühl anderer Menschen attackiere und versuche, meine eigene Verletztheit zu überspielen. Menschen, die emotionale oder körperliche Gewalt einsetzen, haben meist nur ein geringes Selbstbewusstsein. Sie reagieren aggressiv, sobald sie das Gefühl haben, dass man sie nicht schätzt, nicht ernst nimmt, nicht respektiert oder nicht liebt. Der Beziehungsexperte Steven Stosny beschreibt sehr anschaulich, wie solche Familienstürme plötzlich losbrechen:

Mit dir stimmt was nicht!

BEISPIEL *Eine Frau sagt: »Es ist kalt hier.« Ihr Mann reagiert total gereizt: »Was meinst du damit? In diesem Zimmer haben wir 21 Grad!« Er interpretiert ihre Bemerkung als Kritik an seinem Charakter und seiner Eignung als fürsorglicher Partner: Wenn ihr kalt ist, bin ich schuld. Ich habe sie enttäuscht und ihr nicht genügend Wärme und Zuneigung gegeben. Um sich zu schützen, stellt er ihre Wahrnehmungsfähigkeit infrage: Sie muss sich irren. Ihr kann gar nicht kalt sein. Jetzt fühlen sich beide vom anderen nicht geschätzt – und das, obwohl ursprünglich keiner dem anderen Vorwürfe machen wollte. Die Situation verschlimmert sich, je länger sich beide Seiten die Stirn bieten. Sie sagt: »Mir ist aber kalt! Und wenn dir nicht kalt ist, dann stimmt was nicht mit dir!« Er erwidert: »Mit mir ist alles in Ordnung! Du bist die, bei der etwas nicht stimmt!«*[45]

Diese negative Spirale hat ihren Ursprung in dem, was ich als *Identitätsdiebstahl* bezeichne. Dem Mann in dem Beispiel oben ist sein Selbstbewusstsein als einmalige, wertvolle und selbstbestimmte Persönlichkeit abhandengekommen. Folglich hängt sein Selbstwertgefühl maßgeblich von der Wertschätzung ab, die ihm seine Umwelt entgegenbringt. Woran das liegt? In vielen Familien sind Vergleiche mit anderen an der Tagesordnung: »Warum kannst du nicht so gut in der Schule wie dein Bruder, so sportlich wie deine Schwester oder so fleißig wie dein Cousin Leo sein?« Zudem werden wir in unserer auf Wettbewerb ausgerichteten Gesellschaft oft in irgendwelche Schubladen gesteckt. Das zeigt sich dann auch in unseren Partnerschaften und Familien: »Du bist wie die Typen aus den Netflix-Serien. Die hängen auch ständig mit ihren Freunden rum und kümmern sich nicht um ihre Familie.«

Eine verlorene Identität wiederzugewinnen, ist nicht leicht, aber möglich. Manchmal geht es sogar ganz schnell. Wenn ich Menschen erzähle, dass sie *eigenständige, selbstbestimmte Persönlichkeiten* sind, sind sie oft wie vom Blitz getroffen. Plötzlich wird ihnen klar, dass sie selbst entscheiden können, was sie denken, fühlen und tun. Oft höre ich dann: »Die ganze Zeit dachte ich, schuld an meinem Elend sei nur mein Partner! Aber jetzt weiß ich, dass nur ich allein über mein Wohlergehen entscheide!«

Sie haben die Freiheit zu entscheiden!

Andere können Sie vielleicht verletzen. Aber, um mit Eleanor Roosevelt zu sprechen: »Niemand kann dich dazu bringen, dich ohne deine Zustimmung minderwertig zu fühlen!« Denn:

> Zwischen Reiz und Reaktion gibt es einen Raum. In diesem Raum haben Sie die völlige Freiheit, zu entscheiden, wie Sie reagieren wollen. Dort erkennen Sie *sich selbst*. Hier finden Sie Ihre innersten Werte und Überzeugungen.

Reiz / Reaktion

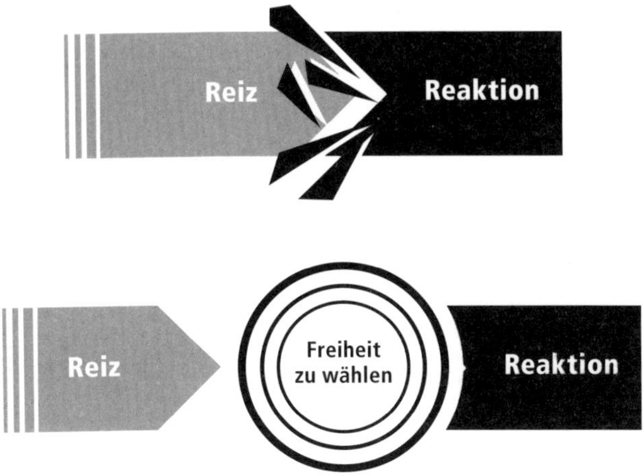

Reiz / Reaktion: Zwischen Reiz und Reaktion gibt es einen Raum. Hier sind Sie vollkommen frei in der Wahl Ihrer Reaktion. Niemand kann Sie zwingen, Aggressivität mit Aggressivität zu erwidern. Es steht Ihnen frei, mit Verständnis und Mitgefühl zu reagieren.

Wenn Sie eine Weile in diesem Raum bleiben und sich ganz auf Ihre Gedanken konzentrieren, können Sie wieder einen Zugang zu Ihrem Gewissen, zu Ihrer Liebe für die Familie und zu den Grundprinzipien des Lebens finden. Dann werden Sie auch die entsprechenden Entscheidungen treffen.

Leider ist den meisten Menschen nicht bewusst, dass sie sich frei entscheiden können. Deshalb gibt es für sie nur zwei Reaktionen:

- Sie lassen ihren Emotionen und ihren Aggressionen freien Lauf.
- Sie unterdrücken ihre Gefühle, weil sie hoffen, dass sich ein verdrängtes Problem von selbst löst.

Jeder kennt die Anzeichen unterdrückter Gefühle und Aggression: schmale Lippen, Schweigen, nervöses Trippeln. Weder das Ausleben noch das Unterdrücken von negativen Emotionen ist hilfreich. Aber was bleibt außer diesem 2-Alternativen-Denken? Auch hier gibt es eine 3. Alternative: Sie können sich dafür entscheiden, sich von Ihren negativen Gefühlen zu befreien:

- Sie können das Verhalten anderer nicht kontrollieren, aber Sie können bestimmen, wie Sie darauf antworten.
- Verletztheit ist etwas, das Ihrer Entscheidungsfreiheit untersteht. Nicht die anderen verletzen Sie – Sie selbst tun es. Sie haben die Freiheit zu wählen, ob Sie verletzt sein wollen oder nicht.
- Andere können Sie nicht verärgern – nur Sie selbst können es.

Die Experten sind sich einig: Es gibt eine Lösung, die viel besser ist, als die Gefühle zu unterdrücken oder ihnen freien Lauf zu lassen. Überwinden Sie sie:

Machen Sie sich von negativen Emotionen frei, indem Sie Aggressivität und Ärger durch Verständnis und Mitgefühl ersetzen.

Im Einzelfall können Sie Ihre innere Einstellung sehr schnell von Sklaverei auf Freiheit umpolen. Allerdings braucht es viel Kraft, diese Einstellung dauerhaft zu verinnerlichen. Die alten mentalen Vernetzungen in Ihrem Gehirn, die Sie auf bestimmte Reize ohne Nachdenken reagieren lassen, werden noch eine Weile weiterwirken. Was Sie dagegen tun können? Trainieren Sie Ihr Gehirn. Nutzen Sie Ihre Freiheit zu wählen so oft wie möglich. Halten Sie in dem Raum zwischen Reiz und Reaktion konsequent inne. Entscheiden Sie sich dann bewusst für Verständnis und Mitgefühl. So wird sich Ihr Gehirn nach und nach neu vernetzen.

Mit gutem Beispiel vorangehen

So wie ich meine eigene Identität gestalte, gestalte ich immer auch das Zusammenleben mit meinem Partner und mit meiner Familie. Wenn ich mir eine glückliche Ehe wünsche, muss ich ein Mensch sein, der positive Synergie schafft. Wenn ich mir ein umgängliches Kind wünsche, muss ich ihm als Vater oder Mutter Verständnis, Mitgefühl und Liebe entgegenbringen.

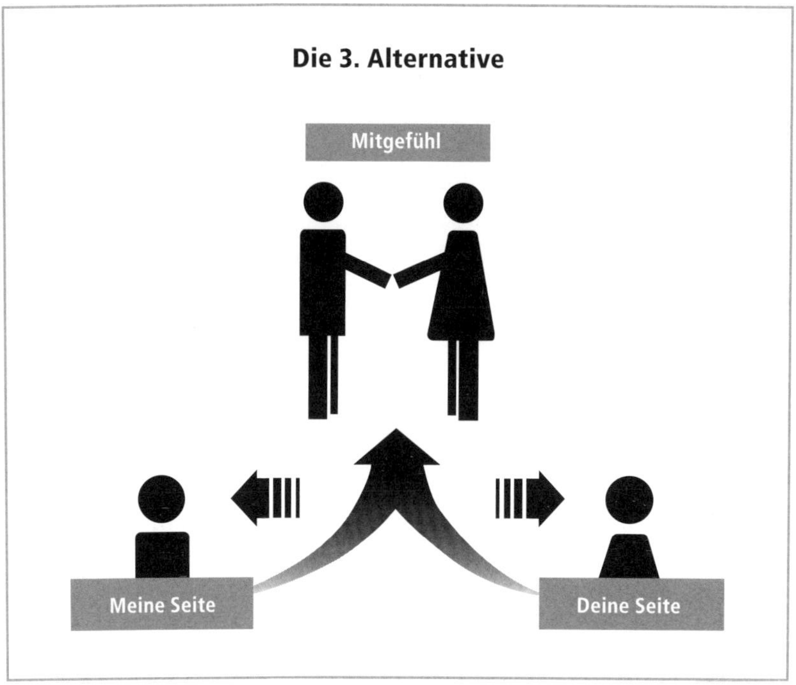

Viele Eltern scheinen einen Schalter zu haben, der nur zwei Stellungen kennt: Entweder sie sagen nichts oder sie rasten von einem Augenblick zum nächsten aus. Aus scheinbarer Selbstbeherrschung wird plötzlich ein wütender Schreianfall. Wie soll da eine gute, vertrauensvolle Beziehung zwischen Eltern und Kindern entstehen? Meine Philosophie ist die 3. Alternative – beispielsweise, wenn es um Disziplin geht. Auch meine Kinder haben sich gern vor der Arbeit gedrückt und sich heftig beschwert, wenn sie im Haushalt mithelfen sollten. Anstatt ärgerlich oder lautstark zu reagieren, habe ich ihnen immer »zwei Minuten Nörgelzeit« gegeben. In diesen zwei Minuten konnten sie jammern und murren, wie sie wollten. Anschließend ging es dann mit frischem Schwung und viel Humor zurück an die Arbeit.

Gerade in schwierigen Situationen ist Humor eine sehr hilfreiche Reaktion. »Wie kann dir *kalt* sein, wo du doch so *heiß* bist?«, scherzt der Mann und nimmt seine Frau in den Arm. Humor ist eine wunderbare 3. Alternative, weil er der Situation eine überraschende Wendung gibt und uns damit zum Lachen bringt. Überhaupt lachen die Leute oft vor Freude, wenn sich plötzlich eine 3. Alternative auftut. Und die Experten sagen, dass Humor die einfachste Möglichkeit ist, um Spannungen abzubauen. Der »Drohimpuls« schwächt sich ab und verschwindet schließlich ganz.[46]

Was alles möglich ist, wenn wir es anderen nicht mehr mit gleicher Münze heimzahlen, zeigt auch die folgende Geschichte:

Der Wendepunkt

BEISPIEL *Ich kenne ein Paar, das sein Kind durch einen tragischen Autounfall verloren hat. Die Frau hatte am Steuer gesessen. Ihr Kummer und ihre Schuldgefühle waren unendlich groß. Ihr Mann hatte den Eindruck, dass er nicht mehr an sie herankam. Obwohl auch er sehr unter dem Verlust litt, unterdrückte er seine Gefühle und stürzte sich in die Arbeit. Die Frau* *interpretierte das als Herzlosigkeit. Die beiden entfernten sich innerlich immer weiter voneinander. Das gegenseitige Unverständnis hätte nicht größer sein können. Sie lebten nur noch nebeneinanderher und sprachen nicht mehr miteinander.*

Eines Abends ging der Mann am Schlafzimmer vorbei. Durch die geöffnete Tür sah er, wie seine Frau traurig und bewegungslos auf der Bettkante saß. Vor seinem inneren Auge tauchte das Mädchen auf, das er einst geheiratet hatte und das ihm so viel bedeutete. Weil er nicht wusste, wie er sie trösten konnte, setzte er sich einfach neben sie. Sie drehte sich leicht von ihm weg. Aber er wich nicht von ihrer Seite. So saßen sie schweigend eine Stunde lang nebeneinander. Schließlich murmelte sie: »Zeit zum Schlafengehen!« Von nun an wiederholte sich diese Szene jeden Abend. Ohne dass sie etwas zu sagen brauchten, wuchs zwischen ihnen ein Band des gegenseitigen Verstehens und Mitfühlens.

Heute, viele Jahre später, sind die beiden wieder so eng verbunden, wie es ein Paar nur sein kann. Der Wendepunkt war die Nacht, als der Mann nicht mehr mit gleicher Münze antwortete, als sie ihm den Rücken zudrehte. Er ging nicht weg. Er machte ihr keine Vorwürfe. Er blieb einfach. Diese kleine Geste in Richtung einer 3. Alternative genügte, damit sich die beiden ganz langsam wieder annähern konnten.

Inzwischen sprechen sie miteinander über das, was sie aus dieser schwierigen Zeit mitgenommen haben. Dem Mann ist klar, dass er seinen Schmerz über den Verlust seines Kindes nicht einfach verdrängen kann. Und die Frau hat erkannt, dass die Rückkehr zur Arbeit helfen kann, nach einem schlimmen Verlust langsam wieder ins Leben zurückzufinden. Ihre unterschiedliche Art, mit Kummer umzugehen, empfinden die beiden mittlerweile als bereichernd – und so sind sie sich näher als je zuvor.

Bitte denken Sie immer daran: Die Beziehung zwischen Ihnen und Ihrem Partner, Ihren Eltern, Kindern und Freunden hängt maßgeblich von den Entscheidungen ab, die Sie im Raum zwischen Reiz und Reaktion treffen. Ja, oft beeinflussen diese Entscheidungen sogar unser gesamtes weiteres Leben!

2. Paradigma: Ich sehe dich

»Ich sehe dich.« Was bedeutet das? Es heißt: »Ich nehme dich als einzigartige Persönlichkeit wahr.« Das fällt uns gerade in der Familie manchmal schwer. Natürlich sind wir anfangs voller Ideen, wie sich eine Beziehung, eine Ehe oder das Dasein als Eltern anfühlen sollten. Wir haben ganz bestimmte Erwartungen an unseren Partner und an unsere Kinder. Doch es ist ein großer Fehler, den anderen unsere Ideen und Erwartungen einfach überzustülpen. Wenn wir sie lieben, sehen wir sie zuerst als eigenständige Persönlichkeiten. Wir versuchen die Punkte, in denen sie anders sind, zu verstehen.

Menschen sind keine Gegenstände

Sobald ich eine geliebte Person auf das reduziere, was sie meiner Meinung nach sein sollte, mache ich sie zu einem Gegenstand. Aber Menschen sind keine Gegenstände. Dostojewski sagte: »Jemanden zu lieben, bedeutet, ihn so zu sehen, wie Gott ihn sich vorgestellt hat!«

Liebe ist nicht nur ein Gefühl für den anderen. Sie umfasst auch die Bereitschaft, ihn als eigenständige Persönlichkeit wahrzunehmen. Das setzt voraus, dass wir Unterschiede nicht nur tolerieren, sondern sie schätzen und als Geschenk begreifen:

- Eine Mutter, die sich ärgert, weil ihr Sohn so viel Zeit vor dem Computer verbringt, sollte sich von ihm zeigen lassen, was ihn

2. Paradigma der Synergie: Ich sehe dich

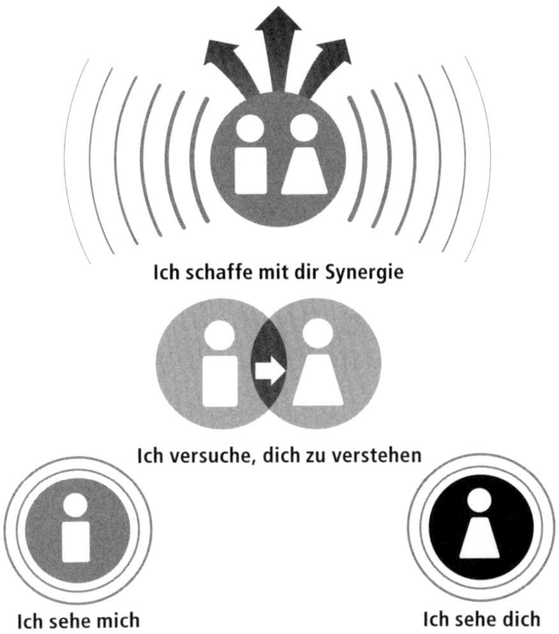

Ich sehe dich: Für mich ist jeder Mensch einzigartig. Ich nehme dich als ganzen Menschen mit deinen unverwechselbaren Talenten, Leidenschaften und Stärken wahr. Du bist für mich mehr als nur der Vertreter einer Konfliktpartei. Du verdienst, dass ich dich achte und schätze.

daran so fasziniert. So könnte sie von seinen PC-Kenntnissen profitieren.

- Ein praktisch denkender Bruder, der seine künstlerisch veranlagte Schwester für eine Spinnerin hält, könnte gemeinsam mit ihr eine Kunstaustellung besuchen. Hier könnte er sich neue kreative Ideen holen.
- Ein Vater, der die Ohrstöpsel seiner Tochter hasst, könnte ein wenig in ihre Musik hineinhören. Das würde ihm helfen, seine Tochter und ihre Welt besser zu verstehen.

Du

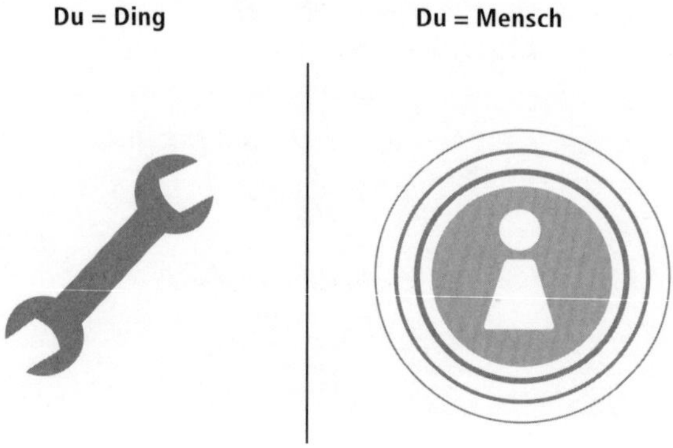

Du: Für mich bist du kein »Ding«, kein Werkzeug, das ich wie einen Schraubenschlüssel oder einen Hammer für meine Zwecke und Ziele nutzen kann. Du bist ein Ziel in dir selbst, eine Persönlichkeit mit Stärken und Schwächen, mit Eigenheiten und wunderbaren Fähigkeiten.

Indem wir uns für das interessieren, was anderen wichtig ist, erleichtern wir es ihnen, sich auch für das zu interessieren, was uns wichtig ist.

Natürlich sollen wir unsere Familienangehörigen vor einem Verhalten bewahren, das ihnen schadet. Niemand kann verlangen, dass wir gesetzeswidriges oder unmoralisches Verhalten gutheißen oder auch nur tolerieren. Aber das heißt nicht, dass jeder Unterschied auch gleich eine Bedrohung ist. Dennoch machen viele Familienangehörige sich gegenseitig zu Feinden, indem sie beim anderen auch die Eigenschaften kritisieren, die ihn erst zu dem machen, was er ist.

Wo immer Partner Unterschiede als Bedrohung sehen, entsteht eine zerstörerische Kraft. Wenn Eltern oder Geschwister kein Verständnis für das haben, was sie voneinander unterscheidet, kann das großen Schaden anrichten. Das belegt auch die Studie der bekannten Psychiaterin Stella Chess:

Kinder sind Persönlichkeiten

BEISPIEL *Über 40 Jahre lang begleitete Stella Chess verschiedene Menschen vom Säuglings- bis ins Erwachsenenalter. Von 1956 an beobachtete sie das Leben von 238 Neugeborenen mit den unterschiedlichsten Hintergründen. So wollte sie herausfinden, wie Eltern die Entwicklung ihrer Kinder beeinflussen. Nach zehn Jahren veröffentlichte sie eine erste Zwischenbilanz. Der Titel lautete: »Kinder sind Persönlichkeiten.« Hier vertrat sie die These, dass Kinder keine kleinen Roboter sind, die nur darauf warten, von ihren Eltern programmiert zu werden.*

Stella Chess erkannte, dass jedes Kind einzigartig ist. Sie fand heraus, dass Kinder am besten gedeihen, wenn Eltern diese Einzigartigkeit respektieren und fördern. Zudem fand sie heraus, dass manche Kinder schlecht zu ihren Eltern »passten«, weil sie völlig andere Temperamente, Ziele und Werte vertraten. Zu diesen Kindern gehörte auch Norman. Als er in die Schule kam, wandten sich seine Eltern besorgt an Stella Chess.

Norman war ein fröhliches, freundliches Kind. In der Schule aber konnte er sich nicht richtig konzentrieren. Chess fand heraus, dass Norman sich nur für eine relativ kurze Zeit einer Sache mit voller Aufmerksamkeit widmen konnte. Das hielt sie jedoch nicht für tragisch. Norman ließ sich zwar leicht ablenken, aber er war ein intelligentes Kind, das sehr gut in »kurzen Spurts« lernen konnte. Doch Normans Vater sah das ganz anders. Wutentbrannt sagte er: »Nicht mit mir. Wie er sich verhält, das nenne ich unverantwortlich. Ihm fehlt es an Charakter und Willensstärke. Das muss in seinen Schädel. Basta!«

Stella Chess berichtet: »Wir konnten nichts anderes tun, als hilflos zuzusehen. Jahr um Jahr verschlimmerten sich Normans Symptome. Seine schulischen Leistungen fielen immer mehr ab. Sein Vater, ein ehrgeiziger und erfolgreicher Geschäftsmann, äußerte sich immer abfälliger über seinen Sohn. Er war überzeugt, dass Norman nichts auf die Reihe bekam und im Leben scheitern musste. Damit legte er die Saat für eine sich selbst erfüllende Prophezeiung.« Mit 22 Jahren war Norman »ein Taugenichts, der den Großteil des Tages verschlief und große Pläne für eine Karriere als Musiker verkündete«. Als Chess ihre Studie nach 40 Jahren abschoss, beschrieb sie Normans Lebensweg als »grausam und tragisch«.[47]

Heute wissen wir, dass Kinder wie Norman auch mit einem leichten Aufmerksamkeitsdefizit gute Chancen im Leben haben. Dazu brauchen sie allerdings die Unterstützung ihrer Eltern. Im magischen Theater, wo Kreativität hoch im Kurs steht, wäre Norman ein wertvoller Partner. Menschen wie er sind mit ihrer Energie und Neugier eine gute Ergänzung für Teams, die vorwiegend aus besonnenen und eher passiv veranlagten Mitgliedern bestehen. Hätte Normans Vater Verständnis für dessen rasche Auffassungsgabe und seinen Einfallsreichtum gehabt, wäre Norman sicherlich seinen Weg gegangen. Und sein Vater hätte ganz nebenbei auch noch etwas über die Kraft der Spontaneität gelernt. Norman wiederum hätte bereitwilliger auf die Versuche seines Vaters reagiert, ihm beizubringen, wie man sich auf sich selbst oder auf eine Aufgabe konzentriert. So aber verschlechterte sich Normans Zustand immer weiter. Die Geschichte von Norman ist tragisch. Wie man es besser macht, zeigt die folgende Geschichte aus meinem Bekanntenkreis:

Wer ist Sibelius?

BEISPIEL *Mein Bekannter ist ausgebildeter Musiker. Er liebt Klassik, gute Bücher und Kunst. Doch seine Tochter ist das genaue Genenteil von ihm. Sie liebt Angeln und Rockmusik. Wie kommen die beiden miteinander zurecht? »Für mich gibt es* *nichts Langweiligeres als Fischen«, sagt er, »und nichts Interessanteres als meine Tochter.« Deshalb begleitet er sie zum Angeln. Verschwitzt, sonnenverbrannt und von Mücken zerstochen kommen sie scherzend und lachend heim. Sie stellt für ihn Playlisten mit Rockmusik zusammen. Die Aufnahmen sind für ihn einerseits eine Qual, andererseits lernt er dadurch ganz neue musikalische Ideen kennen. Und insgeheim freute er sich, als er mitbekam, wie seine Tochter einer Freundin erzählte, wie gut ihr klassische Musik gefiel. »Hast du nie etwas von Sibelius gehört?«, fragte sie die Freundin. »Nein, das ist ein Komponist, keine Rockband.« Vater und Tochter werden durch die Unterschiede nicht gespalten, sondern vereint.*

Jedes Kind ist einzigartig

Jedes Kind mit seinen einzigartigen Gaben und Talenten ist eine 3. Alternative. Wenn Kinder von ihren Eltern in Schubladen gesteckt und miteinander verglichen werden, wirkt sich das negativ auf das Selbstwertgefühl aus. Zudem sorgt es für Rivalität unter Geschwistern. Ich habe gehört, wie Eltern vor ihren Kindern sagen: »Peter ist unser Faulpelz«, »Kim kann nicht singen« oder »Tom ist unser Intelligenzbolzen«. Sobald Sie Ihr Kind in so eine Schublade stecken, können Sie zusehen, wie es die genannten Eigenschaften immer mehr an den Tag legt.

Anstatt unsere Kinder zu vergleichen und in irgendwelche Schubladen zu stecken, haben meine Frau und ich ganz bewusst versucht, ihre besonderen Persönlichkeiten, Fähigkeiten und Talente zu erkennen, zu schätzen und zu fördern. Das hat ihnen Selbstvertrauen und Sicherheit gegeben.

Ich bin überzeugt, dass die meisten ihre Schwächen sehr viel besser kennen als ihre Stärken. Jonathan Swift war der gleichen Meinung: »Es ist mit Menschen wie mit Böden. Manchmal liegt da eine Goldmine verborgen, von der der Eigentümer gar nichts weiß.«[48] Solange Kinder zusammen mit den verborgenen Möglichkeiten wahrgenommen werden, die in ihnen schlummern, spornt sie das an. Misst man sie jedoch an irgendwelchen eng gefassten Erfolgskriterien, steckt man sie in Schubladen, aus denen sie nur schwer wieder herauskommen. Ich bin beeindruckt von den Worten des großen Cellisten Pablo (Pau) Casals, der unzähligen Kindern Musikstunden gab:

> *Was lehren wir unsere Kinder? Was bringen wir ihnen bei? Dass zwei plus zwei vier ist und dass Paris die Hauptstadt von Frankreich ist. Aber wann werden wir ihnen auch sagen, was sie sind? Wir sollten jedem von ihnen sagen: Weißt du, was du bist? Du bist ein Wunder. Du bist einzigartig. In all den Jahren, die schon vergangen sind, gab es niemals ein Kind wie dich. Ja, du bist ein Wunder. Und wenn du erwachsen wirst, kannst du dann einem anderen wehtun, der, genau wie du, ein Wunder ist? Du musst daran arbeiten, wir alle müssen daran arbeiten, die Welt zu einer zu machen, die ihre Kinder verdient.*[49]

»Unüberbrückbare Differenzen« zwischen Eltern und Kindern

»Unüberbrückbare Differenzen« – dieser berühmt-berüchtigte Scheidungsgrund wird oft mit folgenden Aussagen untermauert:

- »Wir passen einfach nicht zusammen.«
- »Wir sind viel zu verschieden.«
- »Wir haben einfach keine Gemeinsamkeiten.«

Viele Eltern und Kinder werfen sich gegenseitig ähnliche Dinge vor. Dabei machen unterschiedliche Interessen, einzigartige Begabungen und ausgeprägte Persönlichkeiten das Leben und die Liebe doch gerade erst so schön und so spannend. Allzu viele Frauen und Männer suchen im Partner ihr eigenes Ebenbild. Allzu viele Eltern wünschen sich anstelle von Kindern einfach nur Klone ihrer selbst. Die Mini-Mes werden voller Stolz in den sozialen Medien präsentiert. Klonkinder verschaffen den Eltern gesellschaftliches Ansehen und ein falsches Gefühl der Sicherheit. Solange ihre Kinder so denken, so handeln, so sprechen und sich so verhalten wie sie, fühlen die Eltern sich in ihrer Identität bestätigt. Doch: Ähnlichkeit schafft noch lange keinen echten Zusammenhalt – und Uniformität ist noch lange keine echte Einheit. Deshalb möchte ich Ihnen Folgendes gerne ans Herz legen:

Versuchen Sie nicht, Ihren Partner besser zu machen. Versuchen Sie, ihn glücklich zu machen!

Viele wünschen sich, dass ihre Lebenspartner genau so sind wie sie. Im Laufe meiner eigenen Ehe habe ich jedoch gelernt, dass das nicht funktioniert. Mehr noch: Eine solche Einstellung übersieht, welche wunderbaren Gaben jeder Partner mit in die Beziehung bringt. Anstatt zu versuchen, aus dem anderen unser eigenes Ebenbild zu machen, sollten wir das, was unsere Partner so besonders macht, lieben und schätzen. Wir sollten die Unterschiede genießen und alles daransetzen, den anderen glücklich zu machen.

3. Paradigma: Ich versuche, dich zu verstehen

F. Scott Fitzgerald sagt: »Streitigkeiten in der Familie schmerzen wie Risse in der Haut, die nicht heilen wollen.« Risse in unserer Familie heilen wir am besten, indem wir uns gegenseitig einfühlend zuhören. Wie das funktioniert? Gehen Sie auf den anderen zu und sagen Sie:

Ich möchte dich und deine Sicht der Dinge wirklich verstehen. Deswegen hätte ich gerne, dass wir uns einfühlend zuhören. Das bedeutet, dass du mir deine Meinung ganz genau erklärst. Während du sprichst, höre ich dir aufmerksam zu. Ich darf dich nicht unterbrechen. Ich darf deine Argumente nicht sofort widerlegen oder meine eigene Meinung ins Spiel bringen. Ich darf nur deine Position mit meinen eigenen Worten wiederholen. Ich kann nachfragen, wenn ich nicht sicher bin, ob ich dich richtig verstanden habe. Ich darf weder zustimmen noch widersprechen. Ich werde deine Gedanken wiederholen, bis du dich voll und ganz von mir verstanden fühlst. Dann bin ich an der Reihe. Du bist still und hörst mir so lange aufmerksam zu, bis ich mich von dir verstanden fühle. Wenn wir uns beide gegenseitig verstanden haben, wird es wesentlich einfacher sein, eine 3. Alternative zu entwickeln und eine Lösung zu entwickeln, die für uns beide ein wirklicher Gewinn ist.[50]

3. Paradigma der Synergie: Ich versuche, dich zu verstehen

Ich versuche, dich zu verstehen: Ich betrachte deinen Standpunkt, der sich von meinem unterscheidet, nicht als Bedrohung. Ich bemühe mich aufrichtig, von dir zu lernen. Wenn du anderer Ansicht bist, werde ich dir genau zuhören. Das tue ich, bis ich deine Position voll und ganz verstanden habe.

Erst verstehen, dann verstanden werden

Empathisches, einfühlendes Zuhören verwandelt defensive negative Energie in kreative positive Energie. Wenn Sie dem anderen so lange aufmerksam zuhören, bis er sich verstanden fühlt, zeigen Sie ihm, wie viel er Ihnen bedeutet. Sie schenken ihm Aufmerksamkeit und Bestätigung. Das ist so tröstend und heilsam, dass der andere sich Ihnen gegenüber immer mehr öffnet. Zugegeben, einfühlendes Zuhören erfordert Zeit. Aber ich garantiere Ihnen, dass sich der Aufwand lohnen wird! Wie wichtig und wertvoll das einfühlende Zuhören ist, zeigt auch das folgende Beispiel:

Die Widerspruchsmaschine

BEISPIEL *Einer meiner Seminarteilnehmer bezeichnete seine Frau als »Widerspruchsmaschine«. Als ich nachfragte, meinte er: »Egal, was ein anderer sagt, meine Frau behauptet immer das Gegenteil. Sie kann einfach nicht zuhören. Wenn meine Tochter sagt: ›In der Schule ist es total doof. Keiner mag mich.‹ Dann antwortet meine Frau sofort: ›Das ist albern. Alle mögen dich.‹« Inzwischen spricht unsere Tochter kaum noch mit meiner Frau. Sie meint, das würde nichts bringen, weil meine Frau sie weder ernst nehmen noch verstehen würde.*

Das Verhalten der Mutter erstickt jede Kommunikation im Keim. Die Tochter lernt, dass ihre Gefühle »albern« sind und dass niemand bereit ist, ihr zuzuhören. Vielleicht sagt das Mädchen irgendwann: »Ich gehe nicht mehr zur Schule!« Die Mutter erwidert: »Bist du verrückt geworden? Natürlich gehst du zur Schule!« Im schlimmsten Fall wird die Tochter dann einfach heimlich die Schule schwänzen.

Empathisches Zuhören

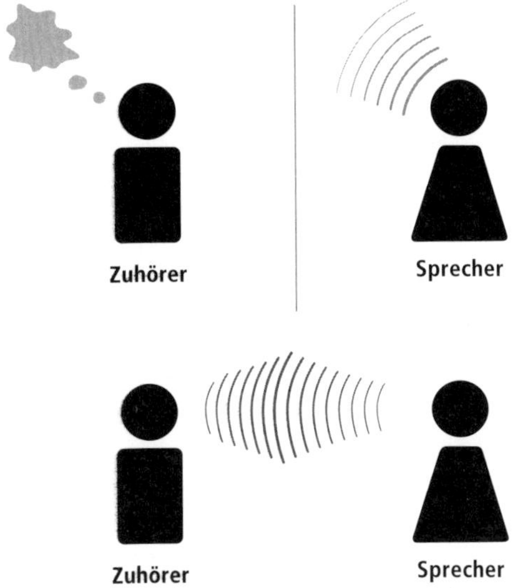

Empathisches Zuhören: In einer Auseinandersetzung sind wir meistens damit beschäftigt, uns unsere Antworten schon zurechtzulegen, während der andere noch spricht. Durch diese »Mauer« dringt kaum ein Wort. Ein empathischer Zuhörer dagegen konzentriert sich ganz auf das, was der andere sagt. Für ihn stehen nicht die eigenen Antworten im Mittelpunkt, sondern die Gedanken und Gefühle seines Gegenübers. Er möchte nachvollziehen, was der andere wirklich denkt und fühlt.

Aber wie können Sie es besser machen? Wenn Sie Ihre Antwort schon formulieren, während Ihre Tochter noch spricht, hören Sie ihr nicht richtig zu. Kann Ihre Tochter offen zu Ihnen sein, wenn Sie immer sofort reflexartig mit einem Gegenargument reagieren? Sicher nicht! Falls die Schule für Ihre Tochter unerträglich ist, sollten Sie versuchen, sich in sie hineinzuversetzen, mit ihr mitzufühlen und zu verstehen, was ihr Probleme macht.

Wenn Ihr Kind sagt: »Ich habe ein Problem!«, sollten Sie das nicht einfach so abtun. Versuchen Sie auch nicht, das Problem für Ihr Kind zu lösen. Helfen Sie Ihrem Kind, selbst eine 3. Alternative zu finden. Geben Sie Ihrem Kind die Chance, über das Problem zu sprechen:

- »Erzähl mir mehr davon.«
- »Das macht dir ja wirklich zu schaffen.«
- »Du weißt nicht, was du davon halten sollst.«

Hören Sie dann gut zu, was Ihr Kind sagt. Erteilen Sie nicht sofort Ratschläge. Dadurch nehmen Sie Ihrem Kind die Möglichkeit, an seinem Problem zu wachsen, indem es seine Gefühle genau beschreibt und zusammen mit Ihnen durchdenkt. Lassen Sie Ihrem Kind den Raum, selbst aktiv zu werden und kreative Lösungen zu entwickeln. In der Regel wird es sich die meisten Antworten selbst geben. Anschließend können Sie dann gemeinsam eine 3. Alternative entwickeln. Der bekannte Kinderpsychologe Haim Ginott schreibt:

> *Weisheit beginnt mit dem Zuhören. Eltern, die aufmerksam und verständnisvoll zuhören, erkennen die Gefühle, die sich hinter den Worten verbergen. Sie erfahren, was ihre Kinder fühlen und erleben ... Eltern brauchen einen offenen Verstand und ein offenes Herz, um empfänglich für die angenehmen und die unangenehmen Wahrheiten zu sein. Aber viele Eltern fürchten sich davor, genau hinzuhören – aus Sorge, ihnen könnte missfallen, was sie dabei zu hören bekommen.*[51]

Viele Eltern haben das Bedürfnis, ihrem Kind etwas Gutes zu tun, indem sie seine Probleme lösen. Und vielleicht wünscht sich das auch Ihr Kind. Aber wenn Sie das machen, nehmen Sie sich selbst und Ihrem Kind die Chance, gemeinsam Synergien zu schaffen und 3. Alternativen zu entwickeln. Sehen Sie die Probleme Ihres Kindes nicht als lästige Irritationen, die es möglichst schnell aus der Welt zu schaffen gilt.

Falls Ihr Kind mit einem Problem zu Ihnen kommt, sagen Sie nicht: »Oh nein! Dafür habe ich jetzt wirklich keine Zeit!« Nutzen Sie Schwierigkeiten als willkommene Gelegenheiten, um Ihre Beziehung zu vertiefen. Wenn Kinder spüren, dass Eltern ihre Probleme und damit auch sie als Person ernst nehmen, stärkt das die Beziehung ungemein.

Ich bin sehr froh, dass ich mich immer bemüht habe, die Probleme meiner Kinder zu verstehen. Meine Tochter Jenny meint:

Hör erst mal genau zu!

BEISPIEL *Meine Eltern hörten mir wirklich zu. Bei meinen Freunden war das ganz anders. Da gab es selbst wegen Kleinigkeiten großen Stress. Wenn meine Freunde ihre Eltern baten, abends ausnahmsweise etwas länger wegbleiben zu dürfen, hieß es einfach: »Nein. So lautet die Regel – keine Diskussion!« Das brachte meine Freunde gegen ihre Eltern auf und sorgte ständig für Streit. Meine Eltern waren da ganz anders. Sie diskutierten mit mir, fragten mich nach meiner Meinung und hörten mir zu. Ich hatte nicht das Gefühl, dass ich mich verteidigen oder auf die Barrikaden gehen muss.*

Natürlich war auch bei uns nicht immer alles eitel Sonnenschein. Als ich noch ein Teenager war, fuhren wir übers Wochenende ins Sundance Resort. Ich wollte nicht mit, weil ich mich schon mit meinen Freunden verabredet hatte. Aber mein Vater sagte: »Nein, das kommt nicht infrage. Wir fahren heute Abend alle zusammen nach Sundance.« Ich verkroch mich unter meine Bettdecke und schwor mir, Dad niemals zu verzeihen. Er hatte mir gar nicht zugehört und interessierte sich überhaupt nicht für meine Gefühle.

Später klopfte es an der Tür. Es war Dad. Er sagte: »Es tut mir leid, dass ich dir nicht zugehört habe. Erzähl mir, warum du zu Hause bleiben willst.« Nachdem ich ihm alles genau erklärt hatte, meinte er: »Jetzt verstehe ich dich!« Gemeinsam fanden wir eine Möglichkeit, wie ich an diesem Abend zu Hause bleiben und im weiteren Verlauf des Wochenendes sogar meine Freunde mit nach Sundance bringen konnte.

Heute, wo ich selbst Mutter bin, sage ich mir immer wieder: »Halte dich mit deinen Antworten und Ratschlägen zurück. Hör erst mal genau zu, was deine Kinder dir sagen wollen.«

Wenn Sie sich plötzlich in einer Auseinandersetzung mit einem geliebten Menschen wiederfinden, kann Sie keiner daran hindern, mitfühlend und verständnisvoll zu reagieren. Der Familienexperte Marc Sichel schreibt: »Wenn ein Familienmitglied im Eifer des Gefechts etwas Provozierendes zu Ihnen sagt, behandeln Sie es einfach wie ein sprachliches Missverständnis. Betrachten Sie es als Einladung, herauszufinden, wie es zu diesem Missverständnis kommen konnte.«[52] Dieser Ansatz gefällt mir. Wir haben die Freiheit, zu entscheiden, ob wir verletzt reagieren oder ob wir verstehen wollen, was der andere uns sagen will. Eine kurze Verstimmung, die Sie dazu nutzen, um zusätzliche Synergien zu schaffen, schwächt die Beziehung nicht. Im Gegenteil: Das stärkt und festigt die Beziehung. Hier ein Beispiel:

Wo genau liegt das Problem?

BEISPIEL *Ihre Tochter hat Freunde, die Drogen konsumieren. Das gefällt Ihnen natürlich ganz und gar nicht. Deshalb sagen Sie zu ihr: »Ich will, dass du dich in Zukunft von deinen Junkie-Freunden fernhältst!« Sie fühlt sich nicht verstanden und brüllt: »Nein, das werde ich nicht tun. Es sind meine Freunde.*

Und sie sind die Einzigen, die sich wirklich dafür interessieren, wie es mir geht.«

Am liebsten würden Sie jetzt sagen: »Typen, die dir Drogen anbieten, sind ganz sicher keine Freunde. Du hast bestimmt noch andere Freunde, denen tatsächlich was an dir liegt. Ich mache mir jedenfalls sehr viel mehr Gedanken um dich, als es diese Junkies jemals tun werden!« Wenn Sie eine kluge Mutter oder ein kluger Vater sind, halten Sie sich jedoch mit Anschuldigungen und Ratschlägen zurück. Natürlich ist es Ihnen nicht entgangen, dass Ihre Tochter Ihnen gerade einen unfairen Vorwurf im Hinblick auf Ihre Elternrolle gemacht hat. Das tut weh. Aber wenn Sie mit der 3. Alternative vertraut sind, packen Sie die Gelegenheit beim Schopf. Sie nutzen die Chance, nach einer Lösung zu suchen, die besser ist als alles, was jeder von Ihnen beiden bisher im Sinn hatte. Deshalb bitten Sie Ihre Tochter, Ihnen mehr über ihre Sicht der Dinge zu erzählen: »Okay, hilf mir zu verstehen, was du über die Sache denkst.«

Sie erwidert: »Dir geht es immer nur um dich. Du willst bloß keine drogenabhängige Tochter haben. Das könnte schlecht aussehen.«

Das ist natürlich total unfair Ihnen gegenüber. Aber denken Sie daran: Hier geht es nicht um Fairness, sondern um das Wohlergehen Ihrer Tochter. Versetzen Sie sich in die Lage Ihrer Tochter und vergessen Sie Ihre eigenen Befindlichkeiten und Ängste. Im Augenblick interessiert nur das Problem Ihrer Tochter. Sagen Sie: »Die Situation ist sicher nicht leicht für dich.«

Nach einer Weile erwidert sie: »Ich fühle mich einfach nur allein. Du hast deine Arbeit. Alle in der Schule haben irgendwas. Aber ich habe gar nichts. Ria und Matt sind die Einzigen, mit denen ich sprechen kann.«

Jetzt schießen Ihnen tausend Antworten durch den Kopf. »Du bist nicht allein. Ich bin immer für dich da. Du bist mir viel wichtiger als meine Arbeit. Und du hast so vieles, worauf du stolz sein kannst. Du bist intelligent, du bist hübsch, du hast Talent. Ria und Matt sind wirklich kein guter Umgang für dich …« Aber Sie sagen nichts davon. Im Augenblick sind Sie nicht mit dem Reden dran. Ihr Part ist das Zu-

hören und das Verstehen. Deshalb wiederholen Sie jetzt ausschließlich die Gedanken Ihrer Tochter, nicht Ihre eigenen: »Dir liegt also sehr viel an Ria und Matt.«

»Ich wünschte, ich hätte mehr Freunde«, sagt sie. »Aber so sehr ich mich auch bemühe, niemand will etwas mit mir zu tun haben. Nur die beiden sind für mich da. Und sie behandeln mich gut. Sie mögen mich sehr. Wir treffen uns oft und reden viel miteinander. Aber mir ist schon klar, dass sie Probleme haben mit den Drogen und so.«

Sie antworten: »Du machst dir große Sorgen um sie.«

Ihre Tochter entgegnet: »Sie haben mir gestern Abend angeboten, auch mal Drogen auszuprobieren. Sie sprachen dauernd davon, wie cool es ist und wie gut es sich anfühlt. Aber ich habe auch gesehen, wie es ist, wenn der Rausch bei den beiden vorüber ist und der Entzug einsetzt. Das macht mir Angst.«

Sie sagen: »Es muss hart für dich sein, deine Freunde so leiden zu sehen.«

Sie meint: »Ja, ich kann mir nicht vorstellen, dass ich mir das antue.«

Als aufmerksamer, verständnisvoller Zuhörer haben Sie einige wichtige Dinge über Ihre Tochter erfahren. Sie wissen jetzt, wie einsam sie ist. Ihnen ist klar, wie verzweifelt Ihre Tochter sich um Anschluss bemüht und wie verpflichtet sie sich Ria und Matt gegenüber fühlt. Sie ist Ria und Matt dankbar, dass die beiden sie als Freundin akzeptieren. Zudem hat sie Mitleid mit ihnen, weil sie selbst mit großen Problemen zu kämpfen haben.

Zudem haben Sie herausgefunden, dass sich Ihre Tochter viele Gedanken wegen der Drogen macht. Ihre Tochter weiß um die Gefahr und versteht, dass ihre Freunde in einer schlimmen Krise stecken. Ihnen ist bewusst geworden, dass das, was Sie für das Problem hielten, in Wahrheit gar nicht das Problem ist. Ihre Tochter ist keineswegs in Gefahr, in eine Drogenabhängigkeit zu geraten. Sie rebelliert auch nicht gegen Sie. Überhaupt geht es nicht um Sie, obwohl die Bemerkungen Ihrer Tochter zu Beginn des Gesprächs sehr scharf und verletzend waren.

Bislang haben Sie in keinem Punkt Zustimmung oder Ablehnung signalisiert. Sie haben keinen Kommentar zum Drogenkonsum der Freunde Ihrer Tochter abgegeben. Die Tatsache, dass die beiden Ihrer Tochter angeboten haben, selbst Drogen auszuprobieren, haben Sie ebenfalls nicht weiter thematisiert. Auch dazu, dass Ihre Tochter glaubt, nur schwer Freunde zu finden, haben Sie sich noch nicht geäußert. Sie haben einfach zugehört und versucht zu verstehen, was Ihre Tochter Ihnen sagen will. Denn an dieser Stelle beschränkt sich Ihre Aufgabe allein darauf, zu erkennen, was Ihre Tochter fühlt, und zu sagen: »Du siehst die Dinge anders als ich. Deshalb höre ich dir genau zu.«

Wenn Sie Ihrer Tochter zuhören, ermöglichen Sie es ihr, ihre schwierige Situation in Worte zu fassen und mit Ihnen zu teilen. Sie sind nicht länger der Gegner in einer »Ich gegen die Eltern«-Geschichte. Stattdessen werden Sie allmählich zum Freund – und dann können Sie gemeinsam Kurs auf eine 3. Alternative nehmen.

Empathie ist ansteckend!

Die Suche nach einer 3. Alternative ist immer ein großes Abenteuer. Sie wissen nicht, wohin diese Gefühlsreise Sie und den anderen am Ende bringen wird. Aber ich versichere Ihnen: Wenn Sie den anderen nicht in Ruhe ausreden lassen und ihm nicht aufmerksam zuhören, werden sich zwischen Ihnen immer größere Mauern auftürmen. Haben diese Mauern erst einmal eine gewisse Höhe erreicht, lassen sie sich nur sehr schwer wieder abtragen.

In unserer auf Schnelligkeit getrimmten Welt fehlt uns die Geduld, anderen wirklich zuzuhören. Anstatt zuzuhören, weichen wir Konflikten mit unserem Partner oder unseren Kindern aus. Wir leiden unter einem Mangel an Empathie. Doch nur wenn wir dem anderen zuhören, können wir uns in seine Lage versetzen. Mehr noch: Je mehr Aufmerksamkeit Sie dem anderen schenken, desto geringer sind die emotionalen Barrieren zwischen Ihnen. Zuhören, um den anderen wirklich zu verstehen, ermöglicht es uns,

Mauern zu durchbrechen. Je besser Sie zuhören, je mehr Verständnis Sie haben, desto größer ist die Chance, gemeinsam zu einer 3. Alternative zu gelangen. Und: Je geduldiger Sie zuhören und je mehr Sie sich für die Ansichten des anderen öffnen, desto bereitwilliger werden es Ihre Gesprächspartner Ihnen gleichtun. Denn: Empathie ist ansteckend!

4. Paradigma: Ich schaffe mit dir Synergie

Die Familie ist für sich genommen bereits eine 3. Alternative. Sie beginnt mit dem Zusammenschluss zweier einzigartiger Menschen und Kulturen. Wenn dabei gegenseitige Achtung und die Bereitschaft, einander zuzuhören, Pate stehen, erwächst daraus Synergie. Dazu müssen wir uns bewusst für die 3. Alternative entscheiden: nicht mein Weg, nicht dein Weg, sondern *unser* Weg. Diese Einstellung können wir verinnerlichen, indem wir bei allen wichtigen Fragen auf die 3. Alternative setzen. Wie wir unsere Kinder erziehen, mit unserem Geld umgehen, uns beruflich weiterentwickeln oder unsere Partnerschaft gestalten: Das alles sind wichtige Themen, bei denen Synergie eine zentrale Rolle spielen sollte. Dennoch kommen gerade hier oft die Synergie, die Achtung und das Zuhören zu kurz. Das zeigen auch die folgenden Dialoge aus dem Familienalltag:

- »Ich verstehe nicht, warum wir ständig mit unserem Konto im Minus sind. Dabei verdienen wir so gut.« – »Lass mich mit dem Thema in Ruhe.«
- »Ich finde, du bist zu streng zu den Kindern.« – »Wie sollen sie jemals etwas lernen, wenn sie so undiszipliniert sind.«
- »Du bist nie da.« – »Ich schufte mich halb zu Tode, damit ihr es gut habt. Und du tust nichts anderes, als dich dauernd zu beschweren.«

4. Paradigma der Synergie: Ich schaffe mit dir Synergie

Ich schaffe mit dir Synergie: Sobald wir uns voll und ganz verstanden haben, können wir Synergie suchen und eine Lösung finden, die besser ist als alles, was sich jeder Einzelne von uns bislang vorstellen konnte. Synergie ist eine schnelle, kreative und auf Zusammenarbeit basierende Form der Problemlösung.

Die meisten unserer Konflikte drehen sich um harmlose Dinge. Wenn wir beispielsweise im Urlaub sind und ich am Strand liegen will, während du lieber Golf spielen möchtest. Hier brauchen wir in der Regel keine 3. Alternative. Wir können beides gemeinsam tun oder am Nachmittag getrennte Wege gehen. Das ist nicht das Problem. Kleine Konflikte erfordern lediglich etwas Kreativität und die Bereitschaft, nach einer 3. Alternative zu suchen. Aber wenn es um wichtigere Themen geht, kann ein belangloser Streit schnell in ein regelrechtes Gemetzel ausarten. In solchen Fällen geht es nicht mehr um Strand oder Golf, sondern um den Kern unserer Beziehung. Die Frage lautet: »Wollen wir Synergie oder nicht?«

Wenn Sie die Synergie bevorzugen, kann ich die Bedeutung der Paradigmen »Ich sehe mich«, »Ich sehe dich« und »Ich versuche, dich zu verstehen« gar nicht genug betonen. Ohne die Bereitschaft zum respektvollen und empathischen Umgang miteinander ist an 3. Alternativen nicht zu denken. Dann bleibt jeder Versuch, Synergie zu schaffen, ein reines Gedankenspiel.

Die Bereitschaft zum Zuhören ist zwar eine wichtige Voraussetzung, aber sie allein genügt noch nicht, um die wirklich schwierigen Probleme zu lösen. Oder um es mit den Worten des Philosophen J.D. Trout zu sagen: »Empathie ist der Startpunkt. Nur leider geben viele vor der Ziellinie auf.«[53] Konkret heißt das:

Allein dadurch, dass wir einem anderen aufmerksam und geduldig zuhören, können wir schon etwas bewirken. Aber erst die 3. Alternative hilft uns, das Problem wirklich zu lösen.

Paare können Jahrzehnte in einem Zustand der »emotionalen Scheidung« leben. Immer wieder streiten sie sich über dieselben Themen, weil keiner den Mut hat, den anderen zu fragen: »Bist du bereit, eine Lösung zu suchen, die besser ist als alles, was jeder von uns beiden bisher im Sinn hatte?« Aber wenn wir diesen Mut aufbringen, steht uns etwas offen, was manche Experten als »dritten Raum« bezeichnen. Wir entscheiden uns nicht für meinen oder deinen Standpunkt. Stattdessen halten wir nach einem neuen Ort Ausschau, der das Beste der beiden Standpunkte in sich vereint. Nicht mehr »mein Weg oder dein Weg« bestimmt unser Denken. Denn wir machen uns gemeinsam auf die Suche nach »unserem Weg«. Einem Weg, der uns umso weiter bringt, je mehr sich jeder von uns mit seinen einzigartigen Fähigkeiten einbringt. In diesem dritten Raum gilt: »Wir sind, wo wir niemals waren.«[54] Was damit genau gemeint ist? Gehen wir noch mal zurück zu unserem Beispiel von der Tochter mit den drogenabhängigen Freunden:

Der Weg ins magische Theater

BEISPIEL *Während Ihre Tochter spricht, bewegen Sie beide sich immer weiter in Richtung eines dritten Raums. Sie betreten ein magisches Theater, in dem 3. Alternativen angespielt und getestet werden können. Nehmen wir an, dass Ihre Tochter gerade angedeutet hat, wie furchtbar es für sie ist, ihre Freunde leiden zu sehen, sobald der Rausch verklingt und die Entzugserscheinungen einsetzen.*

Sie sagen: »Es muss hart für dich sein, deine Freunde so leiden zu sehen.«

Ihre Tochter entgegnet: »Ich vermute, dass ihnen das große Angst macht. Aber Ria und Matt wissen nicht, wie sie davon loskommen sollen. Es gibt niemanden, mit dem sie sprechen können. Mit ihren Eltern können sie nicht reden … jedenfalls nicht so wie ich.«

Jetzt denken Sie: »Das klingt schon besser. Das Zuhören hat sich gelohnt.« Widerstehen Sie der Versuchung, nun Ihre Meinung zu äußern oder Ihrer Tochter Ratschläge zu geben. Halten Sie sich zurück und fragen Sie: »Hast du eine Idee, wie man Ria und Matt helfen könnte?«

Ihre Tochter denkt weiterhin laut: »Ihre Eltern werden die beiden umbringen, wenn sie das mit den Drogen mitbekommen. Die Lehrer in der Schule reden ständig über Suchtprobleme, aber keiner hört mehr hin. Die Vertrauenslehrer sind okay, aber die haben so viel zu tun. Aber wer kann Ria und Matt wirklich helfen?«

»Was meinst du dazu?«, fragen Sie.

Bislang haben Sie nichts weiter getan, als Ihrer Tochter die Möglichkeit zu geben, laut über die Dinge, die ihr Sorgen machen, nachzudenken. Jetzt findet sie den Weg ins magische Theater – und zwar mit Ihrer Hilfe. Viele 3. Alternativen sind jetzt möglich. Beispielsweise könnten Sie sich gemeinsam mit Ihrer Tochter etwas in der Art eines

Peer-Support-Programms überlegen, um ihren drogenabhängigen Freunden zu helfen. Es müsste eine 3. Alternative sein, die es Ihrer Tochter ermöglicht, die Freundschaft zu den Klassenkameraden weiterzuführen – ohne selbst in den Drogensumpf abzurutschen.

Schon die einzelnen Schritte auf dem Weg zur Synergie bewirken sehr viel Positives. Das Band zwischen Ihnen und dem anderen wird durch die gegenseitige Wertschätzung und Empathie gestärkt. Das gemeinsame Bemühen um eine kreative Lösung für ein wichtiges Problem hebt Ihre Beziehung auf ein völlig neues Level.

Überlegen Sie, welche Möglichkeiten Sie als Elternteil in unserem Beispiel sonst noch gehabt hätten: Sie hätten befehlen, raten, bitten, belehren, bestechen, die Tochter in ihr Zimmer sperren, sie mit Schweigen strafen oder sie beschimpfen können. Wäre irgendetwas davon auch nur annähernd so effektiv wie die Suche nach einer 3. Alternative?

Schwierige Probleme in der Familie mit Synergie lösen

Gerade in Krisenmomenten wird Synergie am dringendsten gebraucht. Die schwierigsten Probleme stellen sich oft als die besten Chancen heraus, die Beziehungen innerhalb der Familie grundlegend zu verbessern. Die Geburt eines Kindes, der Verlust des Arbeitsplatzes, Drogenmissbrauch, Unfälle oder Krankheit: Ereignisse wie diese können eine Familie entweder zerstören oder fest zusammenschweißen. Eine positive Einstellung allein reicht zur Lösung schwerwiegender Probleme allerdings nicht aus. Wichtig ist, dass alle in der Familie das Denken in 3. Alternativen verinnerlichen und gemeinsam nach kreativen Lösungen suchen.

Die Familie ist ein Portfolio von Stärken. Wenn gravierende Probleme auftauchen, kann Ihre Familie zu Ihrer wertvollsten Ressource werden. Das zeigt auch die folgende Geschichte:

Das Familienunternehmen

BEISPIEL *Ein Mann und seine Frau hatten beide ihren Job verloren. Die Frau war Steuerfachgehilfin, der Mann Verkäufer in einem Supermarkt. Sie hatten drei pubertierende Söhne zu ernähren. Anstatt Arbeitslosenhilfe zu beantragen oder zu resignieren, beschloss die Familie, gemeinsam etwas Neues auf die Beine zu stellen. Die Söhne waren handwerklich geschickt und kräftig, die Frau verstand etwas von Finanzen und der Mann war der geborene Verkäufer. Sie lebten in einer Gegend, in der viel gebaut wurde. Deshalb gründeten sie ein Geschäft für Zäune. Der Mann verkaufte sie, die Frau kümmerte sich ums Büro und die Söhne bauten die Zäune auf. Das Familienunternehmen wurde ein großer Erfolg.*

Natürlich müssen Sie mit Ihrer Familie nicht gleich eine Firma gründen. Sie sollten auch nicht zögern, Hilfe von außen in Anspruch zu nehmen. Wichtig ist, dass Sie Herausforderungen als Möglichkeit sehen, neue Fähigkeiten zu entdecken und die Zukunft gemeinsam zu gestalten. Wenn sie ihren Arbeitsplatz verlieren, reiben sich viele mit der Suche nach einem weiteren unsicheren Job auf. Manche resignieren und ziehen sich immer mehr in die Opferrolle zurück. Die Synergie in der Familie dagegen bietet uns die Chance, unseren Job selbst zu gestalten und etwas zu tun, das unsere Begeisterung entfacht und zugleich das Interesse von potenziellen Kunden weckt.

Eine ganz andere, nicht weniger große Herausforderung ist die *Geburt eines Kindes*. Ob Kommunikation, Finanzen, Prioritäten, Intimität: Alles, was eine Partnerschaft ausmacht, ändert sich schlagartig. Die Zahl der alltäglichen Aufgaben wächst um ein Vielfaches. Die Eltern haben nun sehr viel weniger Zeit für sich selbst und füreinander. Ein Baby kann zur emotionalen Entfremdung zwischen den Eltern führen. Die gute Nachricht? Es genügt bereits, wenn ein Partner seine Einstellung ändert und sich auf die Suche nach 3. Alternativen macht. Dann sind die Weichen gestellt, damit der Nachwuchs das Band zwischen den Eltern nicht durchtrennt, sondern stärkt.

Kind, Partnerschaft, Haushalt und Beruf: Viele Frauen fühlen sich hin- und hergerissen zwischen ihren verschiedenen Rollen. Eine 3. Alternative könnte bedeuten, dass Sie einen Plan aufstellen, um Ihre Rollen unter einen Hut zu bekommen, ohne sich dabei völlig zu verausgaben. Dazu können Sie sich fragen: »Was ist das Wichtigste, das ich in meiner Rolle als Ehefrau in dieser Woche tun möchte?« Sie könnten beispielsweise zwei Stunden allein mit Ihrem Mann verbringen. Für Ihren Partner, der sich durch das Baby ein wenig ausgeschlossen fühlt, werden diese zwei Stunden unendlich wertvoll sein. Als Vater könnten Sie dasselbe mit Ihrem Kind tun: »Was ist der Wert einer Stunde, in der ich mich allein mit meinem Baby beschäftige?« Ihre Frau, Ihr Kind und Sie selbst werden davon ungemein profitieren. In dieser Zeit zu zweit werden Sie zum *Papa*. Einer meiner Söhne sagt immer: »Zwischen Vater und Papa besteht ein himmelweiter Unterschied.«

3. Alternativen sind die Rettung für Alleinerziehende

Für Alleinerziehende ist das Leben oft ein einziger Hindernislauf. Häufig lassen sich Berufstätigkeit und Mutter- oder Vaterrolle nur schwer vereinbaren. Ihr Kind wird an einem Tag krank, an dem Sie unbedingt zur Arbeit gehen müssen. Die Schule wird wegen eines Unwetters geschlossen – und Sie haben keinen Babysitter. Sie wollen die Schulaufführung Ihres Kindes besuchen, aber Ihr Chef braucht Sie ausgerechnet jetzt. Glücklicherweise sind viele

Arbeitsplätze mittlerweile flexibler geworden, dennoch kann niemand ständig im Job fehlen. Was tun?

Wenn Sie alleinerziehend sind, kann das Denken in 3. Alternativen für Sie die Rettung sein. Sie wissen, dass solche Probleme auftauchen können, und können sich auf den Fall der Fälle vorbereiten. Vereinbaren Sie ein Treffen mit Ihrem Chef und erklären Sie ihm Ihren Rollenkonflikt. Hören Sie aufmerksam zu, was Ihr Arbeitgeber Ihnen sagt. Wie empfindet er die Situation? Vielleicht hat er Verständnis und ist bereit, mit Ihnen gemeinsam nach einer Lösung zu suchen. Seien Sie nicht ungehalten, falls Ihr Chef noch etwas Zeit braucht. Je geduldiger Sie ihm zuhören, desto größer ist die Wahrscheinlichkeit, dass er auch Ihnen zuhört. Nehmen Sie ihn dann mit ins magische Theater. Schildern Sie nicht nur das Problem, sondern schlagen Sie auch gleich Lösungen vor. Ist im Notfall jemand da, der für Sie einspringen kann? Können Sie Ihr Kind zur Arbeit mitbringen? Werden Sie ruhig kreativ. Nutzen Sie die Gelegenheit, um Ihre Rolle im Job neu zu definieren. Welche Aufgaben könnten Sie übernehmen, die es Ihnen erlauben, zu Hause zu arbeiten?

Was tun, wenn es nicht funktioniert?

Familien sind zerbrechlich. Die Kräfte, die an ihnen zerren, sind ausdauernd und stark. Deshalb brechen viele Familien irgendwann auseinander. Was dann? Eine Scheidung oder Trennung bedeutet nicht automatisch das Ende aller Synergien zwischen den Familienmitgliedern. Menschen trennen sich aus den unterschiedlichsten Gründen. Aber mit der nötigen Bereitschaft, auch weiterhin Synergien zu schaffen, können die einstigen Partner die neue Lebenssituation so gestalten, dass alle davon profitieren. Auch hier genügt es, wenn einer der Beteiligten die Spirale der Verbitterung durchbricht. Selbst wenn der andere Partner nicht darauf reagiert.

Denken Sie immer daran, dass Sie die Freiheit haben, sich nicht verletzen zu lassen.

Eines Tages hatte der Bundesrichter Larry M. Boyle die Gelegenheit, einer Kollegin bei ihrer Arbeit über die Schulter zu sehen. Sie ist dafür bekannt, dass sie selbst in den erbittertsten Scheidungsverfahren eine 3. Alternative findet, wenn es darum geht, wem die Kinder zugesprochen werden sollen. Damals sollte die Richterin über das Schicksal eines siebenjährigen Mädchens und eines fünfjährigen Jungen entscheiden:

Denken Sie an das Wohl Ihrer Kinder

BEISPIEL *Die Eltern würdigten sich keines Blickes. Als die Anwälte sprachen, tupfte sich die Frau mit einem Taschentuch die Tränen aus den Augen, während der Mann den Blick starr geradeaus gerichtet hielt. Zuerst meldete sich die Anwältin der Frau zu Wort. Sie erklärte, dass sie Beweise hätte, dass der Mann die meiste Zeit mit seinen Freunden verbringen und sich nicht um seine Kinder kümmern würde. Daraufhin entgegnete der Anwalt des Mannes, belegen zu können, dass die Frau eine Affäre mit einem Kollegen habe. Beide Elternteile forderten das alleinige Sorgerecht für ihre Kinder. Die Richterin setzte ihre Lesebrille ab, machte eine Pause und sagte dann ganz ruhig:*

»Ich werde mir heute mehrere Stunden lang Argumente anhören. Dann werde ich entscheiden, wem ich glaube. Möglicherweise komme ich zu dem Schluss, dass der Vater ein Partykönig ist. Oder aber ich denke, dass die Mutter eine Affäre hat. Dann werde ich ein Urteil fällen. Genau das ist das Risiko, dem Sie sich aussetzen, wenn Sie mich über etwas urteilen lassen, das Sie als Eltern entscheiden sollten. Sie wissen, ich liebe Ihre Kinder nicht. Ich achte auf ihr Wohl. Aber ich liebe sie nicht, wie Sie sie lieben. Dennoch werde ich eine Entscheidung

treffen, die großen Einfluss auf das Leben dieser beiden kleinen Kinder hat. Sehr gut möglich, dass es die falsche Entscheidung sein wird. Deshalb schlage ich vor, dass Sie als Eltern die Interessen der Kinder über Ihre eigenen stellen. Ich werde diese Verhandlung jetzt unterbrechen. Während dieser Zeit setzen Sie beide sich mit Ihren Anwälten zusammen. Wenn Sie Ihren Stolz und Ihren Egoismus zurückstellen, sollten Sie in der Lage sein, das zu tun, was für Ihre Kinder am besten ist. Wenn Sie das nicht machen, legen Sie Zukunft Ihrer Kinder in meine Hände. In die Hände einer vollkommen fremden Person, die Ihre Kinder nicht einmal kennt. Also, nutzen Sie die Zeit und treffen Sie die richtigen Entscheidungen.«

Der Mann und die Frau sprachen stundenlang miteinander, gelegentlich auch mit ihren Anwälten, die meiste Zeit aber unter vier Augen. Sie hörten sich zu und entschuldigten sich beim jeweils anderen. Erst jetzt wurde ihnen bewusst, was sie angerichtet hatten, als sie sich den Krieg erklärt hatten. Der Mann war kein Herumtreiber und die Frau hatte kein Verhältnis. Das waren die plumpen Verdächtigungen von zwei Menschen, die nur noch auf Konfrontation ausgerichtet waren.

Obwohl sie sich auseinandergelebt hatten und nicht bereit waren, wieder zum Ehealltag zurückzukehren, beschlossen sie, die Verantwortung für ihre Kinder weiterhin gemeinsam zu tragen. Der Mann sah ein, dass die Kinder bei seiner Frau besser aufgehoben waren. Und die Frau war einverstanden, dass er die Kinder jederzeit sehen konnte. Sie wollten trotz der Trennung der Eltern eine Familie bleiben.

»Ich habe eine wahre Friedenstifterin in Aktion erlebt«, sagt Larry Boyle. Anstatt sich stundenlang kindische Anschuldigungen anzuhören und auf der Basis des schlimmsten 2-Alternativen-Denkens eine Entscheidung zu treffen, ebnete die Familienrichterin den Weg für eine 3. Alternative. Sie wusste, dass es nicht ihre Aufgabe war, den Eltern ein Forum für ihre Fehde zu liefern. Ihr ging es darum, den Kindern zur bestmöglichen Zukunft zu verhelfen. Zum Glück sahen die Eltern ein, dass genau das das Allerwichtigste war.

Natürlich brauchen geschiedene Männer und Frauen keinen Gerichtssaal, um sich gegen Streit und für Synergie zu entscheiden. Sie müssen nicht das Opfer ihres ehemaligen Partners bleiben. Dazu braucht es gar nicht viel. Achtung vor sich selbst und dem Partner, die Bereitschaft, sich gegenseitig verständnisvoll zuzuhören, und die Entschlossenheit, nach 3. Alternativen zu suchen: Die Gesetze der Synergie gelten für getrennte Paare genauso wie für alle anderen. Zugegeben, wenn der Ex-Partner sich sperrt, braucht es viel Mut und Willensstärke, um trotzdem weiter an eine 3. Alternative zu glauben. Aber es ist möglich – und der daraus resultierende innere Frieden ist unbezahlbar. Denn: Die Familie ist die erste und wichtigste Institution in unserer Gesellschaft. Sie ist der Nährboden für Engagement, Liebe, Charakter und Verantwortungsbewusstsein. Deshalb bin ich der Meinung, dass Synergie in keinem anderen Bereich des Lebens so wichtig ist wie in unseren Familien!

Wichtige Fragen zur 3. Alternative

in der Familie

Die folgenden Fragen helfen Ihnen, die Inhalte dieses Kapitels zu vertiefen. Besonders effektiv ist es, wenn Sie mit jemandem aus dem Kreis Ihrer Kollegen, Freunde oder Familie über diese Fragen diskutieren. Bringen Sie dem anderen Ihre neuen Einsichten und Erkenntnisse bei. So lernen Sie am meisten:

- Welchen Einfluss hat das 2-Alternativen-Denken auf die Scheidungsrate?
- Warum ist Synergie für Familien so wichtig?
- Warum sollten Familien die Unterschiede zwischen ihren Mitgliedern feiern? Und: Wie geht das?
- Weshalb haben Sie die Freiheit, sich für Synergie zu entscheiden? Wie können Sie diese Freiheit nutzen?
- Was erreichen Sie, wenn Sie verletzende Bemerkungen oder Handlungen als Einladung zum aufmerksamen, einfühlenden Zuhören verstehen?
- Was gewinnen Sie, wenn Sie in einer familiären Konfliktsituation aufmerksam und verständnisvoll zuhören?
- Wie können Sie Empathie zu einem wichtigen Wert in Ihrer Familie machen?
- Welche aktuellen Herausforderungen in Ihrer Familie können Sie mit Synergie und 3. Alternativen meistern?

Probieren Sie es gleich aus!

Gibt es ein Problem oder einen Konflikt in Ihrer Familie? Wünschen Sie sich eine kreative Lösung für eine schwierige familiäre Situation? Dann trommeln Sie Ihre Lieben zusammen und suchen Sie gemeinsam nach 3. Alternativen. Halten Sie sich dabei an die »4 Schritte zur Synergie«: Nutzen Sie den Leitfaden auf den Seiten 104 bis 105. Und noch ein Tipp: Den kostenlosen Download für den Leitfaden finden Sie unter: www.stephen-covey.de.

Buchtipp für starke, glückliche Familien

Wünschen Sie sich ein glückliches, harmonisches Familienleben? Wollen Sie, dass alle in Ihrer Familie an einem Strang ziehen? Dann lege ich Ihnen mein Buch »Die 7 Wege zur Effektivität für starke Familien« ganz besonders ans Herz.

Die 3. Alternative in Politik und Gesellschaft

VIII. Die 3. Alternative in Politik und Gesellschaft

Die meisten denken, dass ihre schwierigsten Probleme privater oder persönlicher Natur sind. Doch wenn man genauer hinsieht, haben viele unserer Probleme *gesellschaftliche Ursachen*. Wenn Sie mehr darüber erfahren wollen, wie Sie die 3. Alternative zur Lösung Ihrer eigenen Probleme nutzen können, lohnt sich ein Blick auf die praktische Umsetzung im gesellschaftlichen Kontext.

In diesem Kapitel finden Sie einige konkrete Beispiele von engagierten Menschen, die 3. Alternativen auf den Weg gebracht haben, um die großen gesellschaftlichen Probleme unserer Zeit auf kreative Weise zu lösen. Von der Verhinderung von Kriminalität über die Reform des Schulunterrichts bis hin zum Umweltschutz: Schritt für Schritt erfahren Sie, wie Synergien geschaffen und wirklich außergewöhnliche 3. Alternativen entwickelt wurden. Dabei geht es nicht darum, haarklein aufzuzeigen, welche 3. Alternativen es weltweit zur Klärung gesellschaftlicher Probleme gibt. Das würde den Rahmen dieses Buches sprengen. Deshalb habe ich eine kleine Auswahl an Beispielen für Sie zusammengestellt. Wichtig ist mir, dass Sie ein Gespür dafür bekommen, was alles machbar ist. Ich hoffe sehr, diese Beispiele machen Ihnen Mut, *selbst* 3. Alternativen zu entwickeln!

Synergie ist ein Abenteuer

Um den Weg der Synergie zu beschreiten und gemeinsam mit anderen 3. Alternativen zu schaffen, sind Abenteuerlust, Entdeckergeist und Kreativität gefragt. Man weiß nicht, wo einen dieser Weg letztlich hinführen wird. Man weiß auch nicht, was unterwegs passieren wird und welchen neuen Herausforderungen man begegnen wird. Doch: *Wer einmal wirkliche Synergie erlebt hat, ist danach nicht mehr derselbe.* Er weiß, dass die Möglichkeit besteht, in Zukunft noch mehr solcher Abenteuer zu erleben und gemeinsam mit anderen Lösungen für scheinbar unlösbare Probleme, Schwierigkeiten und Konflikte zu finden. Ich würde mich von Herzen freuen, wenn die Ideen aus diesem Kapitel Sie dazu motivieren, sich auf das Abenteuer Synergie einzulassen. Denn:

> Das Leben besteht nicht nur aus Entweder-Oder. Es gibt fast immer eine 3. Alternative! Gemeinsam können wir auch die schwierigsten Probleme unserer Gesellschaft lösen!

Der große Riss in unserer Gesellschaft

In vielen Umfragen werden der Einsatz für Frieden, die Bekämpfung von Armut, die Vermeidung von Arbeitslosigkeit und der Schutz unserer Umwelt als wichtigste gesellschaftliche Aufgaben genannt. Zudem sehen viele die Bekämpfung der Kriminalität und die Verbesserung des Gesundheitssystems als drängende gesellschaftliche Probleme, die unbedingt gelöst werden müssen. Ich bin sicher: Niemand ist für Gewalt, Hunger, Krankheit, Armut, Obdachlosigkeit oder Umweltverschmutzung. Jeder möchte seinen Kindern und Enkeln eine friedliche, sichere und gesunde Welt hinterlassen:

Wir sind uns einig, *was* zu tun ist. Doch *wie* soll es getan werden? Diese Frage spaltet unsere Gesellschaft.

Rund um den Globus streiten zwei grundverschiedene Positionen um die Gunst der Menschen und die Stimmen der Wähler: die Philosophie der *Linken* und die Philosophie der *Rechten*. Die meisten Nationen pendeln unschlüssig zwischen diesen zwei Seiten hin und her. Sie sind wie Vögel, die nicht wissen, wohin sie fliegen sollen. Doch so wächst die Kluft immer weiter.

Worum geht es wirklich?

Während Linke und Rechte sich gegenseitig immer heftiger bekriegen, verschärfen sich die gesellschaftlichen Probleme weiter. Verbrechen und Korruption nehmen beängstigende Ausmaße an, die Kosten des Gesundheitssystems klettern ins Uferlose, die Arbeitslosigkeit und die Umweltverschmutzung steigen dramatisch. Die breite Mitte weiß nicht, was sie glauben soll. Deshalb wechselt sie alle paar Jahre die Seite und hofft, dass diesmal alles besser wird. Aber den Parteien und den Politikern scheint es mehr um Macht als um die Lösung unserer schwierigsten Probleme zu gehen. Ihr Hauptziel ist es, ein Bild zu schaffen, das bei den Wählern gut ankommt – auch wenn es oberflächlich und substanzlos ist.

Die meisten gehen in die Politik, weil sie einen wichtigen Beitrag für die Gesellschaft leisten wollen. Aber es gibt auch etliche Politiker, die ihre Gegner verteufeln, um sich selbst in ein besseres Licht zu rücken. Mit Vorliebe reduzieren sie komplexe Sachverhalte auf ein ganz simples Schema: »Wir gegen die anderen!« Doch damit ist keinem geholfen. Denn so lassen sich unsere größten gesellschaftlichen Probleme nicht lösen. Deshalb interessiert mich die Links-Rechts-Debatte auch nicht besonders. Was mir am Herzen liegt, ist die Aufgabe, um die es wirklich geht: mit der Kraft der Synergie 3. Alternativen zu finden. Kreative Lösungen, mit denen wir die Missstände in unserer Gesellschaft wirkungsvoll bekämpfen können. Das ist machbar. Wie das geht, werde ich Ihnen auf den folgenden Seiten mit der Hilfe von einigen konkreten Beispielen zeigen.

Die 3. Alternative für einen sozialen Brennpunkt

Die New Yorker bezeichnen den Times Square in Manhattan als »Mittelpunkt des Universums« – und das mit gutem Grund. Die weltbekannte Straßenkreuzung ist das pulsierende Herz der größten US-amerikanischen Stadt. Gigantische Siegesparaden, riesige elektronische Schautafeln mit den neusten Nachrichten oder ungeheure Menschenmassen am Silvesterabend: Der Times Square zieht Menschen aus der ganzen Welt in seinen Bann.

Vor gut 100 Jahren war der Times Square von vielen berühmten Broadway-Theatern umsäumt. Das legendäre Hotel Astor thronte wie eine granitene Festung über der Szene. Doch von dem alten Glanz war in den 1970er-Jahren nicht mehr viel übrig. Am Times Square tummelten sich Alkoholiker, Junkies, Ausreißer, Bettler und Zuhälter.[55] Der Großteil der Theater war geschlossen. Die wenigen, die noch geöffnet hatten, boten rund um die Uhr nichts als Schund und Pornografie.

Der schlimmste Block der Stadt

Der urbane Verfall – ein Phänomen, das sich überall in den Vereinigten Staaten bemerkbar machte – ließ New York mitten in seinem Herzen verwahrlosen. Der »schlimmste Block der Stadt« wurde zum Symbol einer finanziell und moralisch bankrotten Metropole. Doch inzwischen ist von all dem nichts mehr zu sehen. Der Times Square, einst das Symbol gravierender gesellschaftlicher Missstände, erstrahlt wieder in neuem Glanz. Heute ist der Times Square ein Symbol für das, was Menschen durch die Kraft der Synergie gemeinsam erreichen können. Seine Geschichte zeigt eindrucksvoll, wie grundlegend und nachhaltig wir unsere Gesellschaft verändern können, wenn wir fest entschlossen sind, aus dem 2-Alternativen-Denken auszubrechen und nach einer 3. Alternative zu suchen.

Viele Menschen können stolz auf ihren Beitrag zur Erneuerung des Times Square sein. Doch der erste und wichtigste Anstoß kam von einem Mann, den wahrscheinlich nur die wenigsten kennen: Herb Sturz. Vom Einsatz für jugendliche Straftäter über die Unterstützung von jungen Arbeitslosen bis zur Hilfe für Drogenabhängige: Bevor Herb Sturz im Jahr 1973 zweiter Bürgermeister von New York wurde, hatte er sein besonderes Talent bei der Entwicklung kreativer Lösungen in vielen sehr erfolgreichen sozialen Projekten gezeigt. Seine größte Stärke war, dass er in einer 2-Alternativen-Welt immer die 3. Alternative sah. Bei seinem Amtsantritt war der Times Square ein echter Schandfleck. Obwohl alle lautstark nach Lösungen riefen, passierte nichts. Sturz fasste das Problem erstmals in klare Worte: »Wir müssen die Fantasie an den Times Square zurückbringen und damit die traurige Wirklichkeit ablösen.«[56]

Das blanke Entsetzen

Als die Stadt ihren Plan für die Neugestaltung des Times Square verkündete, waren viele Leute schockiert. Das Viertel sollte dem Erdboden gleichgemacht werden, um Platz für vier riesige Wolkenkratzer zu schaffen. Die Grundstückseigentümer überzogen die Stadt mit Klagen und die zwielichtigen Etablissements, denen die Schließung drohte, protestierten. Zudem kritisierten Umweltschützer und Stadtaktivisten das Projekt: Sie waren der Meinung, dass es den Times Square in eine graue, gesichtslose, austauschbare Betonwüste verwandeln würde. Auch Herb Sturz war nicht begeistert.

In dieses heillose Durcheinander trat Rebecca Robertson, eine erfahrene Stadtplanerin. Herb Sturz engagierte sie und die Stadt machte sie zur Leiterin des Umgestaltungsprojekts. Rebecca Robertson wusste, dass der Times Square zum »Schandfleck New Yorks« verkommen war.[57] Aber die Herausforderung reizte sie: Wie bringt man ein Dutzend streitbare Parteien dazu, dem New York der Zukunft gemeinsam ein neues »Herz« zu geben?

Rebecca Robertson verwarf den Plan der Stadt. Stattdessen fragte sie alle Beteiligten, ob sie bereit wären, nach einer 3. Alternative zu suchen. Sie regte eine offene Diskussion darüber an, wie New Yorks neues »Herz« aussehen sollte. Umweltschützer, Historiker, Künstler, Stadtplaner, Immobilienbesitzer und Grundeigentümer oder bekannte Persönlichkeiten: Abweichende Stimmen waren willkommen.

Der Mythos soll weiterleben

Rebecca Robertson erinnert sich: »Was eine große Stadt groß macht, ist ihr Mythos. Der Mythos des Times Square lebte von den berühmten Broadway-Theatern und den wunderbaren alten Filmen wie *Broadway Melody* und *The Ziegfeld Follies*. Ich wollte eine saubere Straße ohne Verbrechen, das auf jeden Fall. Aber ich fühlte, dass der Mythos des Viertels auch sein Chaos und seine Schrillheit waren.«[58]

Rebecca Robertsons Ideen brachten frischen Schwung in das Projekt. Allmählich nahm die 3. Alternative in den Köpfen der Beteiligten Gestalt an. Langsam wurde ihnen bewusst, dass »die 42. Straße nicht irgendein innerstädtisches Problemviertel war, sondern ein großartiges, wenn auch heruntergekommenes, Unterhaltungsmekka«.[59] Gemeinsam definierten sie einige wichtige Erfolgskriterien, die die 3. Alternative erfüllen sollte. Das bot ihnen die Chance, ihre Wünsche und Zukunftsvisionen zum Ausdruck zu bringen. Hier sind einige dieser Erfolgskriterien:

- Der neue Times Square muss den Theatermythos weitertragen und wieder zum Dreh- und Angelpunkt der städtischen Unterhaltung werden.

- Das pulsierende mediale Herz der Stadt muss wieder aufleben – mit gigantischen Videoflächen, Nachrichten und Werbung rund um die Uhr.
- Bekannte Firmen aus der Unterhaltungsindustrie, Verlage und Zeitungen sollen stolz darauf sein, ihre Unternehmenszentralen am neuen Times Square zu haben.
- Millionen von Besuchern müssen freien Zugang haben. Für sie soll es nicht nur eine Metrostation, sondern auch einen Park geben.
- Wenngleich mitten in einem Geschäftsviertel gelegen, muss die Architektur modern und avantgardistisch sein, ohne die Bodenhaftung zu verlieren.

Eine völlig neue Idee

Nachdem Einigkeit über die Erfolgskriterien herrschte, ging es an die Erstellung von Prototypen. Anstelle der vier zunächst vorgeschlagenen Wolkenkratzer tauchte jetzt eine völlig neue Idee auf. Diese Idee knüpfte an die Geschichte des Times Square als Unterhaltungszentrum an. Sie sah vor, die alten, desolaten Theater zu restaurieren und mit modernen Gebäudeeinheiten zu verbinden. Bauherren, die sich auf das Projekt einließen, konnten mit einer großzügigen Steuerermäßigung rechnen. Das erste Theater, das im Zuge dieses Projekts entstand, war das in seinen glanzvollen Originalzustand aus der Zeit um 1900 zurückversetzte New Victory. Dann finanzierte die Ford Motor Company die Umgestaltung des Lyric- und Apollo-Theaters in ein neues Zentrum für Darstellende Künste. Schließlich erklärte sich Walt Disney bereit, das berühmteste Broadway-Theater überhaupt, das New Amsterdam, zu restaurieren.

Wiedergeburt des Times Square

Nach und nach bröckelte der Widerstand gegen diese 3. Alternative. Selbst erbitterte Gegner gaben ihren Widerstand auf. Heute sprüht der neue Times Square nur so vor Energie und Leben. Täglich stauen sich dort die Fußgänger. Gigantische Leuchtreklamen erhellen die Nacht. Prächtig restaurierte Theater bringen die besten Live-Shows der Welt. Während 1980 ganze 50 000 Besucher den Jahreswechsel am Times Square feierten, sind es heute weit über eine Million Menschen. Nach einer jahrzehntelangen Umgestaltungsphase nimmt der Times Square inzwischen einen festen Platz an der Spitze der Touristenattraktionen der Vereinigten Staaten ein. Das schafft neue Arbeitsplätze und spült jede Menge Geld in die Kassen von New York.

Die 4 Schritte zur Synergie

Die 4 Schritte zur Synergie: Weitere Verwahrlosung des Times Square oder Verwandlung in ein reines Geschäftsviertel? Um eine 3. Alternative zu diesen beiden Optionen zu finden, definierte eine große Gruppe von Bürgern ihre Erfolgskriterien. Danach entwickelten sie gemeinsam Prototypen, um Synergie zu schaffen und eine Lösung zu finden, die jeden begeistert, der den Times Square heute besucht.

»Verwandle das Schlechteste in das Beste!«

Die Wiedergeburt des Times Square ist die Erfolgsgeschichte von Menschen mit dem nötigen Willen, der Disziplin und dem Charakter, um eine Gesellschaft nachhaltig zu verändern. Die Aufgabe lautete: *»Verwandle das Schlechteste in das Beste!«* Genau das taten sie. Von Geschäftsleuten, Investoren, Bankern, Behördenmitarbeitern bis zu Umweltschützern und Theatermachern: Alle zogen gemeinsam an einem Strang – trotz aller Unterschiede. Der Geist der Synergie vereinte alle Beteiligten und die Vielfalt ihrer Sichtweisen verschmolz zu einer gemeinsamen Vision.

Die 3. Alternative gegen Kriminalität

Kriminalität ist ein allgegenwärtiges Phänomen in unserer Welt. Die aktuellen Statistiken zeichnen ein beängstigendes Bild. Hinter diesen Statistiken verbirgt sich unendliches menschliches Leid, das sich nicht in Zahlen ausdrücken lässt. Wir erfassen das Leid statistisch, wir gewöhnen uns daran und wir lernen, damit zu leben. Kriminalität, so glauben wir, wird uns immer begleiten. Ohnmächtig, was die wahren Ursachen betrifft, doktern wir an den Symptomen herum. Schnelle Reaktion, entschiedenes Durchgreifen und saftige Gefängnisstrafen: Die einen versuchen, das Problem mit einer harten Linie in den Griff zu bekommen. Die anderen setzen auf eine weiche Linie. Sie wollen der Kriminalität den Boden entziehen, indem sie etwas gegen die Umstände unternehmen, die zu den Verbrechen führen. Das ist absolut sinnvoll. Doch bis sich hier Erfolge zeigen, kann es Jahre dauern. Aber die Verbrechen passieren in der Gegenwart und die Menschen leiden hier und jetzt darunter.

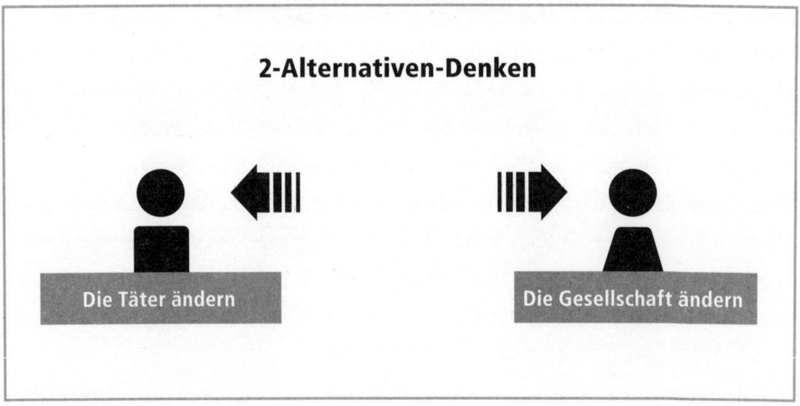

Der Friedenspolizist

Harte oder weiche Linie? Die akuten Probleme einer kriminalitätsgeplagten Gesellschaft werden durch diese Art des 2-Alternativen-Denkens nicht gelöst. Es muss 3. Alternativen geben! Das dachte sich auch Ward Clapham aus Kanada. Ward war 30 Jahre lang bei der Royal Canadian Mounted Police. Diese sieht ihre Aufgabe in erster Linie darin, *»den Frieden zu wahren«*. Damit ist weit mehr gemeint, als dem Gesetz zu seinem Recht zu verhelfen. Ward ist stolz auf die »Mounties« – und das kann er auch sein. Schließlich gehört er zur einzigen mir bekannten Polizeieinheit, die den Begriff *»Pro-Aktivität«* in ihr Leitbild aufgenommen hat.

Als junger Polizeibeamter arbeitete Ward Clapham in Nordkanada. Irgendwann fragte er eine Gruppe von Ureinwohnerkindern, was Polizisten ihrer Ansicht nach tun würden. Sie antworteten: »Sie sind Jäger. Sie lauern uns auf und stecken unsere Mütter und Väter ins Gefängnis!«[60] Ward wurde klar, dass die Kinder ihn fürchteten – und das erschreckte ihn. Zu seinem Job gehörte auch, Akten über auffällig gewordene Jugendliche zu führen. Die meisten von ihnen landeten früher oder später im Gefängnis. Das machte ihn immer sehr betroffen. Er wunderte sich, dass keiner versuchte, das zu verhindern. Schulen, Kirchen und Politiker kannten das Problem. Sie diskutierten endlos, was man dagegen tun konnte. Doch sie unternahmen nichts. Ward Clapham wollte nicht länger untätig herumsitzen, Aber was konnte er tun? Rückblickend sagt er:

Es war, als wäre ich oberhalb eines Wasserfalls. Von hier aus konnte ich zusehen, wie die Menschen vom Wasser mitgerissen und über die Kante des Wasserfalls gespült wurden. Ich wusste, was ihnen bevorstand, aber ich konnte nicht helfen.

Wer macht denn so was?

Als Ward in eine Stadt in Alberta versetzt wurde, erlebte er hautnah mit, wie es immer öfter Stress zwischen Bürgern und Jugendlichen gab. Eines Tages beschwerte sich ein wütender Anrufer, dass einige Kinder mitten auf einer Straße Hockey spielten und den Verkehr blockierten. Ward fuhr sofort hin, stieg aus seinem Polizeiauto und baute sich mit seiner roten Uniform und mit dem großen braunen Hut vor den Kindern auf. Sie starrten betreten auf den Boden. Ward wusste, wie viel Angst sie vor ihm hatten. Plötzlich schoss ihm das Leitbild der Royal Canadian Mounted Police durch den Kopf: *»Den Frieden wahren!«*

Was konnte er in dieser Situation tun, um den Frieden zu wahren? Nicht nur einen trügerischen Frieden, weil er diese Jugendlichen einfach wegsperrte, sondern einen dauerhaften? Nach einer Weile sagte er: »Ihr habt die Wahl: Entweder ihr bekommt alle eine Verwarnung – oder ihr lasst mich mit euch Hockey spielen.« Die Kinder waren verblüfft. Hier gab es einen Polizisten, der mit ihnen mitten auf der Straße Hockey spielte und dem Puck nachjagte. Während die Kinder riesengroßen Spaß hatten, wurden die wartenden Autofahrer extrem ärgerlich. Ward bekam in den darauffolgenden Tagen eine Menge Beschwerden wegen der Verkehrsbehinderung durch das Hockeyspiel. Aber das störte ihn nicht. Denn seine Beziehung zu den Jugendlichen war jetzt eine völlig andere.

Die Sache mit den Zigaretten

Während seiner gesamten Laufbahn überraschte Ward sowohl die Bürger als auch seine Vorgesetzten immer wieder mit seinem proaktiven Verhalten und seinen kreativen 3. Alternativen. In einer anderen Stadt wurden ständig Ladeninhaber dafür zur Rechenschaft gezogen, dass sie Zigaretten an Minderjährige verkauften. Die Strafen waren hoch. Ward wandte sich an die Stadtverwaltung und bat darum, etwas Neues ausprobieren zu dürfen. Er wollte die Strafe aussetzen, wenn der Ladenbesitzer in seinem Geschäft Anti-Raucherkurse abhielt. Das klang verrückt. Aber die Geschäftsinhaber machten von dieser Möglichkeit eifrig Gebrauch. Die Ladenbesitzer, die Angestellten und die Jugendlichen lernten, wie gefährlich das Rauchen war. Der Zigarettenverkauf an Minderjährige ging deutlich zurück. Und das Beste: Viele Jugendliche gewöhnten sich das Rauchen erst gar nicht an.

Ward hatte immer die *Wurzel* des Problems im Blick und nicht nur die *Symptome*. Er sagt:

> *Wir können immer so weitermachen und die Opfer am Fuß des Wasserfalls aufsammeln. Oder wir verhindern im Vorfeld, dass sie über die Kante gespült werden. Wir können einfach hinnehmen, dass Kriminalität und Gewalt zu unserem Leben dazugehören. Aber ich sage: Nein, nein, das geht auch besser!*

Verbrechen verhindern

Schon bald wurde Ward Clapham Chef der Royal-Canadian-Mounted-Police-Einheit in Richmond, British Columbia. Die Stadt hatte knapp 200 000 Einwohner. Über die Hälfte war indischer oder südostasiatischer Herkunft. Das Lebensumfeld war von starken ethnischen und wirtschaftlichen Spannungen geprägt. Die Polizeiarbeit bestand vor allem darin, zu reagieren, wenn bereits etwas passiert war. Dann mussten die Polizisten die Übeltäter fassen und die Jugendlichen von der Straße schaffen. Von einer Beziehungspflege, mit der sich Verbrechen im Vorfeld hätten verhindern lassen, war weit und breit nichts zu sehen. Ward Clapham war fest entschlossen, das zu ändern:

> *Die Polizisten werden im Trainingslager ausgebildet – und das Einzige, was sie dort lernen, ist die Vollstreckung der Gesetze. Doch ich fragte sie, was es bedeutet, ein »Friedenspolizist« zu sein. Wir sprachen über Sir Robert Peel, der vor 150 Jahren in London die erste Polizeieinheit gegründet hatte. Er sagte, es ginge ihm um Frieden. Irgendwie hat sich das Ganze im Laufe der Jahre allerdings in Richtung Gesetzesvollstreckung verschoben. Aber wir haben die Chance, dem Friedensgedanken in der Polizeiarbeit wieder Vorrang zu geben, damit in unserer Gesellschaft ein Gemeinschaftssinn entsteht und die Kriminalität aufhört.*

Das Ende der Kriminalität

Die Idee vom »Ende der Kriminalität« ist eine echte 3. Alternative. Statt uns über den Umgang mit der Kriminalität zu streiten, beenden wir sie einfach! Wir verhindern sie. Aber das funktioniert nur, wenn wir Ward Claphams Beispiel folgen. Für ihn ist die Gewaltprävention keine Nebenbeschäftigung, sondern *die* Aufgabe von Polizei, Politik und Gesellschaft schlechthin. Er sagt:

Prävention hat einen schlechten Ruf. Entschlossener Kampf gegen die Armut, mehr Kinderbetreuung oder bessere Schulen: All das, was man im Vorfeld tun muss, um Verbrechen zu verhindern, erfordert gewaltige gesellschaftliche Veränderungen. Kein Kind darf zu kurz kommen. Aber es ist einfach zu viel. Daher beschränkt sich die Polizei darauf, die Unruhestifter in Handschellen abzuführen. Sie denkt, dass es nicht ihre Aufgabe ist, Straftaten zu verhindern. Doch in Wahrheit geht es genau darum. Deshalb sollte Prävention zum zentralen Bestandteil der Polizeiarbeit gemacht werden.

Die 3. Alternative von Ward Clapham veränderte die Polizeiarbeit in Richmond von Grund auf. Ohne die Ermittlungsarbeit und den Strafvollzug zu vernachlässigen, bemühte er sich ständig um neue Ideen, wie man Verbrechen verhindern konnte. Zudem überlegte er, wie man nach einer Straftat dafür sorgen konnte, dass keine weiteren Verbrechen folgten. Doch das war keine leichte Aufgabe. Denn Ward hatte seinen Posten in Richmond nur wenige Tage nach den Terroranschlägen vom 11. September 2001 angetreten:

Die Krise warf uns mehr denn je auf das alte Modell der Polizeiarbeit zurück. Wütende Menschen forderten schnelle Lösungen, ein hartes Durchgreifen, eine aggressive Taktik. Auf einmal steckten wir wieder bis zum Hals im 2-Alternativen-Denken: »Wir gegen die anderen!«

Aber Ward Clapham war fest entschlossen, etwas zu verändern. Schon bald richtete er ein Kommunikationsforum für die Polizei, die Politiker der Stadt und Richmonds bunt gemischte Bürgerschaft ein. Ob Muslime, Sikhs, Südostasiaten oder indianische Ureinwohner – alle waren willkommen. Jeder hatte das Recht, seine Meinung zu äußern. Das Mikrofon wurde angeschaltet und die Bürger meldeten sich zu Wort:

- »Was macht die Polizei? Wir werden zu Terroristen erklärt. Man wirft uns alle in einen Topf. Man drückt uns ethnische Stempel auf. Die Menschen sind wütend und haben Angst. Aber wir sind keine Terroristen, nur weil unsere Haut eine andere Farbe hat.«
- Die asiatischen Taxifahrer vom Vancouver International Airport beklagten sich, dass Leute es ablehnten, bei ihnen einzusteigen, und Ladeninhaber fürchteten sich vor ihren Kunden.

Ward Clapham erinnert sich:

> *»Erst verstehen, dann verstanden werden!« Wir ließen die Leute einfach ausreden und sich Luft machen. So gaben wir ihnen das Gefühl, dass man ihnen zuhörte und sie verstand. Und dann waren wir an der Reihe, die Situation zu verändern.*

Wie in den meisten Polizeistationen gab es auch in Richmond morgendliche Einsatzbesprechungen, bei denen die Beamten über ihre Arbeit berichteten und auf Anweisungen ihres Vorgesetzen warteten. Ward änderte das. Aus den Besprechungen wurde ein magisches Theater. »Was können wir anders machen? Was haben wir noch nicht ausprobiert?«, fragte er. Er wollte, dass seine Leute ihre eigenen Ideen einbrachten. Immer wieder hakte er nach. Doch es dauerte sechs Monate, bis alle sich aktiv an der täglichen Ideensuche beteiligten.

Gegen den Status quo

Ein wichtiges Ziel für die Polizei war der Aufbau von Partnerschaften mit verschiedenen Bürgergruppen. Eines Tages kam ein Prüfinspektor der Polizei nach Richmond und sagte: »Ihr habt nichts auf dem Papier zu euren Partnerschaften.« Clapham lachte und sagte:

Dann müsste ich ja über jeden Atemzug und jedes Augenzwinkern genau Buch führen. Und meine Kollegen auch. Wir tun den ganzen Tag nichts anderes. Hier dreht sich alles um bürgernahe Polizeiarbeit.

Schließlich legte Claphams Einheit ein Logbuch an. Dabei stellte er fest, dass seine Leute und er täglich 30, 40, ja sogar 80 Partnerschaftskontakte knüpften. Dennoch stand Ward ständig in einem direkten Konflikt mit dem Status quo:

Der Status quo war unmissverständlich: Man erwartete von uns, dass wir uns auf bereits begangene Verbrechen konzentrierten und uns an die hierarchischen Strukturen hielten. Wenn Sie da beginnen, aus jedem Ihrer Leute eine Führungskraft zu machen, geteilte Verantwortung einzuführen und Prävention als Schwerpunktziel zu betrachten, sind Sie ein gefundenes Fressen für die Prüfinspektoren. Täglich verbrachte ich mindestens ein Viertel meiner Zeit damit, mein Tun zu rechtfertigen. Ständig kamen sie, um mir zu beweisen, dass ich falschlag. Wo es nur ging, legten sie mir Steine in den Weg und versuchten mich dazu zu zwingen, mich dem Status quo zu fügen. Fortwährend schlugen sie das Regelbuch auf und zeigten mit dem Finger auf den Paragrafen, gegen den ich gerade verstieß.

All das hatte für Ward Clapham jedoch keine Bedeutung. Er suchte nach 3. Alternativen, die wirklich weiterhalfen:

> *Für mich waren 18000 Verbrechen im Jahr 18000 Niederlagen. Was immer ich tun konnte, um von dieser Zahl herunterzukommen, war ein Erfolg.*

Belohnungs- statt Strafzettel

Ward Clapham war ständig auf der Suche nach 3. Alternativen. Eine dieser 3. Alternativen traf ihn wie der Blitz aus heiterem Himmel, als er ein Seminar besuchte. Der Leiter fragte ihn: »Was würde passieren, wenn wir Kinder dafür ›aufgreifen‹ würden, dass sie etwas richtig gemacht haben?« Ward hatte den Großteil seiner Laufbahn damit verbracht, junge Menschen wegen ihres negativen Verhaltens abzustrafen. Aber wie wäre es, wenn man es einfach andersherum machen würde?

> *Wir verteilen Strafzettel an diejenigen, die gegen das Gesetz verstoßen. Aber was wäre, wenn wir ihnen Zettel geben, wenn sie das Gesetz befolgen? Wenn sie etwas Gutes tun?*

So entstand die Idee vom »Belohnungszettel« – einem echten Kontratypen. Ward wandte sich an seine unzähligen Partner in der Nachbarschaft. Dutzende von Ladeninhabern steuerten Gutscheine für Fastfood, Eis oder Eintrittskarten für Tanzklubs und Sportveranstaltungen bei. Auch die Stadt Richmond machte mit und stellte Freikarten für das Schwimmbad und für die Eislaufbahn bereit.

BELOHNUNGSZETTEL

Für

....

der / die dabei erwischt wurde,
wie er / sie etwas Gutes tat!

Eines Abends sah ein Teenager aus Richmond, den wir John nennen wollen, wie ein kleines Kind auf eine stark befahrene Straße rannte. Instinktiv lief er dem Kind nach, nahm es auf den Arm und setzte es sicher auf dem Bürgersteig ab. Ein Polizist aus Wards Einheit hatte die Szene beobachtet. Sofort stoppte er sein Polizeiauto und sprach John an. John hatte wohl noch nichts von den Belohnungszetteln gehört. Als der Polizist auf ihn zuging, drehte sich sein Magen um. Er begann zu schwitzen und sein Herz pochte wie wild. Der Junge dachte, er sei in echten Schwierigkeiten.

Johns Pflegemutter erzählt:

John kam zu mir und sagte, die Polizei hätte ihn angehalten und ihm einen Zettel gegeben. Ich fragte sofort: »Was hast du denn jetzt wieder angestellt?« Aber er antwortete: »Nein, Mum! Ich habe einen Belohnungszettel bekommen!« Ich meinte: »Wie bitte? Was soll das denn sein?« John erklärte: »Ein kleines Kind rannte auf die Straße. Ich bin hinterher und habe es zurück auf den Fußweg gebracht. Ein Polizist hat alles von seinem Wagen aus beobachtet. Er hielt an, stieg aus und fragte mich nach meinem Namen. Da bekam ich große Angst. Ich dachte, er ist wütend auf mich, weil er glaubt, dass ich das Kind ärgern wollte. Aber der Polizist sagte, dass er stolz auf mich sei und dass ich das sehr gut gemacht hätte. Deshalb hat er mir einen Gutschein für freies Schwimmen und freies Skaten gegeben.«

Mit Tränen in den Augen berichtete die Pflegemutter weiter, dass der Belohnungszettel mitsamt den Gutscheinen jetzt in Johns Zimmer an der Wand hing. Sie fragte John, warum er die Gutscheine noch immer nicht eingelöst hatte. Und er erwiderte: »Mum, ich werde sie nie einlösen. Ein Polizist hat mir gesagt, dass ich ein guter Junge bin und alles werden kann, was ich will. Mum, diesen Zettel und die Gutscheine möchte ich für immer behalten.«

Jedes Jahr werden etwa 40 000 Belohnungszettel an Jugendliche ausgegeben, die etwas Gutes getan haben. Ward meint:

Jetzt sind wir tatsächlich Jäger. Wir jagen sie wegen der guten Dinge, die sie tun. Ein Polizist kann beispielsweise ein Kind anhalten und ihm einen Belohnungszettel geben, weil es auf dem Fahrrad einen Helm trägt, den Fußgängerüberweg benutzt, mit einem Buch aus einer Bibliothek kommt oder seinen Abfall in den Mülleimer und nicht auf den Boden wirft. Er kann Belohnungszettel unter einer Gruppe von Teenagern verteilen, die nicht rauchen oder nicht fluchen. Das sind Jugendliche am Scheideweg – und die Belohnung kleinster positiver Dinge kann große positive Dinge bewirken.

Zusammen mit den Belohnungszetteln überreichen die Polizisten den Kindern eine Karte von sich selbst. Das sind allerdings keine üblichen Visitenkarten. Auf den Karten sind der Name und ein Foto des Polizisten, Infos zu seinen privaten Interessen sowie sein Lieblingszitat zu finden. Auf Wards Karte steht: *»Auch ohne Drogen kann man sich im Leben einen Kick holen.«* Die Karten helfen den jungen Leuten, die Polizisten als Menschen und nicht nur als Uniformträger wahrzunehmen.

Der Einsatz lohnt sich!

Das Verhältnis zwischen den Jugendlichen und den Polizisten hat sich positiv verändert. Keith Pattinson, der ehemalige Regionaldirektor der Boys and Girls Clubs in British Columbia, sagt:

> *Anstatt den vorbeifahrenden Cops den Stinkefinger zu zeigen, winken die Kids sie jetzt heran und erzählen ihnen: »Da geht was ab heute Abend. Da könnte es Verletzte geben. Vielleicht schaut ihr lieber mal vorbei.«*[61]

Ward Clapham sieht es ähnlich:

> *Die meisten jungen Leute gehen der Polizei aus dem Weg. Aber seit wir die Kinder und Jugendlichen belohnen, wenn sie etwas Gutes tun, kommen sie von sich aus auf uns zu. Es entwickeln sich Beziehungen. Die Teenager können sich an die Polizei wenden, anstatt sich vor ihr zu fürchten. Die Polizei wird zu einem positiven Bestandteil ihres Lebens. Aus unpersönlichen Gesetzesvollstreckern werden Freunde, die ihnen helfen, die tückischen Stromschnellen des Erwachsenwerdens zu umschiffen.*

Der ewige Kampf mit dem Regelbuch

Clapham führte auch in seinem Team eine Art Belohnungszettel ein. Er gab seinen Leuten kleine Geschenkkärtchen als Anerkennung für ihren Leistungen. Das entsprach ganz und gar nicht dem Regelbuch und brachte ihm einen weiteren Konflikt mit den Prüfinspektoren der Polizei ein:

Sie nahmen mir die Kreditkarte weg und verdonnerten mich zu einem vierstündigen Kurs, den ich allerdings nicht besuchte. Aber das Interessante kommt jetzt: Als ich den Stadtpolitikern von Richmond davon erzählte, fragten sie: »Wie viel Geld brauchst du, um mit deiner Arbeit weiterzumachen?« Dann gaben sie mir ihrerseits eine Kreditkarte. Sie hatten erkannt, dass das, was ich tat, jeden einzelnen Cent wert war.

Das Regelbuch war schlicht daneben. Es ließ mich mit Pistolen, Kugeln und Pfefferspray hantieren. Aber es untersagte mir den Einsatz der nötigen Instrumente, um das Miteinander in unserer Stadt grundlegend zu verbessern. Doch viele Menschen waren von meinen Ideen begeistert. Ihnen zuliebe habe ich nicht aufgegeben und mein Ziel, die Kriminalität in unserer Stadt zu beenden, konsequent weiterverfolgt.

Ward Clapham bekennt sich offen als *Regelbrecher*. Er befolgt Regeln nur, wenn er sie für sinnvoll hält. Okay, hin und wieder gewinnt auch mal das Regelbuch. Doch anstatt sich entmutigen zu lassen, geht Ward seinen Weg mit vollem Engagement weiter.

Wozu soll das gut sein?

Die Belohnungszettel sind nur eine 3. Alternative von vielen, mit denen Ward Clapham und seine Einheit Beziehungen knüpften, um Straftaten schon im Vorfeld zu verhindern. Obwohl seine 3. Alternativen sehr erfolgreich waren, hatte Ward auch Kritiker. Einige Richmonder konnten nicht verstehen, weshalb ihre Polizisten mit Kindern »herumlungerten«, Ball mit ihnen spielten und ihnen Belohnungszettel ausstellten. »Warum gehen Sie nicht hin und nehmen die Übeltäter fest? Wozu soll das ganze Getue gut sein? Das bringt doch nichts!«, fragten sie. Ward entgegnete:

Oh doch! Es verhindert, dass junge Leute in die Kriminalität abrutschen. Tagtäglich sehen wir, wie Kinder und Jugendliche, die bereits mit der Polizei in Konflikt geraten sind, ihr Leben ändern. In zehn Jahren sind aus diesen jungen Leuten Erwachsene geworden. Dann werden sie uns in dem, was wir für sie und ihre Kinder tun wollen, unterstützen.

Tatsächlich belegen diverse Zahlen, Daten und Fakten, dass die Richmonder Polizei herausragende Arbeit leistet:

- Die Jugendkriminalität ist während der ersten drei Jahre von Ward Claphams Amtszeit um 41 Prozent zurückgegangen.
- Die Kosten für die Betreuung eines jugendlichen Straftäters verringerten sich innerhalb von zehn Jahren um 90 Prozent.
- Die Rückfallrate unter jugendlichen Straftätern sank drastisch.
- Die Idee mit den Belohnungszetteln ist so erfolgreich, dass sie mittlerweile in über 50 Ländern eingeführt wurde.
- Die Richmonder Polizisten zeichnen sich durch die höchste Mitarbeitermotivation innerhalb der gesamten Royal Canadian Mounted Police aus.

In den Monaten vor den Olympischen Spielen 2010 explodierte im Großraum Vancouver die Gewalt. Die massive Unterdrückung des Rauschgifthandels ließ den Drogenpreis in die Höhe schießen.

Das hatte zur Folge, dass auf den Straßen der Krieg zwischen den Banden tobte. Aber Richmond blieb weitgehend verschont. In der Stadt war es ruhig. Die Einheit von Ward Clapham hatte es geschafft, die Verhältnisse in der Stadt grundlegend und nachhaltig zu verändern.

Was können wir von Ward Clapham lernen?

Die positiven Ergebnisse von Wards Arbeit sprachen sich im Laufe der Jahre immer weiter herum. Viele Menschen wollten mehr über seine 3. Alternativen erfahren. Berichte über ihn erschienen in Büchern und Zeitschriften. Ward wurde ein gefragter Redner. Ich hatte das große Glück, ihn auf einigen seiner Vortragsreisen begleiten und gemeinsam mit ihm über das Konzept der 3. Alternative sprechen zu dürfen. Dabei habe ich viel von ihm gelernt:

- *Ward verkörpert das Paradigma »Ich sehe mich«:* Schon früh in seiner beruflichen Laufbahn wurde ihm bewusst, dass er keine Maschine war, die einfach nur Befehle entgegennehmen und die Polizeiarbeit so machen musste, wie es schon immer üblich war. Ward wollte positive Veränderungen anstoßen. Er sieht sich als »Bewahrer des Friedens« und nicht bloß als »Jäger der Verbrecher« oder als »Gesetzesvollstrecker«. Einfach seinen Job nach Vorschrift zu machen und zuzusehen, wie junge Menschen ihre Zukunftschancen verspielten, ist keine Option für ihn!

- *Er lebt das Paradigma »Ich sehe dich«:* Die jungen Straftäter, mit denen er es zu tun hat, sind für ihn keine Nummern auf den täglichen Festnahmeprotokollen. Sie sind Menschen, die er kennenlernen und als Freunde gewinnen will. Zudem liegt es ihm sehr am Herzen, dass auch sie ihn kennen und als Freund schätzen lernen. Seine Kollegen sind für ihn nicht nur Mitarbeiter, Untergebene oder Befehlsempfänger. Er schätzt und respektiert sie als talentierte Menschen mit einzigartigen Begabungen. Für Ward ist die Antwort auf die Kriminalität der Aufbau tiefer, vertrauensvoller Beziehungen zwischen Menschen.

- *Er verinnerlicht das Paradigma »Ich versuche, dich zu verstehen«:* Ich bin noch nie jemandem begegnet, der so interessiert an kreativen Lösungen und so offen für Neues ist wie Ward. Er spornt seine Leute jeden Tag an, sich 3. Alternativen einfallen zu lassen. Auch die Vorschläge der Bewohner von Richmond greift er mit großer Begeisterung auf. Ward setzt alles daran, um von den Besten zu lernen. Er liest unaufhörlich und bildet sich permanent weiter. Ideen wie die Belohnungszettel waren nur durch seine grenzenlose Wissbegier und Lernbereitschaft möglich.

- *Er glaubt fest an das Paradigma »Ich schaffe Synergie mit dir«:* Indem er zusammen mit seinem Team und der Stadt Synergien bildet, entwickelt er völlig neue Lösungsansätze für das ewige Problem der Wahrung des gesellschaftlichen Friedens. Seine Besprechungen im Stil eines magischen Theaters strotzen nur so vor 3. Alternativen, die zum Teil bizarr und zum Teil total schlüssig sind. Für mich hat er mit seinem unermüdlichen Einsatz tatsächlich eine Generation des Friedens geschaffen – und das in einer tief gespaltenen Gesellschaft, in der die Hoffnung auf ein friedliches Miteinander schon fast erloschen war. Ward Clapham sagt: »Ich war Polizeichef. Aber ich mochte es, wenn man mich Chef der Hoffnung nannte!«

Ich liebe das folgende Zitat von Henry David Thoreau: »Auf jeden, der dem Übel an die Wurzeln geht, kommen tausend, die lediglich auf seine Zweige eindreschen.«[62] Diese Worte bringen die Konsequenzen des 2-Alternativen-Denkens beim Umgang mit Kriminalität auf den Punkt:

Der Weg zur 3. Alternative

- Die Vertreter der »harten Linie« gegenüber der Kriminalität begnügen sich damit, auf die Zweige einzudreschen.

- Die Vertreter der »weichen Linie« begehen häufig den Fehler, dass sie den Zweigen keinerlei Beachtung schenken. Sie behaupten, man könne ohnehin nichts ändern, solange man nicht den Wurzeln zu Leibe rückt und die großen gesellschaftlichen Probleme löst, die die Kriminalität verursachen.

Dieses 2-Alternativen-Denken hat Ward Clapham überwunden. Natürlich ist er sich der Tatsache bewusst, dass die Ursachen der Kriminalität in gesellschaftlichen Missständen zu suchen sind. Aber er gibt sich nicht damit zufrieden, lediglich den Notstand zu verwalten, bis diese grundlegenden Probleme behoben sind. Er muss auch nicht den starken Mann markieren, indem er in Schwierigkeiten geratene junge Menschen schlecht behandelt. Er sucht nach 3. Alternativen, die sowohl die Wurzeln des Problems als auch seine Zweige ins Visier nehmen.

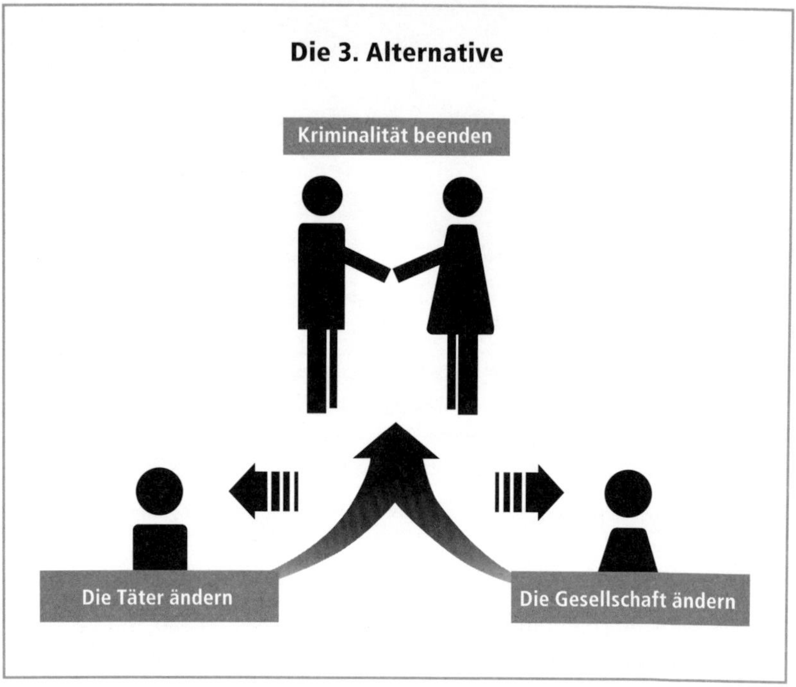

Die 3. Alternative gegen Armut und Arbeitslosigkeit

Eines der schlimmsten Probleme, mit dem sich unsere Gesellschaft auseinandersetzen muss, ist Armut. Sie ist die Wurzel von Kriminalität, Gewalt und vielen anderen gesellschaftlichen Missständen. Natürlich ist Armut ein relativer Begriff. Wer bei uns als arm gilt, ist nach den Maßstäben anderer Länder immer noch ein Krösus. Dennoch leiden die Armen überall – und viele mitfühlende Menschen leiden mit ihnen. Aber wie kann man dieses Leid beenden?

Eine Welt ohne Armut wäre leicht zu erreichen, sagen die Linken und die Rechten, wenn wir nur ihre jeweiligen Rezepte befolgen würden:

- Jeden Winter sterben in Großbritannien zwischen 25 000 und 30 000 überwiegend ältere und kranke Menschen an Unterkühlung. Dabei zählt Großbritannien zu den höchstentwickelten Ländern der Welt. Die Linken fragen sich zu Recht, wie so etwas passieren kann. Sie sehen die Schuld bei »einer wirtschaftlichen Elite, der das Schicksal anderer Menschen vollkommen gleichgültig zu sein scheint«. Hohe Heizkostenpreise bestrafen die Armen, während die Energiekonzerne immer reicher werden. Das sei im Grundsatz ungerecht. Die Lösung: Preiskontrollen und »ein verstärkter Geldtransfer von den Reicheren zu den Ärmeren«.[63]

- Die Rechten hingegen verlangen von den Armen, dass sie die Hilfe des Staats nicht länger in Anspruch nehmen. Britische Konservative verweisen auf den »Teufelskreis« einer von Generation zu Generation vererbten Abhängigkeit von staatlicher Fürsorge. Sie glauben, dass ein Wohlfahrtssystem, »das ursprünglich dazu gedacht war, den Armen in der Gesellschaft zu helfen, sie mittlerweile in einem Zustand festhält, den es eigentlich überwinden helfen sollte«. Ihrer Ansicht nach treibt jede weitere Hilfe in Form von Heizkostenzuschüssen, Lebensmitteln oder Gesundheitsleistungen die Armen nur noch tiefer in die Abhängigkeit.[64]

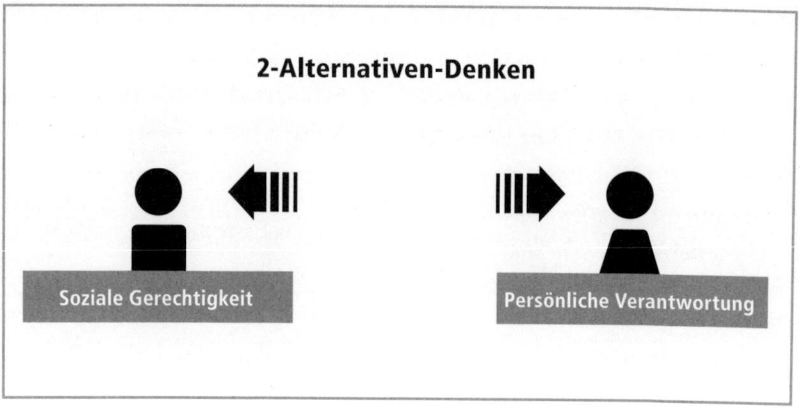

Ich will aus den Linken und Rechten keine Buhmänner machen. Aber das Tauziehen zwischen den Ideologien hilft nicht, den Kreislauf der Armut zu durchbrechen. Menschen, die nach Synergien suchen, haben das 2-Alternativen-Denken satt. Ihr Wunsch ist es, dass sich alle gemeinsam auf die Suche nach etwas Besserem machen, als das engstirnige 2-Alternativen-Denken ihnen jemals bieten kann. Was alles machbar ist, zeigt die folgende Geschichte:

Cincinnati Works

BEISPIEL *Nach 32 Jahren bei einem großen Wirtschaftsprüfungsunternehmen verabschiedete sich Dave Phillips in den Ruhestand. Allerdings wollte er sich nicht einfach auf den Golfplatz zurückziehen. Jahrelang waren er und seine Frau Liane in ihrer Freizeit ehrenamtlich tätig gewesen. Nun wollten die beiden sich verstärkt einbringen. In ihrem Heimatort Cincinnati war die Armutsquote dramatisch angestiegen. Deshalb beschlossen sie, ande-*

ren zu helfen, aus der Arbeitslosigkeit und der Armut herauszukommen.

Zunächst hatten die beiden keine Idee, wie das gehen sollte. Nachdem sie sich etliche Beschäftigungsprogramme angesehen hatten, sortierten sie ihre Ideen. Schließlich gründeten sie Cincinnati Works (CW).[65] *Mittlerweile wird der gemeinnützige »Verein« als »Best of the Best« gefeiert. Das Ziel von CW lautet: »Win-Win-Lösungen für Menschen in Armut und Unternehmen mit Bedarf an qualifizierten Berufseinsteigern zu schaffen!« Dieses Konzept wird inzwischen in zahlreichen US-amerikanischen Städten mit großem Erfolg eingesetzt.*

Cincinnati Works (CW) ist eine echte 3. Alternative für die Armen. Da sie meist kein eigenes Netzwerk haben, sind sie in der Regel auf staatliche Arbeitsvermittlungsagenturen angewiesen. Diese bemühen sich nach Kräften, die Menschen über Jobmöglichkeiten zu informieren und ihnen Einladungen zu Vorstellungsgesprächen zu besorgen. Aber dieser Ansatz ist viel zu schmalspurig. Das zeigt auch die magere Erfolgsquote: Nur die Allerwenigsten finden einen neuen Job – und die meisten verlieren ihre Arbeit sehr schnell wieder.

Hilfe zur Selbsthilfe

»Die eigentliche Aufgabe«, so Liane Phillips, »besteht darin, den Jobsuchenden nicht nur materielle, sondern auch fachliche und emotionale Unterstützung zu bieten.« Deshalb sind Langzeitarbeitslose bei CW keine »Kunden«, sondern »Mitglieder« einer Selbsthilfegruppe. Diese Gruppe hat das Ziel, lebenslange Beziehungen zu schaffen und so die berufliche Entwicklung langfristig zu fördern. Die meisten Mitglieder sind afroamerikanische Frauen. Alleinerziehende Mütter, die versuchen, das Geldverdienen und die Kinderbetreuung irgendwie unter einen Hut zu bekommen. »Sie haben mit so vielen Schwierigkeiten zu kämpfen«, erklärt Shirley Smith, eine CW-Expertin. »Man muss ihnen immer wieder

Mut machen. Unsere Mitglieder müssen spüren, dass wir uns um sie kümmern und dass wir an ihrer Seite bleiben werden, bis sie ihren Weg aus der Armut gefunden haben.«

Diese emotionale Unterstützung ist der entscheidende Faktor für den Erfolg von CW. Liane und Dave Phillips stellten fest, dass 60 Prozent ihrer Mitglieder an Depressionen litten. Das trifft übrigens nicht nur auf die Armen in Cincinnati zu. Es gilt überall auf der Welt. Die Symptome von Depressionen werden häufig mit Faulheit verwechselt. Liane Phillips sagt:

Die meisten Armen, denen wir begegnet sind, waren alles andere als faul. Jeder Tag war ein einziger Kampf. Die Probleme nahmen kein Ende. Tätigkeiten, die uns ganz einfach erscheinen, kosten diese Menschen viel Kraft: ohne Auto zur Arbeit zu kommen, Dinge des täglichen Bedarfs zu finden und zu bezahlen … Und dann wurde uns klar, wie groß ihre Verzweiflung und ihr Frust sein mussten, wenn sie sich immer wieder vergeblich um einen Job bemühten.

Die Angst vor Ablehnung

Eine psychologische Fachkraft hilft den Mitgliedern von CW, ihre armutsbedingten physischen und psychischen Verletzungen zu bewältigen. Die lebenslange Erfahrung des Scheiterns und der Ausgrenzung erfüllt die Arbeitssuchenden mit großer Angst. Ein Mitglied beschreibt das wie folgt:

Die Suche nach einem Job erfordert die Überwindung großer Widerstände. Jede Ablehnung ist eine tiefe Enttäuschung. Ich frage mich, wie das alles gekommen ist und was ich falsch gemacht habe.

So schlecht die aktuelle Situation auch sein mag: Die Aussicht, sich die nächste Abfuhr einzuhandeln, hält viele Langzeitarbeitslose davon ab, sich um einen Job zu bewerben.

Viele geben einfach auf

Wegen dieser emotionalen Wunden besteht das eigentliche Problem oft nicht darin, Arbeit zu *finden*, sondern sie zu *behalten*. Das war für das Ehepaar Phillips eine wichtige Erkenntnis. Wenn Mitglieder eine Stelle gefunden haben, genügt es oft schon, wenn irgendwer sie bei der Arbeit komisch anschaut, sie einen Bus verpassen oder ein Kind krank wird, damit sie nicht wieder hingehen. Je häufiger sie hinschmeißen, desto mutloser werden sie. Und: Desto schwerer sind sie vermittelbar.

Dave analysierte das Problem und kam zu dem Schluss, dass die Mitglieder von CW im Durchschnitt ein Jahr brauchten, um in den Job hineinzufinden. Zudem stellte er fest, dass die meisten ihre neue Arbeit innerhalb der ersten drei Monaten verloren. Deshalb richtete CW eine intensive Dreimonatsbetreuung ein. Wenn Mitglieder Probleme am Arbeitsplatz haben, können sie die CW-Hotline anrufen und sich Hilfe holen. Die entscheidende Regel lautet: »Keine Kündigung ohne vorherigen Anruf bei uns!«

Nach einem Jahr im Job ist meist eine Stufe der materiellen und emotionalen Stabilität erreicht. Ein Mitglied erzählt:

Ich denke, keinen zu Job zu haben, verstärkt nur meine Depressionen, meine Einsamkeit … das Gefühl, dass etwas nicht stimmt. Aber wenn ich arbeite und in meinem täglichen Trott bin, fühlt sich das für mich toll an. Ich bin für etwas gut. Ich bin okay. Ich gehöre dazu, ich habe meine kleine Welt.

Der nächste Schritt

CW setzt alles daran, seine Mitglieder kontinuierlich weiterzubilden. In Workshops werden sie mit den »Spielregeln« der Arbeitswelt vertraut gemacht. Sie erfahren, wie sie gute Teammitglieder werden oder mit einem schwierigen Vorgesetzten klarkommen. Die Leute lernen, sich auf den »nächsten Schritt« aus der Armut zu konzentrieren: sich die auf dem Markt gefragten Fähigkeiten anzueignen, ein gutes Zeugnis zu bekommen, einen akademischen Grad zu erwerben oder den Führerschein zu machen.

Win-Win für alle

Die Unternehmen, die CW-Mitglieder einstellen, haben einen großen Vorteil: Die Mitarbeiter wechseln nicht gleich wieder den Job. Der Verein hat die Mitarbeiterfluktuation in vielen Unternehmen deutlich, in manchen Fällen sogar um die Hälfte reduziert. Bei der *Fifth Third Bank* bleiben beispielsweise 90 Prozent der von CW vermittelten Beschäftigten mindestens ein Jahr.[66] Insgesamt beträgt die Einjahresverbleibquote der CW-Mitglieder 80 Prozent.[67]

Die Eine-Million-Dollar-Frage

Die Arbeit von *Cincinnati Works* ist wirklich bahnbrechend. Wo staatliche Agenturen üblicherweise pro Jahr und bedürftigem Haushalt in Cincinnati 30 000 US-Dollar ausgeben, vermittelt CW mit einem Kostenaufwand von gerade einmal 1200 US-Dollar Jobs, die Bestand haben. Auf zehn Jahre hochgerechnet kann CW der Gesellschaft Kosten in Höhe von 100 Millionen US-Dollar sparen. »Warum nehmen sie nicht einfach einen Job an? Das ist die Eine-Million-Dollar-Frage, wenn es um Langzeitarbeitslose geht«, sagt Liane Phillips. »Eine Million Dollar ist das Minimum dessen, was in den Vereinigten Staaten für einen bedürftigen Haushalt während der gesamten Zeit seines Bestehens aufgewendet werden muss.«[68]

Die 3. Alternative

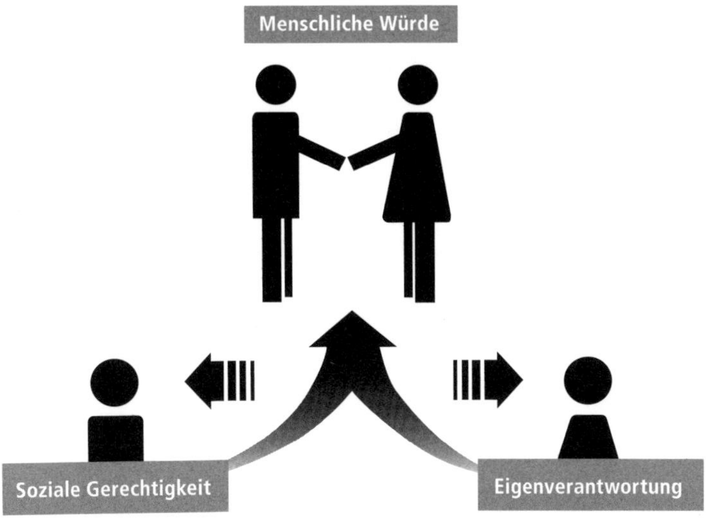

Von dieser 3. Alternative profitieren alle!

Ob Langzeitarbeitslose, Unternehmen oder Staat und Gesellschaft: Der ganzheitliche Ansatz von *Cincinnati Works* im Kampf gegen Armut und Arbeitslosigkeit ist eine 3. Alternative, von der alle profitieren. Ich wünsche mir von Herzen, dass viele dem Beispiel von Liane und Dave Phillips folgen. Wenn wir das 2-Alternativen-Denken endlich hinter uns lassen, können wir vielen Menschen auf der ganzen Welt eine wesentlich bessere Zukunft ermöglichen!

Die 3. Alternative in Schule und Bildung

In jedem Land, das ich besuche, schaue ich zuerst den Kindern in die Augen, um ein ums andere Mal dasselbe Funkeln und dasselbe Lächeln zu sehen. In jedem einzelnen Gesicht spiegelt sich grenzenlose Hoffnung. Jede Hoffnung, die am Ende keine Erfüllung findet, ist für die Gesellschaft ein unersetzlicher Verlust. Deshalb ist es eine unserer größten Herausforderungen, unseren Kindern zu helfen, dass ihre Hoffnungen nicht enttäuscht werden. Die Aufgabe, den Kindern zu helfen, dass sich ihre Hoffnungen erfüllen, übertragen wir in erster Linie unseren Schulen. Überall auf der Welt bemühen sich Eltern und Lehrer gemeinsam, den Kindern die bestmöglichen Chancen zu bieten. Leider stoßen sie hier allzu oft an ihre Grenzen.

Kinder sind keine Rohstoffe!

Vor einigen Jahren fragte mich der Präsident der Vereinigten Staaten, worin ich die wichtigste Aufgabe unseres Bildungs- und Erziehungssystems sehen würde. Ich sagte: »Partnerschaften zwischen

Die 3. Alternative

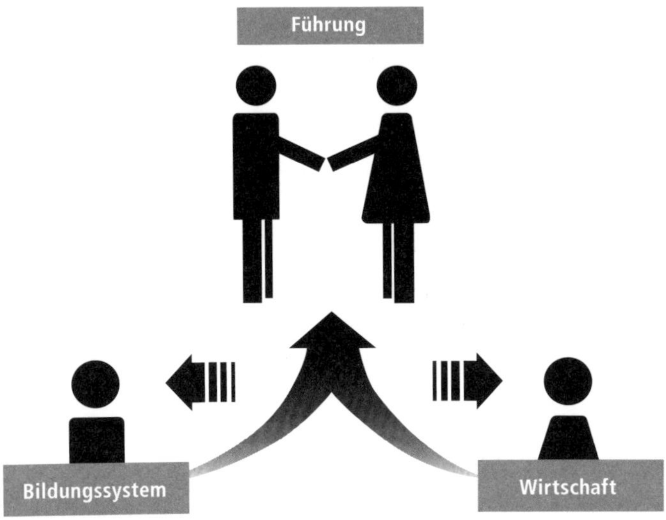

Lehrern, Eltern und der Gesellschaft bilden, *um in jedem Kind die Fähigkeit zu wecken, ein selbstbestimmtes und unabhängiges Leben zu führen.*« Das käme einem fundamentalen Wandel und nicht nur einer oberflächlichen Korrektur unseres Bildungswesens gleich. Doch die meisten Debatten über Bildung sind im 2-Alternativen-Denken verhaftet. Man streitet sich endlos über die Frage, wie man »das Produkt Mensch« am besten optimieren kann. Durch eine Reform des staatlichen Schulsystems oder doch lieber durch die verstärkte Berücksichtigung von Wirtschaftlichkeitsüberlegungen? Durch eine eher technische oder eine eher gesellschaftswissenschaftliche Ausrichtung des Lehrplans? Durch mehr oder weniger Prüfungen? Durch Online-Unterricht oder das traditionelle Klassenzimmer?

Ich bin überzeigt: Kinder sind keine Rohstoffe, die man einfach zu marktgerechten Produkten verarbeiten kann. Wenn es um die Zukunft und die Bildung unserer Kinder geht, sollten wir das 2-Alternativen-Denken unbedingt hinter uns lassen. Wir brauchen dringend eine 3. Alternative. Die gute Nachricht? Diese 3. Alternative gibt es bereits:

Die 3. Alternative im Bildungssystem bedeutet, dass Kinder und Jugendliche lernen, gute »Führungskräfte« oder »Leader« zu werden.

Natürlich ist der Begriff »Leader« hier nicht auf Top-Positionen in einem Unternehmen beschränkt. Ich spreche vielmehr von der Fähigkeit, sein eigenes Leben zu »führen«, unter Freunden eine »führende« Rolle zu übernehmen oder in der Familie »Führungsverantwortung« zu tragen. Im Grunde geht es darum, die Initiative zu ergreifen und die eigene Welt kreativ zu gestalten. Wahre Leader streben danach, ihren Charakter und ihre Fähigkeiten kontinuierlich weiterzuentwickeln. Sie warten nicht darauf, dass andere ihnen die Richtung vorgeben. Stattdessen nehmen sie ihre Zukunft selbst in die Hand. Auch wenn sie vielleicht nicht immer jedes Ziel erreichen, ist Scheitern für sie ein Fremdwort. Weil sie ihre einmaligen Talente und Fähigkeiten kennen, wetteifern sie mit niemandem außer mit sich selbst.

Alle Kinder sollten gute »Führungskräfte« sein

Für ein Kind, das in diesem Sinne zu einer Führungskraft erzogen wurde, ist *Erfolg* etwas, das von *innen* und nicht von *außen* kommt. Von außen kommt lediglich eine zweitrangige Spielart des Erfolgs: Belohnungen in Form von guten Noten oder akademischen Lorbeeren und später vielleicht das große Geld oder ein imposanter Titel. All das ist später häufig Gegenstand von Neid und Rivalität. Von innen kommt jedoch der entscheidende Erfolg:

- das gute Gefühl gegenüber der eigenen Person,
- die Erkenntnis, dass man etwas kann,
- die tiefe Zufriedenheit über seine unverwechselbare, kreative Leistung und über sein ehrliches Engagement.

Aber wie schafft man es, dass Kinder gute Führungskräfte werden? Was können Schulen, Lehrer und Eltern dazu beitragen? Um das zu erklären, möchte ich Ihnen auf den folgenden Seiten das Leader-in-Me-Modell vorstellen.

»The Leader in Me«: Wie sieht die ideale Schule aus?

Die A.B. Combs Elementary School in Raleigh (North Carolina) ist eine sogenannte »Magnetschule«. Diese Schulen sind auf bestimmte Themen oder Fähigkeiten spezialisiert und stehen Schülern aus einem erweiterten Einzugsbereich offen. Vor einigen Jahren kämpfte die A.B. Combs Elementary School um ihr Überleben. Eigentlich hätte man dort über 800 Schüler aufnehmen können. Aber es bewarben sich nur 350. Zudem hatte die A.B. Combs School den schlechtesten Notendurchschnitt im ganzen Distrikt. Das Engagement der Lehrer war äußerst gering. Es fehlten ein gemeinsames Ziel und eine Vision. Das Gebäude war heruntergekommen und die Eltern waren unzufrieden. Dazu kam, dass das soziale Umfeld der Schule sehr problematisch war. Die Schüler hatten die unterschiedlichsten Muttersprachen und mehr als die Hälfte war auf ein kostenloses oder verbilligtes Essen angewiesen. Die Schulleiterin Muriel Summers stand vor einer großen Herausforderung.

Eines Tages besuchte Muriel Summers einen meiner Vorträge. Ich sprach über *Die 7 Wege zur Effektivität* und die universellen, zeitlosen Prinzipien, die erfolgreiche Menschen, Familien, Unternehmen und Gesellschaften auszeichnen. Während der Pause kam Muriel auf mich zu. Sie stellte sich kurz vor und sagte: »Dr. Covey, denken Sie, dass man die 7 *Wege* auch kleineren Kindern beibringen kann?« Ich fragte: »Wie klein?« Sie antwortete: »Etwa fünf Jahre alt.« Ich dachte einen Augenblick nach und meinte: »Warum nicht? Geben Sie mir Bescheid, wenn Sie es in Ihrer Schule versuchen.«

Wenig später zitierte der Schulamtsleiter Muriel zu sich. Er sagte ihr, dass er das »Magnetprogramm« der A.B. Combs School einstellen wollte. Doch Muriel bat ihn um eine zweite Chance. Der Schulamtsleiter gab ihr eine Woche Gnadenfrist. In dieser Zeit sollte Muriel einen Plan entwickeln, um deutlich mehr Schüler an die A.B. Combs zu holen. Muriel kämpfte den ganzen Rückweg über mit den Tränen. Aber als sie sich mit ihrem Kollegium traf, wurde ihr klar, dass in dieser Bedrohung auch eine große Chance lag: »Wir beschlossen, aus A.B. Combs eine Schule zu machen, wie es in den Vereinigten Staaten keine zweite gab. Wir wollten die ideale Schule. Allerdings blieb uns für die Ausarbeitung unserer Ideen gerade mal eine Woche.«

Hoffnung auf eine gute, glückliche Zukunft

Muriel traf sich mit den Kindern, den Eltern, den Lehrern und wichtigen Personen aus Politik und Wirtschaft. Sie fragte alle nach der 3. Alternative: »Seid ihr bereit, die ideale Schule auf die Beine zu stellen? Und: Wie soll diese Schule aussehen? Was können wir vorschlagen, das besser ist als alles, was irgendjemand von uns je im Sinn hatte?«

In nur einer Woche sollten möglichst viele Lösungsideen gesammelt werden. Der Zeitdruck war enorm. Aber vielleicht war das sogar hilfreich. Die guten Einfälle strömten von allen Seiten nur so herein:

- Die Kinder wünschten sich Lehrer, »die uns lieben, die wissen, wer wir sind, die nett zu uns sind, die es uns nicht krumm nehmen, wenn wir Fehler machen, und die unsere Hoffnungen und Träume kennen«.

- Die Lehrer wollten Schüler, die etwas aus ihrem Leben machen. Schüler, die wissbegierig und nett zueinander waren.
- Den Eltern war wichtig, dass ihre Kinder lernen, wie man Verantwortung übernimmt, Probleme löst, sich Ziele setzt und selbstständig denkt und handelt.

Eine echte Überraschung waren die Wünsche der Wirtschaftsvertreter. Sie erwarteten, dass den Schülern »Ehrlichkeit, Teamfähigkeit, soziale Kompetenz und eine gute Arbeitsmoral« vermittelt wurden. Berufliche Qualifikationen und branchenspezifische Fachkenntnisse standen viel weiter unten auf der Liste. Interessanterweise wünschte sich keiner gute Abschlussnoten. Aber die wollte Muriel ohnehin verbessern.

Die 4 Schritte zur Synergie

Die 4 Schritte zur Synergie: An der A. B. Combs School musste eine 3. Alternative gefunden werden, um die Schließung der Schule zu verhindern. Alle halfen mit, Erfolgskriterien zu definieren, Prototypen eines neuen übergreifenden Ziels zu erstellen und anschließend eine 3. Alternative zu finden und zu feiern: »Die erste Grundschule der Nation zu sein, in der das Thema Führung im Mittelpunkt steht.«

Eine Sache fand Muriel allerdings sehr erstaunlich. Es gab ein Thema, das in allen Diskussionen eine Schlüsselrolle spielte – *Führung*. Eigeninitiative, Verantwortungsbewusstsein, Problemlösungskompetenz, Teamarbeit und Integrität: Alle Beteiligten hielten die Eigenschaften erfolgreicher Führungskräfte für überaus wichtig. Zwischen den Zeilen hörte sie überall den Wunsch heraus, sich von anderen Schulen abzuheben und den Kindern Hoffnung auf eine gute, glückliche Zukunft zu vermitteln. »Das ist es!«, sagte sie. »Wir machen Führung zu unserem Thema.«

Muriel erinnert sich: »Wir durchforsteten das Internet. Aber wir fanden niemanden, der die Führungsidee zum Leitbild einer Schule gemacht hatte. Das war etwas absolut Einmaliges. Bei meinem nächsten Gespräch mit dem Schulamtsleiter kündigte ich an, dass wir die erste Grundschule in den USA sein würden, in der das Thema Führung im Mittelpunkt steht. Ich werde sein Gesicht nie vergessen. Er sagte mir, dass wir weder zusätzliches Geld noch mehr Personal erwarten dürften. Doch dann gab er uns ›seinen Segen‹ für unser Vorhaben.«

»Die 7 Wege zur Effektivität« im Unterricht

Die A. B. Combs Elementary School setzte sich ein Ziel: »Wir wollen aus jedem einzelnen Schüler eine Führungspersönlichkeit machen.« Natürlich wusste Muriel, wie ehrgeizig dieses Ziel war. Ihr war auch klar, dass es große Anstrengungen erfordern würde, um es zu erreichen. Es genügte nicht, ab und zu den Unterricht zu unterbrechen und über Führung zu sprechen. Vielmehr musste alles, was die Schule tat, auf dieses Ziel ausgerichtet sein.

Ein Ziel zu haben, ist eine Sache. Zu wissen, was man jeden Tag tun muss, um es zu verwirklichen, ist eine ganz andere. Muriel und ihr Team lasen alles, was sie zum Thema Führung finden konnten. Besonders fasziniert waren sie von der Literatur zum Qualitätsmanagement. Deshalb beschlossen sie, die Fortschritte jedes einzelnen Schülers mit der »KVP-Methode« zu messen. Genau wie Unternehmen ihre Leistungen mit Hilfe eines *Kontinuierlichen Verbesserungsprozesses* (KVP) stetig weiterentwickeln, sollten die Schüler sich messbare Lernziele setzen und ihre Erfolge fortlaufend beobachten und bewerten.

Was aber ist mit Führungsqualitäten wie Eigeninitiative, Zukunftsplanung, Entschlusskraft, Problemlösungskompetenz oder der Fähigkeit, ein Netzwerk aufzubauen? All das ist für eine gute Führungskraft unverzichtbar. Deshalb brauchten die Lehrer ein Konzept, um den Kindern diese Dinge im täglichen Schulbetrieb näherzubringen. Plötzlich erinnerte sich Muriel wieder an meinen Vortrag über die *7 Wege zur Effektivität*. Ihr wurde klar, dass die *7 Wege* das Konzept waren, das den Kindern helfen konnte, Führungsqualitäten zu verinnerlichen. Muriel sagt: »Inzwischen integrieren wir die *7 Wege zur Effektivität* in alle Bereiche des Lehrplans. Dabei gehen wir von innen nach außen vor. Zunächst machen sich alle Lehrer und Mitarbeiter der Schule mit den *7 Wegen* und ihrer Umsetzung im Alltag vertraut. Dann bringen sie ihre Erkenntnisse in den Unterricht ein.«

Der Lehrplan selbst hat sich nicht verändert. Lesen, Mathematik, Kunst, Geschichte, Naturwissenschaften oder Sozialkunde: Die Lehrer verknüpfen die Prinzipien aus den *7 Wegen zur Effektivität* mit allen Fächern. Von dem Augenblick, in dem sie die Schule betreten, bis zum letzten Läuten wird den Kindern vermittelt, dass sie »Führungskräfte« in ihrem Leben sind. Tag für Tag erfahren sie, dass sie ganz besondere Talente haben und dass sie in dieser Welt etwas bewegen können. Jeder Schüler verinnerlicht das Mantra: »Ich bin eine Führungspersönlichkeit.« Anhand der *7 Wege zur Effektivität* lernen Kinder, sich wie Führungskräfte zu verhalten, ihr volles Potenzial zu entfalten und das Ruder in ihrem Leben selbst in die Hand zu nehmen:

Mit den 7 Wegen werden aus Schülern selbstbestimmte Führungspersönlichkeiten

1. Pro-aktiv sein und die Initiative ergreifen: »Kein Opfer sein, sondern die Dinge selbst in die Hand nehmen.«
2. Sich klare Ziele setzen: »Schon am Anfang das Ende im Sinn haben.«
3. Wichtiges vor Unwichtigem erledigen: »Zuerst die Hausaufgaben machen, dann spielen.«
4. Lösungen finden, die für alle ein Gewinn sind: »Jeder kann gewinnen – keiner muss verlieren.«
5. Empathisch sein und dem anderen wirklich zuhören: »Erst verstehen, dann verstanden werden.«
6. Synergien mit anderen schaffen: »Nicht streiten, sondern eine 3. Alternative finden.«
7. Arbeit und Spiel, Sport und Lernen, Freunde und Familie in ein ausgewogenes Verhältnis bringen: »Die Säge schärfen.«

Die Schule als magisches Theater

Die Schule arbeitet ständig daran, die Führungsqualitäten der Schüler auszubauen. Sie ist ein magisches Theater, in dem permanent neue Ideen entwickelt werden, wie die Kinder ihr eigenes Leben »führen« können. Wer in die Schule kommt, sieht an den Wänden Poster mit den *7 Wegen*. In der Pausenhalle gibt es Schilder, auf denen steht: »Initiativen-Platz«, »Win-Win-Pfad« und »Synergie-Straße«. Die Kinder werden in Rollenspielen zu Führungskräften. Sie sehen sich die Bilder außergewöhnlicher Führungspersönlichkeiten an und hören deren Geschichten. Zudem interviewen die Schüler einflussreiche Menschen aus der Region und fragen sie, was ihrer Meinung nach einen guten Führungsstil ausmacht.

Wenn ein Lehrer echte Führungsqualitäten vorlebt, ahmen die Kinder sein Beispiel schnell nach. Als ein neuer Schüler neu auf die A.B. Combs School kam, begrüßte er die Lehrer mit den folgenden Worten: »Nehmt eure Ä... aus meinem Gesicht!« Einer der Lehrer antwortete ganz ruhig: »Wir reden hier zwar nicht so, aber wir freuen uns trotzdem, dass du da bist.« Sie zeigten dem Schüler jeden Tag, dass sie ihn schätzten und sich freuten, dass er an der A.B. Combs war. Trotzdem warf er weiter mit Kraftausdrücken um sich. Dennoch blieben die Lehrer freundlich. Als der Schüler merkte, dass er die Lehrer nicht provozieren konnte, besserte sich sein Verhalten. Die anderen Schüler waren beeindruckt von der netten, geduldigen Art, mit der die Lehrer auf ihn zugingen. Deshalb gingen sie ebenfalls freundschaftlich mit ihm um.

Natürlich lernen die Kinder an der A.B. Combs School auch, wie eine Führungskraft aufzutreten. Man zeigte ihnen, wie man Hände schüttelt, eine Besprechung leitet oder Vorträge hält. Ihr Ticket in den Klassenraum ist, dass sie den Lehrer und die Mitschüler begrüßen. Das Ticket zum Verlassen des Klassenraums ist, sich vom Lehrer zu verabschieden. Die Kinder danken dem Lehrer, wenn er ihnen ihre Arbeiten zurückgibt. Sie achten auf höfliche Umgangsformen. Zusammen mit dem »Win-Win-Denken« lernen die Schüler Verhaltensweisen, die ihnen den Aufbau von Beziehungen erleichtern.

Irgendwann fragte sich Muriel Summers: »Wir sind eine Führungsschule. Warum führen die Schüler dann die Schule nicht selbst?« Mit dieser Vorstellung im Hinterkopf entwickelte sie zahlreiche Führungspositionen im Schulbetrieb. In der A.B. Combs School kann man Musikchef, Kunstchef oder Naturwissenschaftschef, Pausenbrotausgabeleiter oder Spielplatzleiter werden. Die Kinder bewerben sich um diese Positionen und nehmen sie sehr ernst. Die Rollen wechseln ständig. Jeder Schüler hat die Möglichkeit, seine Führungsqualitäten in den verschiedensten Bereichen unter Beweis zu stellen und weiterzuentwickeln. Zudem überlässt Muriel den Kindern die Organisation des Schulbetriebs, so weit es nur geht. Sie leiten die Schülerversammlungen, machen die morgendlichen Ankündigungen und kümmern sich um Gäste, die die Schule besuchen.

Für mich ist das Schönste an der Geschichte der A. B. Combs School, dass das Denken in 3. Alternativen unter den Kindern immer weiter um sich greift. Sie wissen, dass sie die Freiheit haben, zu wählen, wie sie auf bestimmte Dinge reagieren wollen. Sie sind in der Lage, Konflikte zu überwinden und gemeinsam nach einer 3. Alternative zu suchen. Das zeigt auch die folgende Geschichte, die mir Gayle Gonzalez und Eric Johnson, die Eltern von drei Schülern der A. B. Combs School, erzählt haben:

Der Störenfried

BEISPIEL *In die Klasse unserer Tochter kam ein neuer Junge, der sehr aggressiv war. Die Art, wie die Lehrerin mit diesem Schüler umging, war beeindruckend. Eines Nachmittags, als er nicht dabei war, sprach die Lehrerin ganz offen mit den anderen Kindern. Sie meinte: »Die aggressive Stimmung tut der Klasse nicht gut.« Anschließend beteiligte sie alle an der Lösungssuche. Obwohl der neue Junge sehr schwierig war, wollten die Kinder ihn unterstützen. Sie waren der Meinung, dass sie ihrem Mitschüler sehr viel besser helfen konnten als die Lehrerin. Deshalb stellten sie ein Unterstützungsteam auf. Der Junge freute sich über ihre Hilfe. Seine aggressive Haltung verschwand immer mehr. Nach und nach machte er große schulische Fortschritte – zum ersten Mal in seinem Leben!*

Diese Kinder haben das 3.-Alternative-Denken verinnerlicht. Anstatt den Störenfried anzugreifen oder ihn auszugrenzen, entwickelten sie ihre eigene 3. Alternative. Diese 3. Alternative machte alle zu Gewinnern!

Und was ist mit den schulischen Leistungen?

Kein Zweifel: Die Kinder der A. B. Combs School haben die Prinzipien aus den *7 Wegen zur Effektivität* verinnerlicht. Aber was ist mit den schulischen Leistungen? Auch hier gab es erstaunliche Fortschritte: Innerhalb eines Jahres verbesserte sich der Notendurchschnitt der A. B. Combs School enorm. Je besser die Kinder lernten, ihr Leben selbst in die Hand zu nehmen, desto besser wurden ihre schulischen Leistungen. Auch die Zahl der Verweise nahm stark ab, wohingegen das Engagement der Lehrer spürbar zunahm. Auch die Eltern waren sehr zufrieden mit der neuen A. B. Combs: Umfragen ergaben eine 100-prozentige Zufriedenheit.

Eine grundlegende Frage im Bildungswesen ist, wie man es schafft, Schüler zu Spitzenleistungen anzuspornen. Dazu gibt es unterschiedliche Meinungen. Manche sagen, der Begriff der Spitzenleistung sei elitär. Andere glauben, dass der Mittelmäßigkeit nur Einhalt geboten werden kann, wenn die Schüler angehalten werden, Spitzenleistungen zu bringen. Wieder andere gestehen beiden Ansichten eine gewisse Berechtigung zu. Doch die A. B. Combs School hat eine 3. Alternative, die Muriel Summers als »fundamentalen Paradigmenwechsel« bezeichnet. Anstatt sich an den gängigen Leistungsstandards zu orientieren, stehen im Unterricht Führungsprinzipien im Mittelpunkt, die automatisch gute Leistungen nach sich ziehen. Schulische Spitzenleistungen sind ein »Nebenprodukt« der persönlichen Weiterentwicklung der Schüler. Das Prinzip lautet: »Bring den Kindern das Paradigma bei – und das Verhalten folgt!« Das funktioniert bestens.

Muriel berichtet: »Anfangs dachten wir, wie toll es wäre, wenn 90 Prozent der Schüler das Schuljahr befriedigend oder besser abschließen würden. Doch dann lagen wir sogar bei 95 Prozent. Der Wendepunkt kam, als wir beschlossen haben, dass uns das auch nicht mehr reicht. Jetzt wollen wir 100 Prozent. Wir tun alles dafür, dass *alle* Schüler das Schuljahr befriedigend oder besser abschließen.«

Diese Schule ist etwas ganz Besonderes

Als sich die bemerkenswerte Wende an der A.B. Combs Elementary School immer weiter herumsprach, war die Neugier natürlich groß. Bildungsvertreter aus aller Welt kamen zu den zweimal jährlich stattfindenden »Leadership Days« an der A.B. Combs, um zu lernen, wie sie das Leader-in-Me-Modell auch an ihren Schulen einführen konnten. Einer der Besucher, Jeff Janssen vom *Championship Coaches Network*, berichtet:

> *Ich spürte sofort, dass diese Schule etwas Besonderes war, als ich durch den Haupteingang ging und ein ganz junger Schüler von sich aus auf mich zukam, mir in die Augen schaute, mir fest die Hand schüttelte und mit freundlicher, klarer Stimme sagte: »Guten Morgen. Mein Name ist Michael. Wir freuen uns, dass Sie unsere Schule besuchen.« Auf diese herzliche und professionelle Begrüßung folgten auf meinem Weg zum Büro noch viele weitere von Schülern jeden Alters.*[69]

Heute kann sich die A.B. Combs School vor Anmeldungen kaum noch retten. Die Schülerzahl stieg von 350 auf 860. Auf der Warteliste stehen die Namen von über 500 Kindern. Die Immobilienpreise in der Gegend steigen ständig. Manche Eltern nehmen sogar eine Stunde Anfahrt in Kauf, um ihre Kinder auf diese Schule gehen zu lassen. Für jede ausgeschriebene Lehrerstelle gehen Hunderte von Bewerbungen ein. (An den Bewerbungsgesprächen für

Lehreranwärter sind übrigens auch Fünftklässler beteiligt.) Mittlerweile wurde die kleine »Führungsschule« quer durch die Vereinigten Staaten mit Auszeichnungen bedacht. Das Wichtigste aber ist der positive Einfluss der Schule auf das Leben ihrer Schüler und Lehrer. Hier sind einige Beispiele:

- Nathan Baker, behinderter Schüler: »Du lernst, dich auf das Beste zu konzentrieren, was du tun kannst, anstatt anderen die Schuld für dein Schicksal zu geben.«
- Liliana, Schülerin: »Am Ende des letzten Schuljahres ging ich zu meiner Vertrauenslehrerin und erzählte ihr, dass ich drei Jahre lang sexuell missbraucht worden bin. Aber ich habe die Wahl. Wenn ich weiterlebe wie bisher, entscheide ich mich fürs Schweigen. Doch ich will ein besseres Leben – die nötige Hilfe bekomme ich an der A.B. Combs School.«
- Preenegoe Shanker: »An der A.B. Combs School habe ich das nötige Selbstvertrauen bekommen, um mein Leben zu meistern. Ich habe gelernt, mich auf meinen Einflussbereich und nicht auf meinen Interessenbereich zu konzentrieren.«
- John Rapple Jr., Kadett an der West Point Military Academy: »Ich verdanke es vermutlich der A.B. Combs School, dass ich heute hier in West Point sein kann.«
- Pam Allman, Lehrerin: »Mein Ehemann, ein Polizist, wurde angeschossen. Mit Hilfe der Dinge, die ich an der A.B. Combs School gelernt habe, waren wir in der Lage, die schwerste Zeit in unserem Leben gemeinsam durchzustehen.«

So funktioniert das Leader-in-Me-Modell

Lange nachdem das alles an der A.B. Combs School in Gang gekommen war, meldete sich Muriel wie versprochen bei mir, um mir zu berichten. Ich war beeindruckt. Gemeinsam mit meinem Sohn Sean besuchte ich die A.B. Combs School. Muriel meinte: »Ich bekomme täglich Anrufe von Schulleitern, die unser Führungsmodell nachahmen wollen. Aber ich habe weder die Zeit noch das Know-how, um das alles in die Welt zu tragen. Ich versuche, eine Schule zu leiten. Es ist Ihre Aufgabe und Ihre Pflicht, in dieser Sache etwas zu unternehmen!«

Sean nahm sich diese Worte sehr zu Herzen. Er stürzte sich in die Arbeit und entwickelte einen Leitfaden, mit dem jede andere Schule das Konzept der A.B. Combs School praktisch umsetzen kann. Seitdem sind viele *Leader-in-Me*-Schulen entstanden – in Guatemala, Japan, auf den Philippinen, in Australien, Indonesien, Singapur, Thailand, Indien, Brasilien, Großbritannien und überall in den Vereinigten Staaten. Wenn sie das Leader-in-Me-Modell umsetzen, verändern sich die Schulen von Grund auf. Die Schüler gewinnen mehr Selbstvertrauen. Die Lehrer bringen sich stärker ein. Die Noten verbessern sich. Die positiven Rückmeldungen reißen nicht ab. Viele Eltern wünschen sich mehr Schulen, die dem Leader-in-Me-Modell folgen.

4 Gründe für den Erfolg des Leader-in-Me-Modells[70]

Die Ergebnisse der *Leader-in-Me*-Schulen sind wirklich beeindruckend. Immer wieder werde ich gefragt habe, weshalb das Modell so gut funktioniert, während so viele andere Reforminitiativen ergebnislos verpuffen. Ich sehe vor allem vier Gründe für den Erfolg des Leader-in-Me-Modells:

1. Es beruht nicht auf der gängigen Annahme, dass manche Kinder klüger sind als andere. Stattdessen arbeitet es mit einem *neuen Paradigma*. Das Modell geht davon aus, dass jedes Kind die erforderlichen Fähigkeiten mitbringt, Führungsaufgaben wahrzunehmen. Dieses Paradigma verändert alles.

2. Es funktioniert *von innen nach außen.* Muriel Summers musste zuerst die Lehrer mit ins Boot holen und das Klima unter den Mitarbeitern verbessern, ehe sie die Schüler einbeziehen konnte. Außerdem konnte Muriel ihren Schülern die Veränderungen nicht einfach überstülpen. Sie musste warten, bis die Kinder von sich aus bereit waren, sich zu verändern.

3. Es verwendet eine *gemeinsame Sprache.* »Das Wichtigste zuerst tun«, »Erst verstehen, dann verstanden werden« oder »Pro-aktiv sein«: Diese Sprache kommt aus den *7 Wegen zur Effektivität.* Jeder weiß sofort, was damit gemeint ist. Das macht alles viel einfacher. In *Leader-in-Me*-Schulen nutzen die Schüler diese Sprache auch untereinander oder gegenüber ihren Eltern: »Ich muss das Wichtigste zuerst tun und meine Hausaufgaben machen, bevor ich spiele!« Oder: »Papa, du bist jetzt aber echt re-aktiv!«

4. Es verfolgt einen ganzheitlichen Ansatz. Das Führungstraining ist ein fester Bestandteil aller schulischen Aktivitäten. Von der Organisation über die Lehrmethoden bis zum Stundenplan: Das Leader-in-Me-Modell wirkt sich auf alle Bereiche des Schullebens aus. Dazu sagen die Lehrer: »Es geht nicht darum, etwas Neues oder etwas Zusätzliches zu tun. Wir machen das, was wir immer getan haben, nur wesentlich besser.«

Den meisten von uns ist klar: Erziehung und Bildung sind die Antwort auf die drängendsten Probleme unserer Gesellschaft und der Schlüssel für die Zukunft der Menschen auf diesem Planeten. Dabei spielen unsere Schulen eine entscheidende Rolle. Doch in unserer endlosen Debatte um Bildung wird immer wieder das folgende Argument angeführt: »Eine Gesellschaft, die nicht richtig funktioniert, kann nicht erwarten, erstklassige Schulen zu haben!«

Natürlich haben es die Schulen gerade in sogenannten »sozialen Brennpunkten« schwer. Doch das Beispiel der A.B. Combs zeigt: Erstklassige Schulen können selbst unter den schwierigsten Bedingungen gedeihen.

Hier hat man das 2-Alternativen-Denken hinter sich gelassen und eine 3. Alternative entwickelt, die ein echter Gewinn für Lehrer, Schüler und Eltern ist. Ich würde mich sehr freuen, wenn viele diesem Beispiel folgen würden. Lassen Sie uns gemeinsam damit beginnen, die Führungskraft in jungen Menschen zu wecken und ihnen zu helfen, ihr einzigartiges Potenzial zur Entfaltung zu bringen.

Die 3. Alternative im Konfliktfall

»So kann er doch nicht mit mir umspringen. Was glaubt er, wer er ist? Dem werde ich's zeigen. Ich bringe ihn vor Gericht!« Wenn wir uns von einem anderen ungerecht behandelt oder verletzt fühlen, haben wir oft das Bedürfnis nach Rache. Wenn uns jemand Schaden zufügt, erwarten wir eine Wiedergutmachung. Wofür gibt es denn sonst Anwälte, Richter und Gerichte?

Unsere Gerichte brechen förmlich unter der Last der anhängigen Verfahren zusammen. Die meisten Verfahren sind so kostspielig und hinterlassen einen solchen Trümmerhaufen, dass am Ende keine Seite einen wirklichen Vorteil davon hat. Um es mit den Worten des französischen Juristen und Philosophen Michel de Montaigne zu sagen: »Wer mit dem Gericht zu tun hat, ganz gleich, wer es ist, verliert immer dabei.« Für mich ist unser auf Gegnerschaft gründendes Rechtssystem der Inbegriff des 2-Alternativen-Denkens. Das konfrontative System spaltet die Prozessbeteiligten in »Kläger« und »Beklagte«, in »Gewinner« und »Verlierer«. Damit geben sich die Menschen, die die Philosophie der 3. Alternative

verinnerlicht haben, nicht zufrieden. Sie wollen eine Lösung, die mehr ist als bloß ein Ausgleich. Sie wollen etwas, dass alle Beteiligten in eine bessere Position bringt als zuvor. Denn:

Bei der 3. Alternative geht es nicht um Vergeltung, sondern um Versöhnung. Das Ziel sind stärkere und keine schwächeren Beziehungen.

Kompromisse sind kontraproduktiv

Menschen, denen es auf eine 3. Alternative ankommt, nutzen Schwierigkeiten, um ihre Beziehungen zu anderen zu verbessern. Deshalb halten sie auch nichts von Kompromissen. Der Kompromiss ist zwar ein bewährtes Instrument. Aber er führt dazu, dass alle Seiten auf etwas verzichten müssen. Weshalb sollten wir das tun, bevor wir nicht sämtliche Chancen für 3. Alternativen geprüft haben?

Kompromisse sind außerdem aus ethischer Sicht ein Problem: Häufig verlangen sie von uns, dass wir den Prinzipien, die uns lieb und teuer sind, untreu werden. Um es in Anlehnung an die Worte des großen nigerianischen Schriftstellers Chinua Achebe zu sagen: Unsere Integrität zeigt sich nicht zuletzt an unserer Weigerung, uns auf Kompromisse einzulassen.

Menschen, die nach einer 3. Alternative suchen, wollen im Konfliktfall weder »Auge um Auge« noch irgendeinen notdürftigen Kompromiss. Sie wollen etwas viel Besseres. Deshalb vermeiden sie den Gang vor Gericht und suchen gemeinsam nach einer Lösung, die für alle Seiten ein echter Gewinn ist. Was mit der 3. Alternative alles machbar ist, zeigt das folgende Beispiel:

Das Traumhaus

BEISPIEL *Einer meiner Freunde hatte jahrelang hart gearbeitet und eisern gespart, um sich sein Traumhaus zu bauen. Als er das Geld endlich zusammen hatte, beauftragte er den besten Bauunternehmer der Stadt. Das Haus war mit seinen hohen Kathedralendecken und seinen aufwendig gestalteten Putz- und Holzornamenten ein wahres Schmuckstück. Dann kam der Maler, um dem Ganzen den letzten Schliff zu geben. Als mein Freund sein Haus am Abend betrat, fiel er fast in Ohnmacht: Sämtliche Wände und alle Ornamente waren mit dicker Farbe überkleistert. Kleckse bedeckten die Türen und Fliesen. Farbe tropfte von den Rundbogenfenstern.*

Mein Freund rief sofort den Bauunternehmer an. Der war ein drahtiger, energiegeladener Mann und weithin bekannt für sein hohes Qualitätsbewusstsein. Als er die Malerarbeiten sah, blieb ihm die Luft weg. Er telefonierte umgehend mit dem Maler und bat ihn, zum Haus zurückzukommen. Doch was dann passierte, konnte mein Freund kaum glauben:

Es war schon spät am Abend. Mein Freund erwartete, dass der Bauunternehmer, der einen langen, anstrengenden Tag hinter sich hatte, den Maler feuern und sein Geld mitsamt einer üppigen Schadensersatzforderung zurückverlangen würde. Stattdessen empfing der Bauunternehmer den Maler an der Tür und schüttelte ihm die Hand. Der Maler war ein junger Mann – höchstens 20 Jahre alt. Er fragte den Bauunternehmer nervös, wie ihm seine Arbeit gefiel. Der Bauunternehmer ging mit ihm ruhig durch das ganze Haus und wies ihn dabei auf dieses und jenes Problem hin. Dann setzten sich alle drei zusammen. Der Bauunternehmer stellte dem Maler ein paar Fragen. Dabei zeigte sich, dass der Maler bislang noch nie den Zuschlag für ein ganzes Haus bekommen hatte. Bei der Abgabe seines Angebots hatte er seine Qualifikation in ein allzu gutes Licht gerückt.

Der Bauunternehmer hakte nach. Er fragte den Maler nach seiner Familie, seiner Schulzeit und seinem bisherigen Werdegang. Mein Freund wunderte sich, wozu das alles gut sein sollte. Der Maler erzählte, dass er in der Schule ziemliche Schwierigkeiten gehabt und sie vorzeitig abgebrochen hatte. Zudem hatte er sehr jung geheiratet und musste nun seine Frau und ein Baby ernähren. Obwohl er es nicht leicht hatte, versuchte er, das Beste aus seinem Leben zu machen.

Als das Gespräch zu Ende war, entschuldigte sich der Bauunternehmer bei meinem Freund dafür, dass er den Maler vor der Auftragsvergabe nicht genauer unter die Lupe genommen hatte. Dann bat er den Jungen, seine Malerwerkzeuge wieder zurück ins Haus zu bringen. Ganz ruhig sagte er: »Ich werde Ihnen zeigen, wie man solche Arbeiten richtig ausführt.«

Mein Freund, der nicht recht wusste, was er davon halten sollte, verabschiedete sich. In den nächsten Tagen ging er immer wieder zu seinem Haus, um zu sehen, wie sich die Dinge entwickelten. Jedes Mal war der Bauunternehmer gemeinsam mit dem Maler dort. Die beiden unterhielten sich und lachten, während sie die Fenster säuberten, Flecken entfernten, Wände abschmirgelten und alles noch mal strichen. Mit der Hilfe des Bauunternehmers entstand ein wahres Meisterwerk.

Nachdem das Haus meines Freundes fertig war, bot der Bauunternehmer dem Maler eine Lehrstelle an. Der junge Mann wurde von Tag zu Tag geschickter. Schon bald führte er die Arbeiten genau so aus, wie sein Lehrmeister es sich vorstellte. Schließlich wurde er der beste Maler des Bauunternehmers und konnte sich vor Aufträgen kaum noch retten.

Diese Geschichte zeigt, dass die Suche nach einer 3. Alternative viele positive Überraschungen bringen kann. Wider Erwarten warf der Bauunternehmer den Maler nicht hochkant raus. Er ruinierte ihn auch nicht mit irgendwelchen Schadensersatzforderungen. Ganz im Gegenteil: Der Bauunternehmer beschloss, dem jungen Mann dabei zu helfen, im Leben Fuß zu fassen. Dadurch gewann er gleichzeitig einen wertvollen Mitarbeiter für seinen Betrieb. Dank der 3. Alternative war es nicht nötig, die Gerichte zu bemühen und eine junge Familie ins Unglück zu stürzen. Es gab auch kein starres 2-Alternativen-Denken und keinerlei Forderungen nach Fairness, Gerechtigkeit oder Wiedergutmachung. Denn:

Bei der 3. Alternative geht es nicht um Vergeltung, sondern um Versöhnung und einen Neuanfang.

Wir leben in der streitsüchtigsten Gesellschaft aller Zeiten. Deshalb ist es umso wichtiger, dass wir bei Konflikten nach 3. Alternativen Ausschau halten und nicht sofort den Rechtsweg beschreiten. Das soll natürlich nicht heißen, dass der Gang zum Anwalt zu gar nichts gut ist. Manchmal ist er unverzichtbar. Allerdings sollte er immer die letzte und nicht die erstbeste Wahl sein.

Vielleicht denken Sie jetzt: »Wie kann ich mich für Synergie entscheiden, wenn andere mir aus Inkompetenz, Fahrlässigkeit oder Boshaftigkeit großen Schaden zufügen?« Sollten diese Leute nicht dafür geradestehen? Sollten sie nicht den Preis für ihr Tun zahlen? Natürlich »sollten« sie! Wir haben das Recht, unsere Gesellschaft vor Menschen zu schützen, die sich bösartig oder kriminell verhalten. Aber bei einer Großzahl der Fälle, die vor Gericht landen, geht es nicht um kriminelle Straftaten. Sehr oft handelt es sich um zivilrechtliche Auseinandersetzungen. Hier kann das zeitlose Prinzip der 3. Alternative seine stärkste Wirkung entfalten. Denn:

Mit Hilfe der 3. Alternative können Feinde zu Freunden werden.

Wer bei zivilrechtlichen Konflikten eine 3. Alternative finden will, fragt: »Worauf kommt es hier tatsächlich an? Welches Ergebnis wünschen wir uns wirklich?« Jeder Fall ist anders: Der Bauunternehmer, der es mit einem Maler zu tun hat, der erst flunkert und dann Pfusch abliefert, hat allen Grund, ihn vor Gericht zu bringen und dafür zu sorgen, dass er nie wieder einen Pinsel in die Hand nimmt. Aber was hätte es gebracht, das Leben eines jungen Familienvaters zu zerstören? Genau deshalb war die 3. Alternative hier eine wesentlich bessere Lösung als ein Prozess vor Gericht.

Sich die Hand des Friedens reichen

Synergie setzt einen grundlegenden *Paradigmenwechsel* voraus. Wir müssen uns vom Konkurrenz- und Kompromissdenken verabschieden und uns innerlich ganz auf die Suche nach 3. Alternativen einstellen. Dann können wir auch große Konflikte lösen.

Aber was ist, wenn Ihr Gegenüber auf Konfrontation aus ist? Natürlich haben Sie keinen Einfluss auf die Paradigmen der anderen. Dennoch können Sie Synergie und eine 3. Alternative anstreben. Das geht sogar in einem sehr konfrontativen Umfeld. Denn Sie haben die Wahl. Sie können sich dafür entscheiden, es dem anderen nicht mit gleicher Münze heimzuzahlen. Es liegt an Ihnen, auf Ihr Gegenüber zuzugehen und ihm aufmerksam und verständnisvoll zuzuhören. Sie werden sehen:

Oft genügt schon die Bereitschaft zum Zuhören, um einen Konflikt aus der Welt zu schaffen.

Machen Sie den ersten Schritt und fragen Sie nach der 3. Alternative: »Bist du bereit, eine Lösung zu suchen, die besser ist als alles, was jeder von uns beiden bisher im Sinn hatte?«

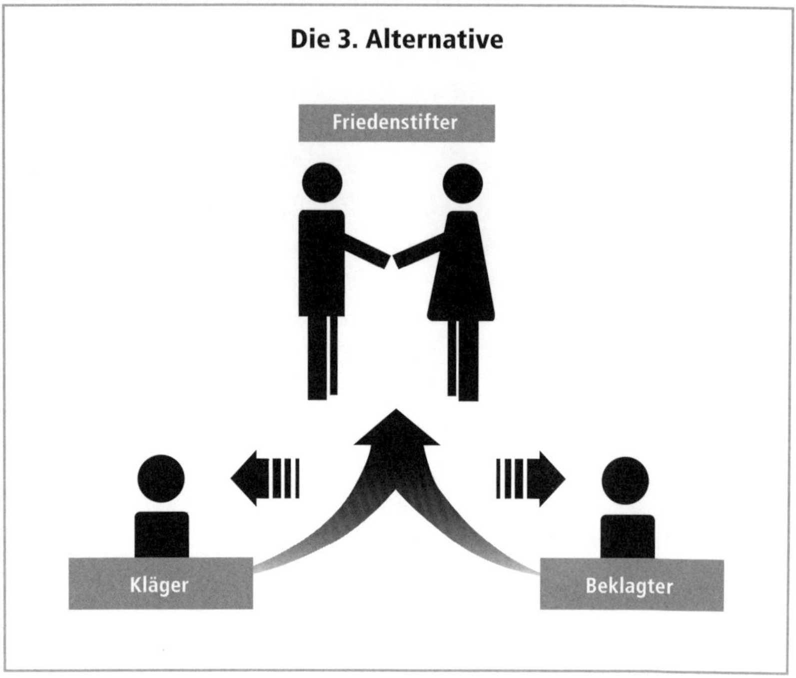

Viele Menschen zogen vor Gericht, weil sie felsenfest davon überzeugt waren, dass sie den Prozess gewinnen würden. Doch dann fühlten sie sich wie in einem Fahrstuhl, der sich plötzlich im freien Fall befindet. Im Laufe des Gerichtsverfahrens wurden die Probleme immer größer. Die Wende kam erst, als sie auf die gegnerische Partei zugingen und ernsthaft nach einer 3. Alternative suchten. Dann passierten erstaunliche Dinge. Probleme, mit denen sie monate- oder jahrelang gekämpft hatten, konnten in kürzester Zeit gelöst werden. Ich kann es gar nicht oft genug schreiben:

Jeder von uns kann den Schritt vom 2-Alternativen-Denken zur 3. Alternative vollziehen. Je früher dieser Paradigmenwechsel stattfindet, desto besser.

Unser Seelenfrieden und unsere Selbstachtung werden enorm davon profitieren, wenn wir das Bedürfnis nach Genugtuung und Vergeltung überwinden und stattdessen nach einer 3. Alternative suchen. Wie Martin Luther King Jr. sagte: »Der alte Grundsatz ›Auge um Auge‹ macht letztlich alle blind.«

Die 3. Alternative im Gesundheitswesen

Viele Industrienationen erleben gerade einen Albtraum in Form von explodierenden Gesundheitskosten. Das Gesundheitssystem wird technisch immer ausgereifter und spezialisierter – mit der Folge, dass die Kosten drastisch steigen. Gleichzeitig sinkt die Zahl der arbeitenden Beitragszahler der Krankenkassen rapide, während die Zahl der Ruheständler unaufhörlich wächst. Doch die Senioren kosten weit mehr, als sie beitragen – und das belastet die Krankenkassen und das Gesundheitssystem.

Mein guter Freund Scott Parker, ehemals Präsident der International Hospital Federation, verweist zum Spaß gern auf die alte Maxime im Gesundheitswesen: »Wir haben die Wahl zwischen breiter Versorgung, hoher Qualität und geringen Kosten – alles zusammen geht nicht.« Aber wie kann man dieses Problem lösen? Hier gibt es zwei gegensätzliche Positionen:

- Die *linke Seite* ist überzeugt, dass jeder Mensch ein Anrecht auf die beste Gesundheitsversorgung hat. Deshalb muss die Gesellschaft die Kosten tragen – egal, wie hoch sie sind.
- Die *rechte Seite* argumentiert, dass die Gesundheitsversorgung sich im Grunde nicht von anderen Dienstleistungen unter-

scheidet. Weil sich nicht alle das Beste leisten können, soll jeder das bekommen, was er bezahlen kann.

Mir ist bewusst, dass ich die beiden Positionen überzeichne, aber die Grundtendenz stimmt. Länder auf der ganzen Welt haben ein Problem mit der Finanzierung und der Ausgestaltung des Gesundheitswesens. Aber keiner fragt nach einer 3. Alternative: »Seid ihr bereit, eine Lösung zu suchen, die besser ist als alles, was jeder von uns bisher im Sinn hatte?« Wenn man diese Frage stellen würde, könnte man auch gleich weiterdenken: »Gehen wir vielleicht von falschen Hypothesen aus? Woher wissen wir, dass es unmöglich ist, jedem die beste Versorgung zu gewähren und trotzdem die Kosten zu senken? Worauf kommt es am Ende wirklich an? Ist unser gegenwärtiges Gesundheitssystem in der Lage, diese Ziele zu erreichen?«

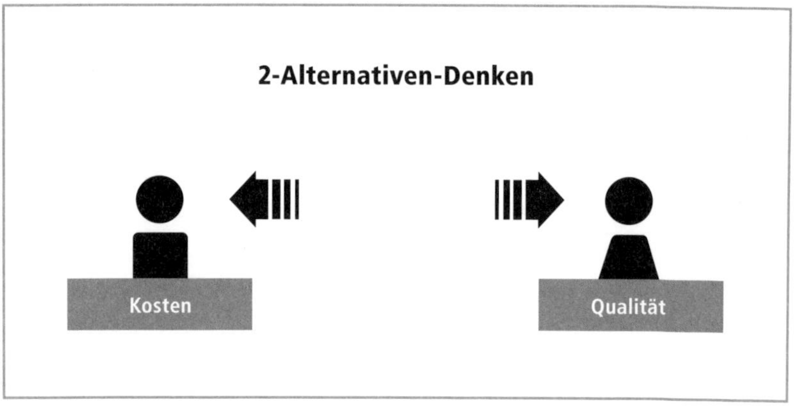

Unser Gesundheitssystem ist schwer krank!

Stellen Sie sich vor, die Vertreter der beiden Positionen würden gemeinsam nach 3. Alternativen suchen, anstatt sich nur zu streiten. Dann würden sie schnell erkennen, dass die Krise im Gesundheitswesen nicht auf einem Mangel an Lösungen, sondern auf einem

Mangel an Synergie beruht. Und ihnen würde noch etwas Wesentliches klar werden: Die eigentliche Aufgabe ist nicht, Krankheiten zu heilen, sondern sie zu vermeiden. In den meisten Ländern ist das Gesundheitssystem in Wahrheit ein »Krankheitssystem«. Das veranschaulicht die folgende Geschichte. Sie stammt von Dr. Frank Yanowitz. Der Herzspezialist widmet sein Leben weniger der Krankheit als vielmehr dem Wohlbefinden:

Das halte ich nicht durch!

BEISPIEL *Ein Medizinstudent geht gemeinsam mit seinem Professor eine Uferpromenade entlang. Auf einmal sehen die beiden einen ertrinkenden Mann im Fluss treiben. Der Student springt ins Wasser, zieht den Mann ans Ufer und rettet ihm mit einer Herz-Lungen-Massage das Leben. Natürlich erwartet der Student, dass der Professor beeindruckt ist. Doch der Professor schweigt.*

Plötzlich sehen sie einen weiteren Ertrinkenden. Der Student rettet auch ihm das Leben. Doch es werden immer mehr Ertrinkende angespült. Der Student versucht, allen zu helfen. Schon bald ist er mit seinen Kräften am Ende. Er bekommt kaum noch Luft. »Ich weiß, als Arzt ist es meine Pflicht, den Menschen zu helfen. Aber das halte ich nicht durch!«, ruft er dem Professor zu. Der antwortet: »Warum gehen Sie dann nicht hin und stoppen denjenigen, der diese armen Menschen ins Wasser stößt?«

Wir sind nahezu perfekt darin, kranke Menschen aus dem Fluss zu ziehen. Doch wir verhindern nicht, dass sie ins Wasser fallen. Das Resultat sind lange Schlangen in den Notfallaufnahmen, in die sich Leute einreihen, die eigentlich gar nicht krank sein müssten. Jordan Asher, ein angesehener Arzt und medizinischer Leiter eines Pflegediensts, beschreibt das so:

Das US-amerikanische Gesundheitssystem ist total rückwärtsgewandt. Wir greifen gezielt ein, wenn der Ernstfall bereits eingetreten ist. Nirgends auf der Welt sind Sie besser aufgehoben, wenn Sie einen Herzinfarkt haben. Aber wenn Sie einen Herzinfarkt vermeiden wollen, sind Sie an jedem anderen Ort der Welt besser aufgehoben. Wir versuchen, das Wasserleck zu stopfen, indem wir auf den Schlauch treten. Doch wir überlegen nicht, woher das Wasser kommt.[71]

Die Situation außerhalb der Vereinigten Staaten ist meist auch nicht besser. Überall fällt es schwer, die nötigen Ressourcen zu mobilisieren, um die wachsende Flut von Gesundheitsproblemen einer alternden Bevölkerung zu bewältigen. Aber nirgends wird versucht, die Flut zu verhindern oder sie wenigstens zu verlangsamen. Im Gegenteil: In den meisten Ländern steht die Behandlung von Krankheiten im Vordergrund. Ob Herzinfarkt, Diabetes oder Krebs: Für die Vorbeugung gibt es weder genug Zeit noch Geld. Die akute Versorgung kranker Menschen nimmt alle Ressourcen in Anspruch. Dabei weiß jeder, dass es besser ist, einer Krankheit vorzubeugen, als sie zu heilen!

Das Wohl des gesamten Menschen

Die Weltgesundheitsorganisation definiert Gesundheit als einen »Zustand des vollkommenen körperlichen, geistigen und sozialen Wohlbefindens und nicht nur als Abwesenheit von Krankheit oder Gebrechen«.[72] Für mich ist das die wahre Definition von Gesundheit: das Wohl des gesamten Menschen. Aber wo sind die Ärzte, die sich um unser Wohl kümmern? Wo sind die medizinischen Schulen, für die das Wohl mehr als nur eine Fußnote im Lehrplan ist?

Wir brauchen eine 3. Alternative, die die gesamte Gesundheitsbranche auf den Kopf stellt und ihr eine neue, sinnvolle Ausrichtung gibt. Aber wie sieht diese Alternative aus?

Die 3. Alternative zur Krise im Gesundheitswesen lautet: Weg vom »Krankheitswesen« hin zum »Gesundheitswesen«, zum »Wohlergehenswesen«. Weg von der Notfallmedizin hin zur Vorbeugung.

Ein völlig neues Gesundheits- und Seniorenzentrum

Dass die 3. Alternative im Gesundheitswesen mit großem Erfolg umgesetzt werden kann, zeigt Shawn Morris. Er ist Vize-Chef bei einem Pflegedienstleister in Nashville. Gemeinsam mit seinen Partnern hat er das *Living Well Health Center* gegründet. Schon beim Betreten spürt man, dass es sich hier nicht um ein herkömmliches Gesundheits- und Seniorenzentrum handelt: Es herrscht eine fröhlich-lockere Atmosphäre. Die Leute kommen gerne vorbei, um hier Zeit zu verbringen. Ein freundlicher »Service-Botschafter« macht die Besucher mit allen Angeboten vertraut – beispielsweise gibt es Gymnastikgruppen, Bastel- oder Koch- und Ernährungskurse.

Im *Living Well Health Center* herrscht keine sterile Krankenhausatmosphäre. Dennoch steht das gesundheitliche Wohl der Patienten im Vordergrund. Man achtet gewissenhaft auf sie und führt genau Buch über ihren Gesundheitszustand. Dazu arbeitet man mit einem detaillierten Gesundheitsplan und einer Checkliste mit 32 Risikofaktoren. Ein Punkt auf dieser Liste ist ein regelmäßiger PSA-Test für ältere Männer. Er dient zum Nachweis von Prostatakrebs, der bei frühzeitiger Entdeckung eine Heilungschance von nahezu 100 Prozent hat. Weitere Punkte auf der Liste machen die Ärzte auf unsichtbare Gefahren wie Diabetes oder Herzerkrankungen aufmerksam.

Im Gegensatz zum US-Durchschnitt haben die Ärzte nicht nur sechs Minuten Zeit für ihre Patienten. Die Untersuchung dauert so lange, wie es braucht, um die Checkliste durchzugehen, eine Behandlung zu besprechen oder einfach nur miteinander zu reden. Die Ärzte am *Living Well Health Center* praktizieren das, was sie mit einem Augenzwinkern als »patientenzentrierte Medizin« bezeichnen. Dadurch lernen sie die einzelnen Patienten sehr genau kennen und bauen ein enges Vertrauensverhältnis zu ihnen auf.

Das Konzept geht voll auf

Ein Hauptziel des *Living Well Health Center* ist es, den Patienten unnötige Besuche im Krankenhaus zu ersparen. Alles ist konsequent auf die Prävention und die Hilfe bei chronischen Beeinträchtigungen ausgerichtet. Das Konzept geht voll auf: Die Anzahl akuter Gesundheitsprobleme und schwerer Erkrankungen sinkt beständig. Herzinfarkte, Krebserkrankungen oder Schlaganfälle treten immer seltener auf. Das erspart den Patienten viel Leid und bringt zudem sehr hohe Einsparungen. Einen Teil des eingesparten Geldes bekommen die Ärzte. Beispielsweise gibt es einen Extrabonus für jeden Patienten, dem ein Krankenhausbesuch erspart bleibt. Denn am *Living Well Health Center* werden die Ärzte für die Arbeit bezahlt, um die es in Wahrheit geht: den Menschen zu helfen, sich in jeder Hinsicht wohlzufühlen. Shawn Morris erklärt:

> *Wir strukturieren die Vergütung der Ärzte völlig neu, damit sie mehr Zeit mit den Patienten verbringen können. Gute Prävention und die Behandlung chronischer Leiden funktionieren nicht im Rekordtempo. Das Krankenhaus ist für kritische, akute Fälle da, aber nicht für Menschen mit chronischen Erkrankungen wie Asthma oder Diabetes. Sie sind in einem ambulanten Umfeld wesentlich besser aufgehoben.*

Wenn es zu ernsten Gesundheitsproblemen kommt, vermittelt das *Living Well Health Center* die Betroffenen zur Spezialbehandlung weiter. Mitarbeiter des Centers begleiten die Patienten anschließend nach Hause und helfen ihnen, ihr Umfeld optimal einzurichten. Sie tun alles, damit es den Patienten gut geht und sie nach Möglichkeit nicht mehr so schnell in eine Klinik müssen.

Weit über dem Durchschnitt

Nach amerikanischen Qualitätsmaßstäben ist das Leistungsniveau des *Living Well Health Center* herausragend. »Wir liegen bei 90 Prozent – weit oberhalb des Durchschnitts von 45 bis 50 Prozent«, sagt Shawn Morris.[73] Das bedeutet sehr viel gesündere Patienten und beträchtliche Einsparungen. Wie das alles möglich ist? Das *Living Well Health Center* wurde von Menschen ins Leben gerufen, die offen für 3. Alternativen sind. Ob Ärzte, Psychologen, Physiotherapeuten, Masseure, Akupunkteure oder Ernährungsspezialisten: Sie alle tragen zum Wohl des gesamten Menschen bei, indem sie sich um die körperlichen, mentalen, seelischen und sozialen Bedürfnisse ihrer Patienten kümmern.

Wissen Sie, was das Besondere an den Mitarbeitern des *Living Well Health Center* ist? Sie bestellen die Patienten nicht gezielt zu den erforderlichen Vorsorge- und Kontrolluntersuchungen ein. Sie begeistern die Leute mit einer Atmosphäre, die die ganze Person anspricht. Tatsächlich verbringen die Menschen gerne ihre Zeit im *Living Well Health Center.* Wir haben es hier mit einem Treffpunkt und keiner Notaufnahme zu tun. Es ist ein Erholungszentrum und kein Ärztehaus. Es ist ein Refugium und keine Klinik. Im *Living Well Health Center* achtet man nicht nur auf die Gesundheit, sondern bietet den Patienten zugleich die Möglichkeit, Neues zu erfahren, Freunde zu finden und Spaß zu haben. So bekommt der Begriff »Gesundheitszentrum« eine völlig neue Bedeutung.

Das Wohl des gesamten Menschen

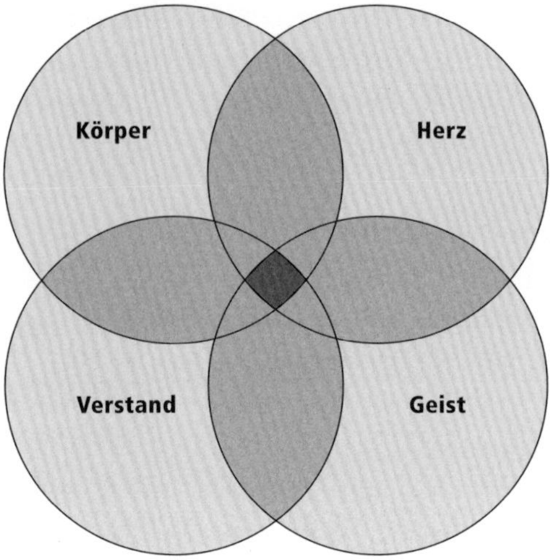

Das Paradigma des gesamten Menschen: Wenn wir das Gesundheitssystem verändern wollen, müssen wir das »Krankheitsparadigma« durch ein Paradigma ersetzen, das das Wohl des gesamten Menschen zum Ziel hat und die körperlichen, seelischen, geistigen und emotionalen Aspekte umfasst.

Das wahre Problem sind die Paradigmen

Beispiele wie das *Living Well Health Center* zeigen: Es ist möglich, alle Menschen gut zu versorgen *und* die Kosten niedrig zu halten. Denn: Das Problem sind nicht die Kosten und nicht die Qualität. Das wahre Problem sind auch hier die Paradigmen. Das Gesundheitssystem steckt tief im 2-Alternativen-Denken fest. Es ist in der widersinnigen Annahme gefangen, dass wir uns zwischen Bezahlbarkeit und Qualität entscheiden müssen. Doch so werden unzählige Gelegenheiten verschenkt, das Gesundheitssystem mit der Hilfe von 3. Alternativen zu reformieren. Ich hoffe sehr, dass hier ein grundlegender Paradigmenwechsel einsetzt. Wir brauchen dringend mehr 3. Alternativen wie das *Living Well Health Center* – zum Wohl des gesamten Menschen und zum Wohl der ganzen Gesellschaft.

Die 3. Alternative im Umweltschutz

Auf dem einst so zauberhaften Meeresufer von Saida im Libanon wächst ein riesiger giftiger Müllberg aus den Abfällen der nahegelegenen Ortschaften. Von dem vier Stockwerke hohen und eine halbe Million Kubikmeter umfassenden Ungetüm brechen immer wieder riesige Teile ab. Wie die Schollen eines Eisbergs werden sie von den Wellen des Meeres verschlungen. Der Müll wird bis zu den Mittelmeerstränden Syriens und der Türkei gespült.

Ob die Menschen vor Ort oder die Nachbarländer: Alle wünschen sich, dass diese Umweltverschmutzung möglichst bald ein Ende hat. Aber die Stadt sagt, dass die Regierung zuständig ist. Die Regierung wiederum verweist auf die Stadt. Beide Seiten können zahlreiche Argumente für ihre Position anführen – die Politik ist ein kompliziertes Dickicht. Solange sich die beiden Seiten nicht einigen, wächst der Müllberg weiter. Das Gift verschmutzt das Wasser und die Luft. Es tötet die Fische und macht den Anwohnern das Atmen schwer. Die Kinder leiden besonders – immer mehr haben mit Asthma zu kämpfen.[74]

Das 2-Alternativen-Denken zerstört unsere Erde

Saidas Müllberg ist nur ein Beispiel für das 2-Alternativen-Denken, dem wir das weltweite Problem der Umweltverschmutzung zu verdanken haben. Kein Ort der Erde ist dagegen immun. Obwohl das keine Frage von Links oder Rechts ist, wird dennoch auf der ganzen Welt heftig darüber gestritten. Für jedes Land gehört die Sorge um das Wohl des Planeten zu den schwierigsten Herausforderungen. Die Menschen sorgen sich um die Zukunft der Erde. Die Emotionen kochen hoch. Die Umweltdebatte spaltet die Gesellschaft. Diejenigen, die im 2-Alternativen-Denken gefangen sind, bemühen sich eifrig, Anhänger für ihre Sicht der Dinge zu gewinnen und die Vertreter der anderen Partei niederzumachen. Die eine Seite leugnet, dass der Klimawandel eine Reaktion erfordert:

Die Umweltaktivisten wollen, dass wir bescheidener, unbequemer, unkomfortabler, sparsamer, freudloser und weniger hoffnungsvoll leben. Und das grüne Moralaposteltum ist nur der Anfang. Am Ende wollen sie uns mit Hilfe von Gesetzen vorschreiben, wie wir uns fortbewegen, wie wir uns ernähren, wie viel Energie wir verbrauchen, wie groß unsere Häuser sein, wie weit wir reisen und wie viele Kinder wir haben dürfen … Grün zu leben, das bedeutet in Wahrheit, dass unser Leben fremdbestimmt ist – dass wir nicht mehr frei träumen dürfen und in eine vollkommen neue Gesellschaftsordnung gepresst werden … Es bedeutet Leben unter der grünen Fuchtel.[75]

Die andere Seite sieht das ganz anders:

Die Leugnung des Klimawandels greift um sich wie eine ansteckende Krankheit. Sie gedeiht in einem Umfeld, das sich von Beweisen oder vernünftigen Argumenten nicht beeindrucken lässt. Jeder Versuch, auf wissenschaftliche Erkenntnisse zu verweisen, wird mit wilden Schmähungen beantwortet. All das greift mit erstaunlicher Geschwindigkeit um sich … Diese Bücher und Webseiten bedienen einen neuen literarischen Markt: Menschen mit Raumtemperatur-IQs … Ich staune, wie sie jeden Quatsch glauben, nur weil er ihr Weltbild bestätigt.[76]

Extremisten gibt es am linken wie am rechten Ende des Spektrums. Aber die meisten Menschen wollen einfach nur klare Luft, sauberes Wasser und fruchtbares Land, ohne auf die Errungenschaften der Zivilisation verzichten zu müssen. Doch wie bekommt man das alles unter einen Hut? Indem man die endlosen Debatten beendet und gemeinsam nach 3. Alternativen sucht!

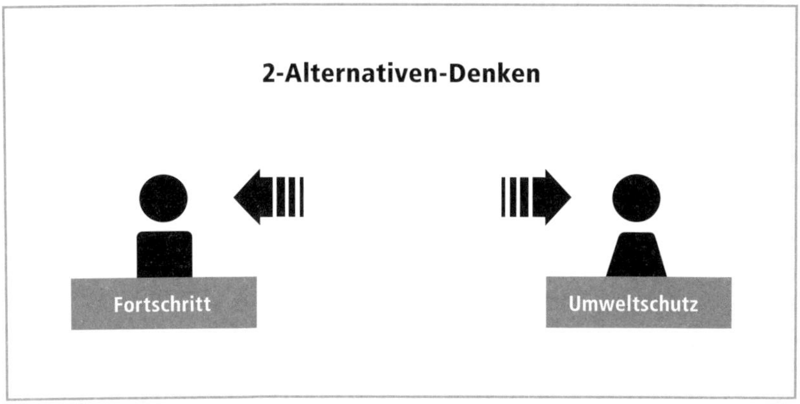

Wie können wir die Umwelt wirklich retten?
Als militanter Umweltschützer laufe ich Gefahr, die Bedürfnisse und Sorgen der anderen aus dem Blick zu verlieren: Bauern versuchen, Nahrung anzubauen, Familien müssen sich ihr Auskommen sichern. Möglicherweise lasse ich mich zu Dingen hinreißen, die sich als wirkungslos oder sogar als schädlich erweisen. Was bringt es, wenn ich eine rußende Fackel anzünde, nur damit ich das elektrische Licht ausschalten kann?

Wenn ich mich dagegen weigere, die Argumente der Umweltschützer zur Kenntnis zu nehmen, verzichte ich auf die Ideen der Menschen mit dem größten Wissen und dem meisten Elan. Ich kann mich für das Wirtschaftswachstum aussprechen und mich dennoch für den Klimaschutz interessieren und den Menschen zuhören, die sich mit Leib und Seele dafür einsetzen. Wer nach

Synergien sucht, dem stellt sich die Welt niemals als simples 2-Alternativen-Denken dar.

Die Leute, die immer eine Patentlösung parat haben, versuchen sich gegenseitig zu übertrumpfen und niederzumachen. Radikale Umweltschützer in New York wüten gegen einen »Kapitalismus des großen Geldes«, der in ihren Augen die Hafenregion der Stadt durch eine habgiergetriebene Stadterweiterungspolitik in eine maritime Wüste verwandelt hat. Geschäftsleute schütteln verständnislos den Kopf: »Was sollen wir Ihrer Meinung nach tun? Manhattan abreißen?« Keine Gruppe hört der anderen zu. Niemand lässt sich auf die Argumente der anderen Seite ein oder sucht ernsthaft nach möglichen Synergien. Was aber wäre, wenn sie ihr Engagement für die Umwelt mit unternehmerischem Sachverstand verbinden würden? Dann könnten sie außergewöhnliche 3. Alternativen hervorbringen.

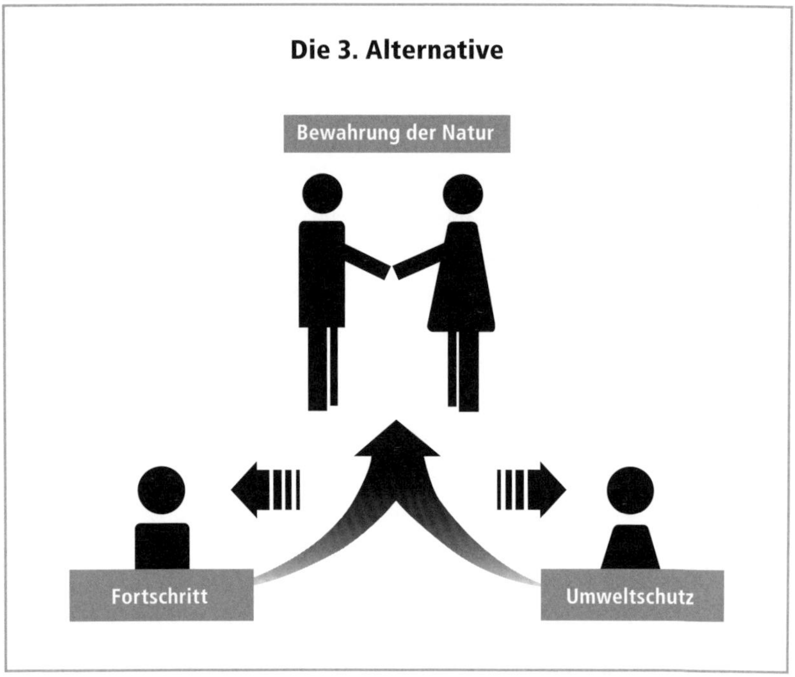

Ein urbanes Ökoparadies

Ein echtes Vorbild für Synergie ist Natalie Jeremijenko, eine australische Umweltaktivistin, die New York in ein urbanes Ökoparadies verwandeln will, ohne die Stadt abzureißen. Natalie Jeremijenko hat Weltraumtechnik, Biochemie, Neurowissenschaften und Physik studiert. Ihre Erkenntnisse aus allen diesen Disziplinen kombiniert sie zu kleinen, aber äußerst effektiven Projekten. Hier ein Beispiel:

Lauter kleine »Schönheitsflecken«

BEISPIEL *Der giftige Schmutz aus der großen Stadt hat der New Yorker Hafenregion über die Jahre schwer zugesetzt. Mit diversen Maßnahmen wurde versucht, das Abwassersystem vom Hafenwasser zu trennen. Aber der Regen spült regelmäßig große Mengen Kadmium, ausgelaufenes Benzin oder Diesel und den Staub von Millionen von Autobremsbelägen ins Wasser. Außer einem Rückbau sämtlicher Asphaltstraßen in New York ist da nichts, was man dagegen tun könnte – es sei denn, man heißt Natalie Jeremijenko.*

Ihre Idee ist es, um jeden Hydranten in der Stadt einen kleinen Garten anzulegen. Die Pflanzen würden das Gift aus den Wasserfluten entlang der Bordsteinkanten filtern und die Stadt mit lauter kleinen »Schönheitsflecken« übersäen. Falls doch einmal ein Rettungsfahrzeug den Platz um den Hydranten nutzen müsste, würde das nur wenige Pflanzen in Mitleidenschaft ziehen, die sich anschließend schnell wieder erholen könnten. Wenn man bedenkt, dass New York rund eine Viertelmillion Hydranten hat, könnten sich die über die gesamte Stadt verteilten Gärten zu einem gewaltigen Umweltfilter summieren.

Natalie Jeremijenko hat auch einen Solarkamin entworfen. Er zieht die warme Luft aus einem Gebäude und leitet sie durch einen Filter, der aus dem CO_2 den Kohlenstoff herausholt. Ihre Kamine könnten 80 bis 90 Prozent des CO_2 abfangen, das die unzähligen Gebäude in New York ständig ausstoßen. Zudem könnte der Kohlenstoff für Bleistifte wiederverwendet werden.

Das ehrgeizigste Projekt von Natalie Jeremijenko ist die urbane Landwirtschaft. Wenn man Lebensmittel in der Stadt anbauen würde, könnten die mit ihrem Transport verbundenen Verluste von Nährstoffen und Lieferkosten vermieden werden. Im Prinzip ist das Dach eines Gebäudes der ideale Ort für einen Küchengarten. Die meisten Dächer würden das Gewicht von vielen Tonnen Erde allerdings gar nicht verkraften. Also hat Jeremijenko eine geniale Schale aus leichtem Stahl und Polymerhaut konstruiert, die wie ein Raumschiff mit Stützbeinen oben auf einem Gebäude sitzt. Diese Schale beherbergt einen Hydrokultur-Garten, während die Stützbeine das Gewicht auf die tragenden Teile des Gebäudes lenken. Die Bewässerung der Pflanzen erfolgt mit Abwasser. Ein ausgeklügeltes Rohrsystem wärmt oder kühlt das darunterliegende Gebäude. Die larvenähnlichen silbernen Gärten könnten eines Tages die New Yorker Skyline bevölkern, die Stadt mit frischem Obst und Gemüse versorgen und helfen, gewaltige Energiemengen einzusparen.

Was kann jeder selbst beitragen?

Natalie Jeremijenko ist ein Star in der alternativen Kunstwelt und eine einfallsreiche Konstrukteurin. Sie überschreitet spielerisch die Grenzen zwischen Kunst und Technologie, zwischen natürlicher und menschlicher Schöpfung. Natalie Jeremijenko übersät die urbane Landschaft geradezu mit 3. Alternativen. Ihre Ideen versteht sie nicht als Antworten auf unsere Umweltprobleme, sondern als *provozierende Fragen:* »Was sind das für glänzende Schalen auf den Dächern rundherum? Warum wachsen neben jedem Hydranten in der Stadt Geranien?« Sie will die Menschen dazu bringen, dass sie darüber nachdenken, welche außergewöhnlichen Ideen sie selbst zur Lösung unserer Umweltprobleme beitragen können.[77]

Einfache Lösung – große Wirkung

Genau wie New York hat auch die indische Megastadt Delhi mit vielfältigen Umweltproblemen zu kämpfen. Ein besonders brisantes Thema ist hier die Luftverschmutzung. Auch wenn die Behörden gegen das Problem ankämpfen, ist die Luft dort so ungesund wie an kaum einem anderen Ort der Welt. Aber was ist, wenn man nicht warten will, bis die Behörden endlich eine Lösung finden? Was mit einer 3. Alternative und sehr einfachen Mitteln alles machbar ist, zeigt das folgende Beispiel:

Die Kraft der Pflanzen

BEISPIEL *Kamal Meattle, der Besitzer eines Büroparks in Delhi, hatte das Gefühl, dass ihn das Atmen beinahe umbrachte. Da er nicht auf eine Lösung der Behörden warten wollte, forschte er auf eigene Faust nach. Er fand heraus, dass bestimmte Pflanzen dazu geeignet sind, Innenräume mit frischer Atemluft zu versorgen. Deshalb bestückte er seine Büros mit Betelpalmen, die besonders viel Sauerstoff erzeugen. Um die Luft von Giftstoffen zu säubern, nutzte er zusätzlich Geldbäume. Und: Damit die Luft auch nachts gereinigt werden konnte, besorgte er Bogenhanf, der auch ohne Sonnenlicht Kohlendioxid in Sauerstoff verwandeln kann.*

»Wenn Sie eine ausreichende Stückzahl dieser drei gewöhnlichen Pflanzen haben«, sagt Kamel Meattle, »können Sie auch in einer verschlossenen Flasche ohne weitere Frischluftzufuhr überleben«. Eine ausführliche Analyse ergab, dass die Pflanzen in den Bürogebäuden Augenrötungen um die Hälfte, Atemwegsreizungen um ein Drittel und Kopfschmerzen um ein Viertel reduzierten. »Unsere Beobachtungen deuten auf eine Verbesserung der menschlichen Produktivität um 20 Prozent und eine Reduzierung des Energiebedarfs um 15 Prozent hin.« In Anbetracht dessen, dass fast die

Hälfte des Weltenergieverbrauchs auf das Konto von Belüftung, Beheizung und Kühlung von Innenräumen geht, müssten sich mit Hilfe dieser Pflanzen geradezu unglaubliche Einsparungen erzielen lassen.[78]

Unsere Erde braucht 3. Alternativen

Entweder wir zerstören unseren Planeten oder wir müssen auf Wachstum und Wohlstand verzichten: Unsere Fähigkeit, 3. Alternativen als Ausweg aus dieser Zwickmühle zu finden, kennt nur eine Grenze – unsere innere Einstellung. Kontratypische Vorschläge, wie wir unseren Energiehunger drosseln können, gibt es in Hülle und Fülle. Wie wir gesehen haben, können selbst unscheinbare 3. Alternativen große Wirkung zeigen. Ob Politiker, Parteien, Wirtschaftsvertreter oder Umweltschützer und Klimaaktivisten: Es ist allerhöchste Zeit, dass wir aufhören, uns in Klima- und Umweltfragen zu bekriegen. Lassen Sie uns gemeinsam die Kraft der Synergie nutzen, um die Schönheit unserer Erde und die Zukunft der nächsten Generationen zu sichern!

Wichtige Fragen zur 3. Alternative in Politik und Gesellschaft

Wollen Sie einzelne Inhalte dieses Kapitels gezielt vertiefen? Dann sollten Sie intensiv über die folgenden Fragen nachdenken. Ob Kollegen, Freunde oder Familie: Den größten Erkenntnisgewinn haben Sie, wenn Sie mit anderen über die in diesem Buch vorgestellten Beispiele zu 3. Alternativen in Politik und Gesellschaft diskutieren:

- Welche Erkenntnisse können Sie aus der Geschichte von der Neugestaltung des *Times Square* über den Umgang mit Konflikten und die Einbeziehung verschiedener Gruppen für die Lösung eines Problems mitnehmen?
- Weshalb ist Gewaltprävention für *Ward Clapham* keine Nebenbeschäftigung, sondern *die* Aufgabe von Polizei, Politik und Gesellschaft schlechthin?
- Wieso ist Hilfe zur Selbsthilfe entscheidend, um 3. Alternativen gegen Armut und Arbeitslosigkeit zu entwickeln? Was kann man hier von *Cincinnati Works* lernen?
- Die 3. Alternative im *Bildungssystem* besteht darin, aus Kindern Führungskräfte zu machen. Nicht jeder kann Präsident eines Staates oder CEO eines Unternehmens werden. Aber wie kann jeder von uns eine gute Führungskraft werden?
- Wie können Sie sich für Synergie entscheiden, selbst wenn andere auf Konfrontation ausgerichtet sind und Sie am liebsten vor Gericht zerren würden?
- Das Gesundheitssystem ist in Wahrheit ein Krankheitssystem: Was bedeutet das genau? Was sagt die Geschichte über das *Living Well Health Center* über 3. Alternativen im Gesundheitswesen aus?

- Weshalb zerstört das 2-Alternativen-Denken unsere Erde? Und wie können wir unsere *Umwelt* und die Zukunft unseres Planeten mit Hilfe von 3. Alternativen retten?

Probieren Sie es gleich aus!

Welche gesellschaftlichen Probleme und welche Chancen gibt es in Ihrem Umfeld? Suchen Sie nach 3. Alternativen. Entwickeln Sie Prototypen. Ermuntern Sie andere, mitzumachen. Halten Sie sich bei der Entwicklung von kreativen Lösungen an die »4 Schritte zur Synergie«. Halten Sie sich dabei an den Leitfaden auf den Seiten 104 bis 105. Wenn Sie mögen, können Sie den Leitfaden gerne unter www.stephencovey.de herunterladen.

Die 3. Alternative im eigenen Leben

IX. Die 3. Alternative im eigenen Leben

In der puerto-ricanischen Stadt Ceiba steht ein Haus, das dort unter dem Namen »el pesebre« (die Krippe) bekannt ist. Hier hat der große Violoncellist Pablo (Pau) Casals die letzten 20 Jahre bis zu seinem Tod im Jahr 1973 verbracht. Fast ein Jahrhundert zuvor hatte er in seiner katalanischen Heimat zum ersten Mal ein Cello gehört – und dieser Moment hatte sein Leben für immer verändert. Als er 13 Jahre alt war, entdeckte er in einer Musikalienhandlung Noten der Cellosuiten von Johann Sebastian Bach. Die Noten wurden sein größter Schatz. Eines Tages ermöglichte ihm ein namhafter Komponist, vor der spanischen Königsfamilie zu spielen. Das war der Beginn einer geradezu märchenhaften Karriere.

Mit 23 spielte Pablo Casals für Queen Victoria und mit 85 im Weißen Haus für Präsident John F. Kennedy. Die sechs Jahrzehnte dazwischen waren ein langes Aufwärts-Crescendo in der Welt der Musik. Pablo Casals trat mit weltbekannten Orchestern auf, erhielt alle nur denkbaren Ehrungen und galt als einer der größten Cellisten aller Zeiten. In Spanien war er so beliebt, dass die Zuhörer, wenn er vor dem König spielte, zur königlichen Loge zeigten und riefen: »Das ist unser König, aber Pablo ist unser Kaiser!«

In den letzten Jahren des großen Meisters lauschten die Nachbarn in Ceiba dem Klang der Bachsuiten, der aus den Fenstern von »el pesebre« drang. Eines Tages, als er schon 93 war, fragte ihn jemand, warum er noch immer täglich drei Stunden Cello übte. Casals erwiderte: »Ich stelle Anzeichen einer Verbesserung fest … Ich bemerke, dass ich noch dazulerne.«

Ein Leben im Crescendo

Pablo Casals hat niemals aufgehört, seine Musik zu spielen – bis zu dem Tag, an dem er den Bogen im Alter von 97 Jahren zum letzten Mal niederlegte. Er übte, verbesserte sein Können und holte bis zu seinem letzten Atemzug alles aus sich heraus. Wenn andere sich wunderten, warum er gegen Ende seines langen Lebens nicht kürzertrat, entgegnete er: »Sich zur Ruhe zu setzen ist wie sterben.« Casals hätte seinen Gesprächspartnern erklären können, dass man von einem *Crescendo* spricht, wenn die Musik an Tonstärke zunimmt und ihre volle Erhabenheit zur Entfaltung bringt. Pablo Casals lebte bis zum Schluss im *Crescendo*.

Unter allen Ideen, die ich in meiner Arbeit verwende, gibt es keine, die andere Menschen so sehr inspiriert und in ihnen so starke Kräfte weckt, wie mein persönliches Motto:

> Lebe im Crescendo: Dein wichtigstes Werk liegt immer noch vor dir!

Einmal sprach ich über diese Idee vor einer großen Gruppe von Leuten aus den verschiedensten Branchen. Anschließend kam ein Richter auf mich zu: Er erklärte mir, dass er vorgehabt hatte, bald in den Ruhestand zu gehen. Nachdem er aber über das Leben im Crescendo gehört hatte, hatte er seine Meinung geändert. Ihm wurde bewusst, wie sehr er immer noch für seine Arbeit brannte und wie viel er nach wie vor zur Lösung der Probleme in seinem Gerichtsbezirk beitragen konnte. Deshalb beschloss er, seine Pensionierung auf unbestimmte Zeit zu verschieben.

Machen Sie sich klar, dass Ihre wichtigste Aufgabe immer noch vor Ihnen liegt – und niemals hinter Ihnen: Egal, was Sie bislang erreicht oder nicht erreicht haben, Sie haben noch einen wichtigen Beitrag zu leisten. Vielleicht ist es etwas ganz anderes als das, was Sie in der Vergangenheit gemacht haben. Es kann sein, dass es auf eine völlig andere Weise bedeutend ist. Aber es ist wichtig – besonders, wenn Sie damit das Leben anderer Menschen positiv beeinflussen können:

Widerstehen Sie der Versuchung, ständig auf das zurückzublicken, was Sie bereits getan oder nicht getan haben. Schauen Sie stattdessen optimistisch nach vorn.

Unabhängig davon, wie alt wir sind oder wo wir gerade stehen: Menschen, die mit dem Konzept der 3. Alternative vertraut sind, sind niemals am Ende ihres Schaffens. Sie streben ein Leben lang nach dem Höheren und dem Besseren. Das ist das Wesen der Synergie. Unsere Leistungen aus der Vergangenheit mögen uns mit Freude erfüllen, aber am Horizont wartet schon unsere nächste große Aufgabe.

Die Beispiele aus diesem Buch zeigen: Es gibt überall Herausforderungen, die dringend das kreative Engagement von jemandem brauchen, der nach einer 3. Alternative sucht. Es gilt, Beziehungen zu knüpfen, der Allgemeinheit zu helfen, Familien zu stärken, Wissen zu erwerben, Probleme zu lösen und Großes zu schaffen.

Das Beste kommt noch!

Was mich betrifft, so bin ich bereits weit jenseits des typischen Ruhestandsalters. Dennoch schreibe, lehre, berate und reise ich noch immer im Dienste meiner Profession. Glück und Zufriedenheit und die persönliche Weiterentwicklung meiner Kinder und Enkel liegen mir sehr am Herzen. Angesichts all der spannenden Herausforderungen, die auf mich warten, bin ich mehr denn je auf der

Suche nach 3. Alternativen. Oder wie der Komiker George Burns mit 99 meinte: »Ich habe keine Zeit für den Ruhestand, ich bin ausgebucht!«

Eine meiner Töchter fragte mich, ob ich jemals wieder etwas so Spektakuläres schreiben würde wie *Die 7 Wege zur Effektivität.* Ich denke, meine Antwort überraschte sie: »Machst du Witze? Meine besten Sachen kommen noch! Ich habe gerade zehn Bücher im Kopf!« Das soll keine Angeberei sein, aber ich bin *überzeugt,* dass mein bestes Werk noch vor mir liegt. Und warum sollte ich dieses Gefühl nicht haben? Was würde mir sonst den Antrieb geben, jeden Morgen aufzustehen? Was würde es bringen, wenn ich glauben würde, dass ich mein Bestes schon gegeben hätte und es nichts Wichtiges mehr gibt, das ich noch beitragen könnte? Ich stimme dem Fabrikanten Ernest T. Trigg aus Philadelphia zu, wenn er sagt: »Wer alles vollbracht hat, von dem er denkt, dass es die Mühe wert ist, hat schon begonnen zu sterben.«

Arbeit oder Freizeit?

Viel zu viele Menschen führen ein 2-Alternativen-Leben: Entweder wir arbeiten oder wir genießen unsere Zeit. Viele arbeiten ausschließlich, *um* Freizeit zu haben. Wir überstehen lange Tage im Job und haben nur ein Ziel: Dass sie so schnell und störungsfrei wie möglich vorübergehen, damit wir uns nach Feierabend ausruhen können. Ständig hören wir:

- *»Ach je, schon wieder Montag.«*
- *»Ich bin so froh, dass die Woche endlich um ist.«*
- *»Wenn doch nur schon Feierabend wäre ...«*
- *»Das Wochenende rückt zum Glück näher.«*
- *»Gott sei Dank ist heute Freitag.«*

Abzweigung aufs Abstellgleis

Viele wünschen sich, dass ihre Tage, Wochen, Jahre und ihr Leben möglichst schnell vorbeigehen. Jeder Tag unterteilt sich in »Gehirn angeschaltet« und »Gehirn ausgeschaltet«. Wir sehen uns durch die Brille des Industriezeitalters und halten uns für Maschinen, die eine bestimmte Funktion erfüllen, bis sie nicht länger gebraucht werden. Wir schalten am Abend ab, um am nächsten Morgen wieder anzuschalten. Am Ende kommt irgendwann ein Tag, an dem der Schalter für immer ausbleibt. Was machen wir dann? Womit verbringen wir unsere Zeit?

Wir nehmen die Abzweigung aufs Abstellgleis. Wir setzen uns zur Ruhe und genießen die Zeit, die uns noch bleibt. Das wünschen sich viele Menschen, weil sie dazu erzogen wurden, das Leben mit der Brille dieses 2-Alternativen-Denkens zu sehen. Aber das ist der falsche Weg, der uns von einer Gesellschaft mit einer längst überholten Lebenseinstellung aus dem Industriezeitalter eingetrichtert wird. Man redet uns ein, wir hätten nur zwei Alternativen: *weiterarbeiten* oder *Ruhestand*.

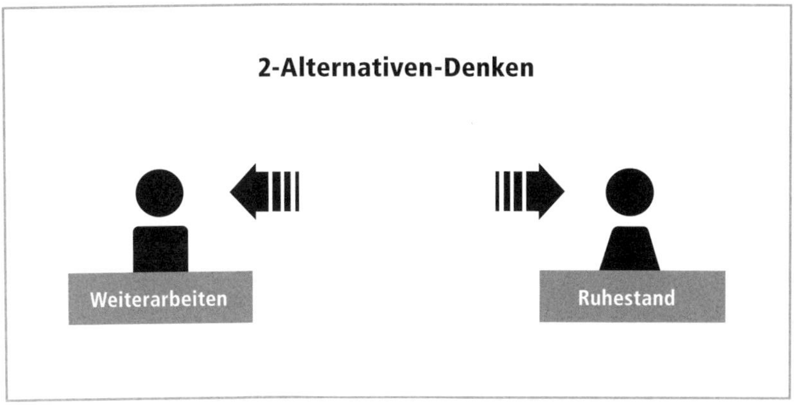

Wir hoffen, dass wir irgendwann, wenn wir keine »Maschinen« mehr sind, glücklich sein werden. Wir wünschen uns, dass wir *dann* endlich einen Sinn im Leben sehen werden. Aber für viele ist das Leben, wie der Dichter William Butler Yeats schrieb, »eine lange Vorbereitung auf etwas, was niemals eintritt«. Ihr Leben gleitet ins Diminuendo. Es wird langsamer, leiser, langweiliger: Dieser Abstieg kann lang und leidvoll sein.

Die 3. Alternative: Einen Beitrag leisten

Weiterarbeiten oder Ruhestand? Für mich gibt es eine viel, viel bessere 3. Alternative: einen Beitrag leisten! Sie können sich weit über das »goldene Alter« von 65 Jahren hinaus in Ihrem Beruf engagieren und Außergewöhnliches leisten. Oder Sie können sich aus Ihrer langjährigen Tätigkeit zurückziehen und eine zweite Karriere beginnen, indem Sie etwas Sinnvolles für Ihre Familie und für die Gesellschaft tun.

Die die Zahl der Menschen über 65 wird in den nächsten Jahren immer weiter zunehmen. Denn: Unsere Lebenserwartung steigt stetig. Seit Ende des 19. Jahrhunderts hat sie sich sogar mehr als verdoppelt. Die schlechte Nachricht? Viele wissen nicht, was sie mit dieser zusätzlichen Lebenszeit anfangen sollen. Und wie ist es mit Ihnen? Wollen Sie diese Zeit mit Nichtstun vergeuden oder wollen Sie etwas richtig Gutes daraus machen?

Die Bereitschaft, sich weiterhin einzubringen, wird Ihnen vielleicht sogar das Leben retten. In meinem Bekanntenkreis beobachte ich häufig, wie Leute, die sich zur Ruhe setzen, mental und körperlich in erschreckendem Tempo abbauen. Der bekannte Stressexperte Dr. Hans Selye schreibt in diesem Zusammenhang:

> *Mit vorgerücktem Alter brauchen die meisten mehr Ruhepausen, aber der Alterungsprozess schreitet nicht bei jedem gleich schnell voran. So mancher, der der Gesellschaft noch viele Jahre wertvolle Dienste leisten könnte, wird vorschnell krank oder senil. Das liegt*

daran, dass er in einem Alter in den Ruhestand zwangsversetzt wurde, in dem sein Tatendrang noch groß und seine Fähigkeiten eigentlich noch gefragt waren. Dieses psychosomatische Krankheitsbild ist mittlerweile so häufig, dass man ihm einen Namen gegeben hat: Ruhestandskrankheit.[79]

Ganz anders sieht es aus, wenn Sie auch im Alter ein Ziel, eine Mission in Ihrem Leben haben: Das wirkt wie ein Jungbrunnen. Das kann ich nur aus eigener Erfahrung bestätigen. Von Jahr zu Jahr wird mir meine eigene Lebensmission immer klarer. Das Bewusstsein, welchen einzigartigen Beitrag ich in dieser Welt leisten kann, wird nicht weniger, sondern mehr. Deswegen blicke ich je-

Die 3. Alternative

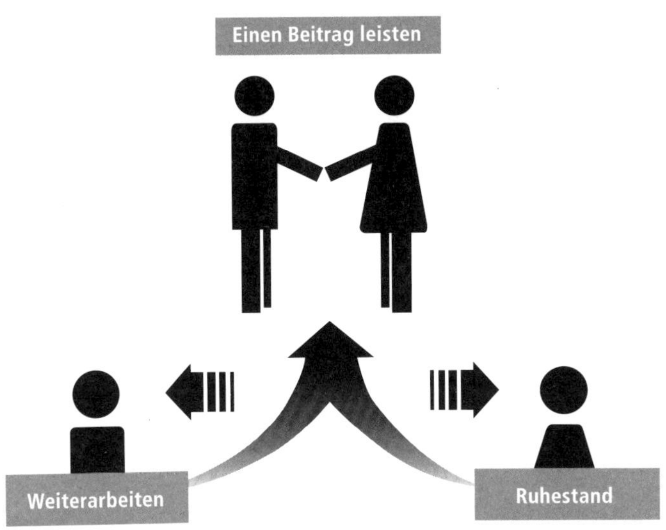

dem neuen Tag mit Freude und Neugier entgegen. Ich habe selbst nicht das Gefühl, dass ich einfach nur älter werde. Mir geht es so, wie Carl Rogers schreibt: »Ich empfinde mich als reifer und immer weiter wachsend.«[80]

Das Konzept des Ruhestands ist ein Irrtum

Die Vorstellung, von einer wichtigen Arbeit zu einem genau festgelegten Zeitpunkt Abschied zu nehmen, ist vergleichsweise neu. Ein Blick in die Vergangenheit zeigt:

Die wirklich großen Männer und Frauen der Geschichte haben niemals aufgehört, neue Wege auf ihrer Lebensreise zu entdecken.

Für mich ist das Konzept des Ruhestands ein Irrtum, ein fehlgeleitetes Relikt aus dem Industriezeitalter. Sehen Sie sich einfach mal um. Dann werden Sie schnell erkennen, wie viele Menschen über 65 als Ingenieure, CEOs, Berater, Unternehmer, Manager oder Ärzte aktiv sind. Immer mehr weigern sich, die gesellschaftliche Ruhestandsnorm zu akzeptieren, und leisten stattdessen Jahr für Jahr weitere wichtige Beiträge für unsere Gesellschaft. Viele übernehmen auch eine völlig neue Rolle und tragen auf ganz unerwartete Weise zum Wohl der Allgemeinheit bei. Sie alle leben im Crescendo.

Gelebte 3. Alternativen

Ein wunderbares Beispiel dafür, wie man im unfreiwilligen Ruhestand völlig neue Wege gehen und einen wichtigen Beitrag für andere leisten kann, sind der ehemalige US-Präsident Jimmy Carter und seine Frau Rosalynn:

Gibt es ein Leben nach dem Weißen Haus?

BEISPIEL *Als Präsident Jimmy Carter und seine Frau Rosalynn 1981 in ihre Heimatstadt Plains in Georgia zurückkehrten, fragten sie sich: »Gibt es ein Leben nach dem Weißen Haus? Was soll denn jetzt noch kommen?«*

Natürlich genossen sie es, dass sie endlich Zeit für ihre Familie, ihre Freunde und ihre Gemeinde hatten. Dennoch fehlte etwas in ihrem Leben. Sie hatten nicht vor, den Rest ihrer Tage auf dem Golfplatz zu verbringen. Und einfach nur Memoiren zu schreiben oder eine Bibliothek aufzubauen, wie es normalerweise von einem ehemaligen Präsidenten erwartet wurde, genügte ihnen auch nicht.

Jimmy Carter wollte der Nachwelt etwas wirklich Wichtiges hinterlassen. Eines Nachts wachte er auf und plötzlich war ihm klar, was er in Zukunft tun wollte: Er wollte seinen Status als ehemaliger Präsident der Vereinigten Staaten nutzen, um an der Lösung einiger der drängendsten Probleme und der schwierigsten Konflikte der Welt mitzuwirken. Seine Vision war es, ein Impulsgeber für Veränderungen zu werden – ein Anwalt der Versöhnung und des Friedens. Voller Elan arbeitete er an seinem ersten Projekt: Er schuf einen Ort, an dem sich Menschen aus aller Welt treffen konnten, um sich miteinander auszutauschen und gemeinsam kreative Lösungen für Probleme zu finden. Diese Idee, aus der später das Carter Center erwuchs, faszinierte auch seine Frau. Auf einmal wurde beiden bewusst, was ihnen gefehlt hatte: die Möglichkeit, größere und bedeutendere Beiträge zu leisten als je zuvor.

Ihre Arbeit im Weißen Haus war eine kaum zu übertreffende Leistung gewesen. Dennoch spürten die Carters, dass sie noch weitaus mehr erreichen konnten. Immer wieder dachten sie: »Wer weiß, was passiert wäre, wenn wir die Wahl im Jahr 1980 gewonnen hätten? So sind wir viel freier in unserem Tun. Vielleicht können wir jetzt sogar noch viel mehr bewirken!« Diese Erkenntnis gab den beiden viel Kraft.

»Was kann nach dem Weißen Haus noch kommen?« Die Carters haben die Antwort auf diese Frage gefunden. Sie leben im Crescendo. Die beiden sind engagierter denn je. Das *Carter Center* setzt sich mit großem Erfolg für die Lösung von Konflikten sowie die Stärkung der Demokratie und der Menschenrechte auf der ganzen Welt ein. Beispielsweise war Jimmy Carter maßgeblich am Abkommen von Camp David und an der Lösung des Nahostkonflikts beteiligt. Zudem fördert das *Carter Center* in einer Koalition aus 70 Ländern wichtige Gesundheitsprojekte. Jimmy und Rosalynn unterstützen auch *Habitat for Humanity*. Die internationale Non-Profit-Organisation baut und renoviert Häuser für Bedürftige und ist in der Katastrophenhilfe tätig. Oft hat Jimmy Carter beim Hausbau selbst tatkräftig mitangepackt.

2002 bekam Jimmy Carter den *Friedensnobelpreis* für sein »einzigartiges Engagement für Frieden und Menschenrechte«. Viele sind überzeugt: Jimmy Carter ist der engagierteste ehemalige Präsident aller Zeiten!

Nachdem Jimmy und Rosalynn Carter das Weiße Haus verlassen hatten, lag ihre wichtigste Aufgabe noch vor ihnen. Die beiden haben sich nicht aus dem öffentlichen Leben zurückgezogen. Sie motivieren unzählige Menschen auf der ganzen Welt, sich mit anderen zusammenzutun, um gemeinsam Lösungen für aktuelle Probleme und Herausforderungen zu finden:

Mit unserem Engagement für das Wohl anderer Menschen hat unser Leben in den zurückliegenden Jahren eine völlig neue Qualität gewonnen. Überall auf der Welt herrscht großer Bedarf an Freiwilligen, die bereit sind, denen zu helfen, die hungrig, heimatlos, krank, drogen- oder alkoholabhängig, ungebildet, altersschwach, inhaftiert oder einfach nur ohne Freunde und einsam sind … Deshalb werden wir auf alle Fälle weitermachen.[81]

Einer, der auch immer »weitermacht«, ist Harris Rosen, ein erfolgreicher Hotelier aus Orlando in Florida:

Nichts wie raus aus Hell's Kitchen

BEISPIEL *Harris Rosen ist im New Yorker Stadtbezirk Hell's Kitchen aufgewachsen. Früher war Hell's Kitchen keine gute Gegend. Das Leben war von Brutalität und Gewalt geprägt. Von Kindesbeinen an trichterten ihm seine Eltern ein: »Nur eine gute Ausbildung wir dich hier rausbringen!«*

Harris nahm sich diese Worte zu Herzen und machte als Erster in seiner Familie einen Universitätsabschluss. Er arbeitete sich im Hotelgewerbe von der Pike auf hoch. Nach einigen Jahren hatte er es geschafft: Er war stolzer Besitzer von sieben Hotels im boomenden Orlando. Harris hätte es sich leisten können, sich ganz entspannt zurückzulehnen und die Früchte seiner Arbeit zu genießen. Aber da gab es den Stadtbezirk Tangelo Park. Er lag nur wenige Autominuten von einem seiner Luxushotels entfernt. Tangelo Park war eine völlig andere Welt. Hier herrschten Angst, Armut, Kriminalität, Drogen und Arbeitslosigkeit. Die Quote der Highschool-Abbrecher betrug 25 Prozent.

Harris wollte nicht einfach wegschauen. Er wollte den Kindern von Tangelo Park eine gute Ausbildung ermöglichen. Eines Tages stand er auf einer Schulveranstaltung plötzlich auf, ergriff das Wort und verkündete einem überraschten Publikum: »Ich gelobe hiermit, dass ich jedem, der hier seinen Highschool-Abschluss schafft, das Studium finanzieren werde!« Die Leute konnten es kaum glauben. Aber das Projekt nahm schon bald Form an. Und: Harris Rosen tat noch viel mehr. Er finanzierte Vorschulen und gründete ein Familienzentrum, das den Eltern bei der Erziehung ihrer Kinder oder bei familiären Problemen zur Seite steht.

»Das ist eine unglaubliche Geschichte«, sagt Professor Charles Dziuban von der University of South Florida, Mitglied im Beirat des Tangelo-Park-Programms. »Die Kriminalitätsrate fiel um knapp 70 und die Abbrecherquote sank von 25 auf sechs Prozent. Unglaubliche 75 Prozent der Schüler besuchen mittlerweile die Universität.«

Harris Rosen wurde für sein Engagement reich belohnt: Eines Tages wollte er ein Rezept in einer Apotheke einlösen. Der Apotheker erkannte ihn und sagte: »Mr. Rosen, ich habe an Ihrem *Tangelo-Park-Programm* teilgenommen und anschließend meinen Universitätsabschluss gemacht. Ihnen habe ich es zu verdanken, dass ich heute Apotheker bin!« Ein anderer Absolvent des Programms wurde »Lehrer des Jahres« in Orange County. Er könnte es sich jederzeit leisten, in ein besseres Viertel zu ziehen. Aber er wohnt mit seiner Familie lieber in Tangelo Park – in der Nähe von den Schülern, denen sein Einsatz gilt.

Mittlerweile ist Harris über 80 Jahre alt. Er könnte ein luxuriöses Ruheständlerdasein in Florida genießen oder sich weiterhin um seine Hotels kümmern, ohne das Leid auf der anderen Straßenseite zu sehen. Aber er tut weder das eine noch das andere. Seine Mission ist eine 3. Alternative: den Kindern und Jugendlichen von Tangelo Park eine Zukunft zu geben. Deshalb fordert er andere erfolgreiche Menschen dazu auf, seinem Beispiel zu folgen. Er ist überzeugt, dass ihr Engagement die Gesellschaft verändern kann.

Sie können das auch!
Ich höre schon, wie Sie jetzt sagen: »Aber ich bin weder ein ehemaliger Präsident noch ein wohlhabender Unternehmer.« Meine Antwort sollten Sie mittlerweile kennen: Das spielt keine Rolle!

> Auch Sie können einen einzigartigen Beitrag leisten und sehr viel Gutes bewirken. Es liegt an Ihnen, sich für die 3. Alternative zu entscheiden und ein Leben zu führen, das bis zum letzten Atemzug sinnerfüllt ist!

Freizeit ohne Ende oder eine Mission fürs Leben?

Mir ist bewusst, dass viele die Vorstellung von einem endlosen Urlaub verlockend finden. Manche träumen ihr gesamtes Arbeitsleben davon. Wir tragen in unseren Industriezeitalterjobs so viele Narben und blaue Flecken davon, dass der Wunsch nach einer niemals endenden Kreuzfahrt durch die Karibik oder einem ungestörten Leben auf dem Golfplatz nur zu verständlich ist. Wir *sollten* ausspannen, wann immer wir es brauchen. Gegen einen entspannten Tag auf dem Golfplatz oder eine schöne Reise ist nichts zu sagen. Doch:

> Auf Dauer wird uns die Flucht ins Nichtstun nicht glücklich machen.

Ob jung oder schon etwas älter: Wir gewöhnen uns schnell an völlig sinnlose Aktivitäten: stundenlang Filme sehen, Dauerchatten, Computerspiele, Partys bis zum Umfallen, Groschenromane, jeden Tag bis zum Mittag im Bett bleiben … Besonders Menschen im Ruhestand sind in Gefahr, ihre Zeit und ihr Leben mit Nichtigkeiten zu vergeuden. Aber macht das wirklich glücklich? Und: Ist das der Sinn unseres Lebens?

Das Leben ist eine Mission

Mein Großvater Stephen L. Richards sagte immer: »Das Leben ist eine Mission und keine Karriere.« Er hätte hinzufügen können: »Und kein Urlaub.« Es besteht ein gewaltiger Unterschied zwischen denen,

- die einen nie endenden *Urlaub* machen, und denen,
- die ein nie endendes *Ziel*, eine *Mission* für ihr Leben haben.

Was ist besser, endlos Urlaub zu machen oder seine Lebensmission zu erfüllen? Das muss jeder für sich selbst beantworten. Viele sind hin- und hergerissen. Sie haben Zweifel und fragen sich: »Habe ich nach einem langen Arbeitsleben nicht das Recht, etwas kürzerzutreten und die Dinge lockerer zu nehmen? Was ist, wenn ich mich einfach nicht fit genug fühle? Was, wenn meine Gesundheit mich im Stich lässt?« Solche Gedanken sind absolut verständlich.

Mein großes Vorbild

Mein großes Vorbild ist meine Frau Sandra. Sie hat diverse Operationen hinter sich, die ihr Leben grundlegend verändert haben. Sandra ist an den Rollstuhl gefesselt und selbst bei den einfachsten Dingen auf die Hilfe anderer angewiesen. Für Sandra und mich war es schwer, uns an die neue Situation zu gewöhnen. Auch für unsere Kinder und Enkel ist die Situation nicht einfach. Unsere ganze Familie hat mit Sandras Krankheit zu kämpfen.

Natürlich wünscht sich Sandra, sie könnte wieder laufen und tun, wonach ihr der Sinn steht. Im Moment ist davon allerdings keine Rede. Trotz dieser Schwierigkeiten bewahrt sie eine bewundernswerte Haltung:

Sie tut, was sie kann, mit dem, was sie hat.

Sandra nimmt aktiv am Familienleben teil. Sie pflegt ihre Freundschaften und ihre Interessen. Trotz ihres Handicaps macht sie das Bestmögliche aus jedem Tag. Meine Frau liebt ihren Buchclub, trifft sich zum Mittagessen mit Freunden, unterrichtet in unserer Gemeinde, engagiert sich an der Universität, schenkt den Nachbarn Kekse zum St. Patrick's Day und hält ihre Familie am 1. April zum Narren. Unsere Enkel überschüttet sie mit Telefonanrufen, Textnachrichten und Besuchen. Sie ist politisch aktiv und unterstützt ein Kunstzentrum, für das sie den Großteil der Spenden eintreibt. Nicht schlecht für jemanden, der im Rollstuhl sitzt!

Obwohl sich Sandras Alltag radikal verändert hat, lebt sie immer noch im Crescendo und nimmt an allem um sie herum so intensiv wie nur möglich teil. Der Philosoph Friedrich Nietzsche sagte: *»Wer ein Warum zum Leben hat, erträgt fast jedes Wie.«*

Jeder Mensch ist wertvoll

Ungeachtet seines Alters oder seiner Gebrechen ist jeder Mensch wertvoll und in der Lage, wichtige Beiträge für andere zu leisten. Tief in meinem Herzen bin ich überzeugt, dass wir auf dieser Erde sind, um anderen zu dienen. Für mich ist das Engagement für andere der Schüssel zu *dauerhaftem Glück* und der Maßstab für *wahren Erfolg* im Leben.

In ihrem hektischen Streben nach Geld und Status vergessen viele die weitaus wertvolleren Seiten des Erfolgs – die Liebe, das Vertrauen und die Dankbarkeit derer, denen wir nahestehen. Viele werden wie Maschinen weiter ihren trüben Alltag fristen, in dem für wahren Erfolg nur wenig Platz ist. Andere treten die Flucht an, indem sie sich in oberflächliche Vergnügungen stürzen. Wieder andere entscheiden sich für eine 3. Alternative. Sie setzen alles daran, sich für das Wohl und das Glück ihrer Mitmenschen zu engagieren. Für mich ist das die wahre Aufgabe, die es im Leben zu erfüllen gilt.

Ihre wichtigste Aufgabe wartet noch auf Sie!

In seinem großen Gedicht *Ulysses* beschreibt Alfred Lord Tennyson den Helden von Troja als einen »müßigen König«. Lange nach dem Ende seiner Odyssee sitzt er auf seinem Thron, alternd und nutzlos. Er lässt seine vergangenen Taten Revue passieren, seine Kämpfe mit Stürmen und Giganten, die titanischen Prüfungen, die er bestanden hat. Auf einmal erkennt er, dass er dort, wo er ist, nicht sterben kann. Nicht so!

Kein junger Held mehr, aber dennoch nach Höherem und Besserem strebend, gibt Ulysses den Befehl, sein Schiff startklar zu machen. Seine alten Kameraden fühlen wie er. Gemeinsam setzen sie die Segel und wissen plötzlich, dass sie ihre größten Abenteuer erst noch erleben werden:

Sind wir auch die Kraft nicht mehr, die Erd und Himmel
Vordem bewegte – was wir sind, das sind wir!
Ein einziger Wille heldenhafter Herzen,
Durch Zeit und Schicksal schwach gemacht, doch stark
Im Ringen, Suchen, Finden, Nimmerweichen![82]

Und Sie? Werden Sie sich für die 3. Alternative entscheiden, um einen einzigartigen Beitrag zu leisten und im Crescendo zu leben? Liegt Ihr größtes Werk noch vor Ihnen? Oder lassen Sie zu, dass Ihr Leben mit dem Alter immer weniger wird? Was werden Sie tun, wenn Sie Zeit übrig haben, die Sie den Menschen um sich herum schenken können? Wie werden Sie Ihr Wissen und Ihre Erfahrung einbringen? Und: Was wird am Ende von Ihnen bleiben?

Wichtige Fragen zur 3. Alternative

im eigenen Leben

Wenn Sie die Inhalte dieses Kapitels noch einmal vertiefen wollen, helfen Ihnen die folgenden Fragen. Wenn Sie mögen, können Sie auch gemeinsam mit jemand anderem über diese Fragen sprechen. Erklären Sie dem anderen, was Sie im Hinblick auf die 3. Alternative im eigenen Leben am meisten anspricht. So ziehen Sie den größten Gewinn aus diesem Kapitel:

- Was bedeutet es, im Crescendo zu leben?
- Viel zu viele von uns führen ein *»2-Alternativen-Leben«*. Wie würden Sie diese 2 Alternativen beschreiben? Was sind die Nachteile dieser beiden Alternativen für einen Menschen, der sich ein erfülltes Leben wünscht?
- Wir machen uns etwas vor, wenn wir Glück mit *»nie endende Ferien«* gleichsetzen. Warum?
- Was ist so befreiend an der Vorstellung, eine *»nie endende Mission«* zu erfüllen?
- Nietzsche sagte: *»Wer ein Warum zum Leben hat, erträgt fast jedes Wie.«* Wie kann Ihnen diese Erkenntnis beim Umgang mit Ihren eigenen Grenzen helfen?
- Welche Bedeutung haben die folgenden Zeilen aus Alfred Lord Tennysons Gedicht *Ulysses*:

> *»Wie traurig ist es, endend still zu stehn,*
> *Dumpf zu verwittern, unnütz einzurosten!«*

Probieren Sie es gleich aus!

Wie werden Sie »im Crescendo leben«? Was sind Ihre Erfolgskriterien? Welche 3. Alternative könnte Ihr Leben von Grund auf verändern? Beginnen Sie damit, Prototypen zu entwickeln. Ermuntern Sie andere, mitzumachen. Wenden Sie die »4 Schritte zur Synergie« an. Nutzen Sie den Leitfaden auf den Seiten 104 bis 105. Eine Möglichkeit, um den Leitfaden kostenlos herunterzuladen, finden Sie im Internet unter: www.stephen-covey.de.

X. Von innen nach außen

Vor vielen Jahren leitete ich ein Outdoor-Survival-Camp für Jugendliche. Sie sollten lernen, wie man in der Wildnis überleben kann. Gegen Ende der Woche wollten mein Team und ich ihnen beibringen, wie man einen Fluss überquert. Dazu spannten wir ein starkes Seil zwischen zwei kräftige Bäume. Ich sollte den Jugendlichen vormachen, wie das Ganze funktioniert. Eigentlich ist das ganz einfach: Man klammert sich mit den Händen und den Beinen am Seil fest und hangelt sich dann vorwärts. Ungefähr auf halber Strecke beschloss ich, eine kleine Show-Einlage zu machen. Übermütig schwang ich am Seil hin und her. Der Fluss war tief und floss gemächlich vor sich hin. Deshalb sah ich keine große Gefahr. Die Kinder fanden es toll und lachten. Ich konnte es mir nicht verkneifen, sie auch noch zu necken: »Ich wette, *ihr* werdet keine so gute Figur machen, wenn ihr an der Reihe seid!«

Das Problem war nur, dass ich mich mit meinen Albernheiten völlig verausgabt hatte. Meine Muskeln verkrampften. Dennoch war ich fest entschlossen, es zu schaffen. Doch ich hatte keine Kraft mehr. Einige Sekunden hing ich da, dann konnte ich mich nicht mehr halten und fiel mit einem großen Platsch ins Wasser. Ich schwamm zum Ufer, kehrte triefend zu meiner Gruppe zurück und ertrug den Rest der Woche den verdienten Spott.

Eine Lektion fürs Leben

Damals lernte ich eine wichtige Lektion, die ich nie mehr vergaß. Wie alle Dinge in der Natur lehrt uns auch unser Körper das Gesetz der Ernte: Wir ernten, was wir säen. Es gibt bestimmte Naturgesetze, denen wir nicht entfliehen können. Wie sehr ich auch versuchte, mein letztes bisschen Willenskraft zu mobilisieren und den Fluss doch noch zu überqueren – am Ende war ich von der Kraft und der Ausdauer meiner Muskeln abhängig. Ohne innere Stärke hatte ich keine Chance, mich nach außen zu bewähren. Genau das werden Sie erleben, wenn Sie versuchen, 3. Alternativen für Ihre schwierigsten Probleme und Ihre größten Herausforderungen zu finden. Allen Bemühungen zum Trotz werden Sie Erfahrungen machen, die sich wie ein Scheitern anfühlen. Manchmal werden Sie sogar den Eindruck haben, dass Sie die Lage nur noch verschlimmern, wenn Sie sich weiter ins Zeug legen. Ich selbst stoße ständig an solche Grenzen: Immer wieder verliere ich die Geduld. Ich ärgere mich. Das Zuhören fällt mir manchmal unglaublich schwer. Zum Glück habe ich meinen längst erwachsenen Kindern diese Prinzipien über die Jahre so sehr »eingetrichtert«, dass sie mir sofort signalisieren, wenn ich nicht richtig zuhöre. Dann atme ich tief durch, entschuldige mich und sage: »Okay, helft mir, euch zu verstehen.« Und um ehrlich zu sein – manchmal dauert es eine ganze Weile, bis ich so weit bin.

Wer Großes erreichen will, braucht einen starken Charakter

Wir starten mit den besten Absichten, lassen uns dann aber im Eifer des Gefechts in die Defensive treiben, reagieren verletzt oder trotzig und fallen in die alten Muster der »Kämpfen oder Fliehen«-Kommunikation zurück. Das alles muss nicht in einem Scheitern enden. Aber es zeigt, dass wir an uns arbeiten sollten. Wir müssen unseren Charakter trainieren wie einen Muskel und immer mehr innere Stärke aufbauen. Denn:

Je entschlossener wir uns den großen und wichtigen Problemen stellen wollen, desto mehr innere Sicherheit brauchen wir. Oder anders ausgedrückt: Je breiter der Fluss, desto mehr Charakterstärke ist gefragt, um ihn zu überqueren.

Aber wie können Sie diese Charakterstärke entwickeln? Das ist eine der wirklich großen Fragen des Lebens. Sie gehört zum Kern dessen, was mir vorschwebte, als ich *Die 7 Wege zur Effektivität* geschrieben habe. Ursprünglich lautete der Untertitel *Plädoyer für eine neue Ethik des Charakters*. Deshalb möchte ich Ihnen ans Herz legen, *Die 7 Wege* (noch) einmal zu lesen. Ich tue das ohne Zögern, weil das Buch von den zeitlosen und universellen Prinzipien menschlicher Effektivität handelt. Wir finden sie in jeder langfristig erfolgreichen Kultur, Gesellschaft, Religion, Familie oder Organisation. Diese Prinzipien habe ich nicht erfunden. Ich habe sie zu einem Gesamtkonzept verbunden und *leicht umsetzbare »Gewohnheiten«* für den Alltag daraus abgeleitet. Ich bin überzeugt, dass die Prinzipien aus den *7 Wegen* auch Ihnen helfen werden, Ihren persönlichen Wert zu erkennen, innere Stärke zu gewinnen und Ihr wahres Potenzial auszuschöpfen.

20 Tipps und Anregungen, um 3. Alternativen zu schaffen

Ich möchte Ihnen 20 Dinge mit auf den Weg geben, die mir bei der Entwicklung der inneren Stärke und Sicherheit geholfen haben, die wir brauchen, um 3. Alternativen zu schaffen:

1 **Verzichten Sie auf falschen Stolz:** Bestehen Sie nicht darauf, immer »recht« zu haben. Ihr Blick auf die Wirklichkeit ist begrenzt. Gönnen Sie sich selbst die partnerschaftlichen Beziehungen und die kreativen Problemlösungen, die nur möglich sind, wenn Sie nicht immer und überall im Recht sein wollen.

2 **Lernen Sie, sich ehrlich zu entschuldigen:** Sagen Sie: »Es tut mir leid!«, wenn Ihnen etwas misslungen ist oder Sie jemanden verletzt haben. Geben Sie Fehler offen zu. Bleiben Sie nicht auf halbem Weg stehen. Entschuldigen Sie sich ohne Wenn und Aber. Übernehmen Sie die Verantwortung und zeigen Sie, wie wichtig es Ihnen ist, den anderen wirklich zu verstehen.

3 **Verzeihen Sie anderen:** Denken Sie daran, dass Sie es sind, der darüber entscheidet, ob Sie verletzt sind oder nicht.

4 **Geben und halten Sie Versprechen:** Beginnen Sie mit kleinen Versprechen. Sobald daraus eine Gewohnheit geworden ist, können Sie zu größeren Versprechen übergehen. Brechen Sie Ihre Versprechen nicht. Enttäuschen Sie weder andere noch sich selbst. Dann wird Ihre eigene Verlässlichkeit zur größten Quelle Ihrer inneren Sicherheit und Stärke.

5 **Verbringen Sie viel Zeit in der Natur:** Unternehmen Sie lange Spaziergänge. Schaffen Sie in Ihrem Leben täglich Raum zum Nachdenken. Schärfen Sie Ihren Blick für die Synergien in der Welt um Sie herum.

6 **Lesen Sie möglichst viel über die verschiedensten Themen:** Das ist eine gute Möglichkeit, um Wissensnetze zu knüpfen und neue Erkenntnisse zu gewinnen, die Sie auf 3. Alternativen bringen.

7 **Machen Sie Sport – am besten jeden Tag:** Ernähren Sie sich zudem gesund und ausgewogen. Der Körper ist das Werkzeug Ihres Verstandes und Ihrer Seele.

8 **Achten Sie auf ausreichend Schlaf**: Ideal sind sieben bis acht Stunden täglich. Im Schlaf ordnet unser Unterbewusstsein unsere Gedanken. Deshalb wachen wir häufig mit neuen Ideen auf. Nutzen Sie diese Chance. Das hilft Ihnen, 3. Alternativen zu schaffen.

9 **Nehmen Sie sich Auszeiten, um nach kreativen Lösungen zu suchen:** Meditieren Sie, machen Sie Yoga oder begeben Sie sich auf Gedankenreise. Dann stellen sich neue Erkenntnisse wie von selbst ein.

10 **Gönnen Sie sich regelmäßig Zeit für sich allein:** Gehen Sie in sich. Suchen Sie in aller Ruhe nach kreativen 3. Alternativen für Ihre Herausforderungen.

11 **Zeigen Sie anderen Ihre Liebe und Wertschätzung:** Hören Sie, den Menschen, die Ihnen am Herzen liegen, aufmerksam und verständnisvoll zu. Nehmen Sie sich die Zeit, um zu erfahren, was ihnen wichtig ist und welche Geschichte sie zu erzählen haben.

12 **Hören Sie anderen aufmerksam und einfühlend zu:** Sie haben zwei Ohren und einen Mund – nutzen Sie sie im richtigen Verhältnis.

13 **Seien Sie anderen gegenüber großzügig:** Geizen Sie nicht mit Ihrer Zeit, Ihrer Liebe, Ihrem Verständnis, Ihrer Vergebungsbereitschaft und Ihrem Lob. Teilen Sie Ihre Ressourcen klug und großzügig mit denen, die Ihre Unterstützung brauchen. So können Sie das Paradigma des Mangels hinter sich lassen und den Geist der Fülle erleben.

14 **Vergleichen Sie sich nicht mit anderen:** Sie sind einzigartig und haben einen unschätzbaren Wert und ein unermessliches Potenzial. Finden Sie Ihre persönliche Lebensmission. Bleiben Sie ihr treu. Seien Sie ganz Sie selbst. Leisten Sie Ihren unverwechselbaren Beitrag für andere Menschen und die Welt.

15 **Seien Sie dankbar:** Bringen Sie Ihre Dankbarkeit so oft wie nur möglich zum Ausdruck.

16 **Machen Sie andere zu Gewinnern:** Suchen Sie nach Wegen, um anderen Frieden, Glück, wahren Erfolg und Wohlstand zu ermöglichen. Das wirkt ansteckend. Andere werden dasselbe für Sie tun – und das ist der Schlüssel, um gemeinsam Synergien zu schaffen.

17 **Legen Sie genügend Pausen ein:** Wenn Sie nur schleppend vorankommen, ist es höchste Zeit für eine Pause. Gehen Sie einmal um den Block, um frische Luft zu schnappen. Schlafen Sie sich richtig aus und machen Sie sich dann mit der Frische und Weitsicht eines neuen Tages wieder ans Werk.

18 **Brechen Sie nichts übers Knie:** Wenn Sie wirklich keine Win-Win-Lösung finden, sollten Sie daran denken, dass »kein Ergebnis« manchmal die beste Lösung sein kann.

19 **Seien Sie nachsichtig:** Was andere Menschen, ihr Verhalten, ihre Schwächen und Eigenarten angeht, so schadet es nicht, immer ein nachsichtiges Lächeln auf den Lippen zu haben.

20 **Geben Sie nicht auf:** Verlieren Sie niemals den Glauben an die 3. Alternative!

**»Jeder hat im Leben seine eigene,
einzigartige Mission.
Diese Mission kann nur er erfüllen.
Weder ist er hier zu ersetzen
noch lässt sich sein Leben wiederholen.
Die Aufgabe jedes Einzelnen ist so einmalig
wie seine individuellen Fähigkeiten,
um sie zu erfüllen.«**

Zum Schluss dieses Buches möchte ich Ihnen sagen, wie sehr ich an Sie und Ihre Möglichkeiten glaube. Ich vertraue darauf, dass Sie sich für die Lebenseinstellung der 3. Alternative entscheiden und viel Gutes in die Welt bringen werden.

Nur Mut – Sie werden so sehr gebraucht!

Mit den besten Wünschen,

Ihr *Stephen R. Covey*

Anmerkungen

1 Unsere Paradigmen entscheiden wesentlich über unseren beruflichen Erfolg und unser privates Glück. Näheres dazu finden Sie in: *Die 7 Wege zur Effektivität*, GABAL Verlag (2018 – 57., überarbeitete Auflage).

2 Mehr über die Bedingungen für die Entstehung von Synergie erfahren Sie bei Carl Rogers, *Entwicklung der Persönlichkeit – Psychotherapie aus der Sicht eines Therapeuten*, Klett-Cotta (2002).

3 Alles Wissenswerte zum Win-Win-Denken können Sie nachlesen in: *Die 7 Wege zur Effektivität*, GABAL Verlag (2018 – 57., überarbeitete Auflage).

4 Weitere Einzelheiten zu Ubuntu bietet Ihnen das folgende Buch: *I am because you are: Ubuntu – 14 südafrikanische Lektionen für ein Leben in Verbundenheit.* Mit einem Vorwort von Erzbischof Desmond Tutu, Kailash (2019).

5 Siehe: David J. Schneider, *The Psychology of Stereotyping*, Guilford Press (2004), S. 145.

6 Martin Buber, *Ich und Du*, Reclam (1995), S. 8, 14 und 44.

7 Carl Rogers, *A Way of Being*, Houghton Mifflin Harcourt (1995), S. 22. Neuste deutsche Ausgabe: Carl Rogers, *Der neue Mensch*, Klett-Cotta (2017).

8 Khen Lampert, *Tradition of Compassion*, Palgrave-Macmillan (2006), S. 57.

9 Carl Rogers, *A Way of Being*, S. 10.

10 Diese Informationen verdanke ich Dr. Joseph G. Cramer von der pädiatrischen Abteilung der University of Utah.

11 Suzann Keen, *Empathy and the Novel*, Oxford University Press (2007), S. 151.

12 Carl Rogers, *A Way of Being*, S. 105.

13 David G. Ullman, *Making Robust Decisions*, Trafford Publishing (2006) S. 35.
14 John Stuart Mill, *On Liberty and Other Essays*, Digireads.com Publishing (2010), S. 31.
15 Zitiert nach Lisa Schirch, *Ritual and Symbol in Peacebuilding*, Kumarian Press, Sterling / VA, (2005), S. 91.
16 Charles H. Green, *Get Beyond Fairness*, http://trustedadvisor.com/trustmatters/91/Trust-Tip-16-Get-Beyond-Fairness.
17 Hermann Hesse, *Der Steppenwolf*, Suhrkamp (2005).
18 Bolivar J. Bueno, *Why We Talk*, Creative Crayon Publishers (2007), S. 109.
19 Interview mit Greg Neal, 7. Oktober 2010.
20 Mahan Khalsa, *Let's Get Real or Let's Not Play: Transforming the Buyer / Seller Relationship*, Portfolio (2008).
21 Ebenda
22 Mehr zum Win-Win-Denken gibt es in meinem Buch *Die 7 Wege zur Effektivität*, GABAL Verlag (2018 – 57., überarbeitete Auflage).
23 Grande Lum, *The Negotiation Fieldbook – Simple Strategies to Help Negotiate Everthing*, McGraw-Hill Professional (2004), S. 90.
24 Mahan Khalsa, *Let's Get Real*, S. 29.
25 Interview mit Jim Usry, 3. August 2010.
26 Interview mit Jordan Asher, 15. Oktober 2010.
27 Interview mit Jim Fuqua, 18. Oktober 2010.
28 Deepak Malhotra und Max H. Bazerman, *Negotiation Genius – How to Overcome Obstacles and Achieve Brilliant Results*, Random House (2008), S. 64.
29 Jeffrey F. Rayport, *Idea Fest*, Fast Company: https://www.fastcompany.com/45897/idea-fest?page=%200%2C5.
30 Siehe: *The innovator's dilemma – warum etablierte Unternehmen den Wettbewerb um bahnbrechende Innovationen verlieren*, Vahlen (2011) und *Marktorientierte Innovation – geniale Produktideen für mehr Wachstum*, Campus (2004).
31 Mehr zu Edward de Bono finden Sie unter: http://www.edwarddebonofoundation.com/index.html
32 Ann F. Budd und John M. Pandolfi, *Evolutionary Novelty Is Concentrated at the Edge of Coral Species Distributions*, Science (10. Juni 2010), S. 1558.

33 Steven Johnson, *Where Good Ideas Come From,* TED.com: http://www.ted.com/talks/steven_johnson_where_good_ideas_come_from.html.

34 Ein Video dazu finden Sie unter: *LEGO: The World's Most Trusted Company:* https://www.youtube.com/watch?v=oaVp6PWLuHI.

35 *Charles Leadbeater on Innovation,* TED.com: http://www.ted.com/talks/charles_leadbeater_on_innovation.html.

36 Carl Rogers, *A Way of Being,* S. 43.

37 William Powers, *Twelve by Twelve: A One-Room Cabin Off the Grid and Beyond the American Dream,* New World Library (2010), S. 74f.

38 David Womack, *An Interview with Ivy Ross,* Business Week (19. Juli 2005).

39 Barry Nalebuff und Ian Ayres, *Why Not?,* Forbes.com: http://www.forbes.com/forbes/2003/1027/127.html.

40 Pervez K. Achmed u.a., *Learning through Knowledge Management,* Butterworth-Heinemann (2002), S. 283.

41 Elif Shafak, *The Politics of Fiction,* TED.com: http://www.ted.com/talks/elif_shafak_the_politics_of_fiction.html.

42 Mehr zu diesem Thema erfahren Sie im Buch: *Die 7 Wege zu glücklichen Beziehungen,* GABAL Verlag (2021).

43 Wichtiger Hinweis: Wenn ich von Unterschieden spreche, die es positiv zu nehmen gilt, dann meine ich damit natürlich nicht die Duldung von ungesetzlichem oder unmenschlichem Verhalten. Niemand sollte schwere Alkohol- oder Drogenprobleme tolerieren oder in einer Beziehung ausharren, in der es zu schwerem emotionalem oder körperlichem Missbrauch kommt. Ich plädiere dringend dafür, Missbrauch mutig beim Namen zu nennen und konsequent dagegen vorzugehen.

44 Brent A. Barlow, *Dealing with Differences in Marriage,* Deseret Book Co. (1993).

45 Mehr dazu finden Sie bei Steven Stosny, *You Don't Have to Take it Anymore,* Simon & Schuster (2005).

46 David Rock, *Your Brain at Work,* Google Tech Talks: http://www.youtube.com/watch?v=XeJSXfXep4M.

47 Einzelheiten zur Studie können Sie in folgendem Buch nachlesen: Stella Chess und Alexander Thomas, *Goodness of Fit – Clinical Applications from Infancy through Adult Life,* Routledge (2014 – Reprint Edition).

48 Jonathan Swift, *A Treatise on Good Manners and Good Breeding,* in: Robert

Cochrane (Hrsg.), *The English Essayists,* W.P. Nimmo (1887 – Google e-book), S. 196.
49 Pablo Casals, *Joys and Sorrows,* Simon & Schuster (1974), S. 295.
50 Mehr zum einfühlenden Zuhören erfahren Sie in meinem Buch *Die 7 Wege zur Effektivität – Kompaktausgabe,* GABAL Verlag (2021), S. 229–268.
51 Haim Ginott, *Between Parent and Child,* Random House Digital (2009).
52 Mark Sichel, *Healing from Family Rifts,* McGraw-Hill Education (2004), S. 166.
53 J.D. Trout, *The Empathy Gap – Building Bridges to the Good Life and the Good Society,* Penguin (2009).
54 Isaura Barrera, Robert M. Corso und Dianne Macpherson, *Skilled Dialogue – Strategies for Responding to Cultural Diversity in Early Childhood,* Brookes Publishing (2012).
55 Lynne B. Sagalyn, *Times Square Roulette,* MIT Press (2003), S. 6f.
56 Sam Roberts, *A Kind of Genius – Herb Sturz and Society's Toughest Problems,* Perseus (2009), S. 5, 246.
57 Pranay Gupte, *Her ›To Die For‹ Projects Include Times Square and the Seventh Regiment Armory,* New York Sun, (9. März 2006): http://www.nysun.com/new-york/her-to-die-for-projects-includetimes-square/28837/.
58 Ebenda
59 James Traub, *The Devil's Playground,* Random House Digital (2004), S. 162.
60 Alle Aussagen von Ward Clapham stammen aus einer Reihe von Telefoninterviews, die zwischen Oktober 2010 und April 2011 geführt wurden.
61 Robin Roberts, *40 Developmental Assets for Kids,* Mehfil (September/Oktober 2006), S. 37.
62 Henry David Thoreau, *Walden; or, Life in the Woods,* Houghton Mifflin (2004), S. 120.
63 George Monbiot, *Cold-Hearted:* http://www.monbiot.com/2010/12/27/cold-hearted/.
64 *Tories Vow to Tackle ›National Scandal‹ of Welfare Dependency,* Telegraph (London): http://www.telegraph.co.uk/news/politics/conservative/6098889/Tories-vow-to-tackle-national-scandal-of-welfare-dependency.html.

65 Die meisten Informationen und Zitate zu CW stammen aus persönlichen Gesprächen mit Liane und Dave Philips.
66 Brian Ballou und Dan L. Heitger, *Tapping a Risky Labor Pool,* Harvard Business Review: http://hbr.org/2006/12/tapping-a-risky-labor-pool/ar/1.
67 Liane Phillips und Echo Montgomery Garrett, *Why Don't They Just Get a Job?,* aha! Process (2010).
68 Ebenda
69 Jeff Janssen, *Leadership Lessons from the Nation's Best Principal,* Championship Coaches Network: http://www.championshipcoachesnetwork.com/public/404.cfm.
70 Weitere Informationen zum Leader-in-Me-Modell bekommen Sie im Internet unter: https://www.leaderinme.org/.
71 Interview mit Jordan Asher (19. Februar 2011).
72 Präambel zur Verfassung der Weltgesundheitsorganisation (WHO) vom 22.7.1946: https://de.wikipedia.org/wiki/Gesundheit.
73 Interview mit Shawn Morris (18. Oktober 2010).
74 *Mountain of Trash Blights Historic City of Saida,* News.com: http://www.voanews.com/english/news/middle-east/Mountain-of-Trash-Blights-Historic-Lebanese-City-of-Saida-103741374.html.
75 Steven Milloy, *Green Hell – How Environmentalists Plan to Control Your Life,* Regnery (2009), S. 2f.
76 George Monbiot, *Climate Change Deniers Are Not Sceptics – They're Suckers,* Guardian (3. November 2009).
77 Natalie Jeremijenko, *The Art of the Eco-Mindshift,* TED.com: http://www.ted.com/talks/lang/eng/natalie_jeremijenko_the_art_of_the_eco_mindshift.htm.
78 Kemal Meattle, *How to Grow Fresh Air,* TED.com: http://www.ted.com/talks/kamal_meattle_on_how_to_grow_your_own_fresh_air.html.
79 Hans Selye, *The Stress of Life,* McGraw-Hill (1948), S. 413.
80 Carl Rogers, *A Way of Being,* S. 95.
81 Jimmy and Rosalynn Carter, *Everything to Gain – Making the Most of the Rest of Your Life,* University of Arkansas Press (1987), S. 171.
82 Alfred Lord Tennyson, *Ulysses,* deutsche Übersetzung von F. Freiligrath, zitiert nach: Peter Hühne, *Englische Lyrik III – Das Alte und das Neue im 19. Jahrhundert und in der Moderne*: http://hup.sub.uni-hamburg.de/opus/volltexte/2008/66/chapter/HamburgUP_Lyrik_Huehn_03.pdf.

Über die Autoren

Dr. Stephen R. Covey wird international als einer der bedeutendsten Experten zum Thema »Management« und »Führung« anerkannt. Das Time Magazin hat ihn auf der Liste der 25 einflussreichsten Amerikaner geführt. Stephen R. Covey ist der Autor des internationalen Bestsellers *Die 7 Wege zur Effektivität.* Mit über 40 Millionen verkauften Exemplaren zählt *Die 7 Wege zur Effektivität* zu den wichtigsten und einflussreichsten Wirtschaftsbüchern der letzten 100 Jahre. Weitere Erfolgsbücher von Stephen R. Covey sind unter anderem: *Der 8. Weg: Von Effektivität zu wahrer Größe, Die 12 Gründe des Gelingens* und *Die 7 Wege zur Effektivität für Familien.*

Stephen R. Covey gehörte zu den Mitbegründern von Franklin-Covey, einem international führenden Beratungs- und Trainingsunternehmen, das inzwischen in mehr als 150 Ländern vertreten ist. In über 40 Jahren hat Stephen R. Covey Millionen von Menschen – darunter Staatsoberhäupter und Konzernchefs – vermittelt, wie groß die Kraft der Prinzipien ist, von denen die Effektivität und der Erfolg von Einzelpersonen und Organisationen abhängt.

Dr. Breck England ist Autor bei FranklinCovey Co. und hat bereits bei mehreren Büchern von Stephen R. Covey mitgewirkt, zum Beispiel bei *Führen unter neuen Bedingungen* und *Vom Beruf zur Berufung*. In über zwei Jahrzehnten als Berater hat er einigen der weltgrößten Konzerne zu mehr Effektivität bei der Führung und Kommunikation verholfen. Breck England hat Projekte für Unternehmen aus den Fortune 50 in der ganzen Welt geleitet – von der Schweiz bis Saudi-Arabien. Der Doktor der Kommunikationswissenschaft war sieben Jahre lang Dozent für Unternehmensführung und -strategien an der Marriott School der Brigham Young University. Er lebt mit seiner Frau im Norden von Utah.

DIE 7 WEGE ZUR EFFEKTIVITÄT, DER 8. WEG und **DIE 3. ALTERNATIVE** gehören zu den motivierendsten und einflussreichsten Büchern, die je geschrieben wurden. Ob Staatsoberhäupter, Konzernchefs, Unternehmer, Führungskräfte oder Eltern und Pädagogen: Die Klassiker von Stephen R. Covey haben Millionen von Menschen aller Altersgruppen und Berufe zu einem effektiven, erfolgreichen und sinnerfüllten Leben verholfen.

DIE 7 WEGE ZUR EFFEKTIVITÄT

- **New York Times-Bestseller – über 40 Millionen verkaufte Exemplare**
- **Das einflussreichste Managementbuch der letzten 100 Jahre**

Der Weltbestseller begeistert mit seinem hocheffektiven, ganzheitlichen Ansatz zu beruflichem Erfolg und persönlicher Weiterentwicklung. Die zentrale Botschaft: Der Schlüssel zu einem glücklichen, erfüllten Leben sind 7 grundlegende Gewohnheiten. Ob Ziele, Selbstmanagement, Motivation oder Führung und Kommunikation: Diese 7 Gewohnheiten werden von Menschen auf der ganzen Welt nicht nur im Beruf, sondern auch im Privatleben umgesetzt. Warum? Sie wirken so zuverlässig wie Naturgesetze, funktionieren in allen Lebenslagen und geben uns Halt in unbeständigen Zeiten.

DER 8. WEG – MIT EFFEKTIVITÄT ZU WAHRER GRÖSSE

- **Der Aufbruch in eine völlig neue Dimension von Management und Führung**
- **Ein leidenschaftliches Plädoyer für modernes, vertrauensvolles Leadership**

Der 8. Weg ist weit mehr als eine Fortsetzung der 7 Wege zur Effektivität. Hier stößt Stephen R. Covey in eine völlig neue Dimension von Management und Führung vor. Das Buch ist ein leidenschaftliches Plädoyer dafür, den »ganzen« Menschen mit seinen individuellen Fähigkeiten, Talenten, Wünschen und Zielen zu sehen. Stephen R. Covey zeigt, wie Unternehmer, Manager und Führungskräfte ihr volles Potenzial entfalten und nicht nur sich selbst, sondern auch andere zu nachhaltigem Erfolg führen.